교단 30년 유병대의 혁신교육 실천사례집

교장
선생님을
고발합니다

2019년 9월 2일 제1판 제1쇄 발행
2019년 11월 25일 제1판 제2쇄 발행

지은이 유병대
펴낸이 강봉구

펴낸곳 북만손출판사
등록번호 제406-2018-000139호
주소 경기도 파주시 와석순환로 307, 1107-101호(목동동, 산내마을11단지 현대아이파크 아파트)
전화 070-4261-5925
팩스 0505-499-8560
홈페이지 http://www.bookmanson.co.kr
이메일 bookmanson@naver.com

ⓒ유병대 byongdae@hanmail.net

ISBN 979-11-965466-5-6   03370
값은 뒤표지에 있습니다.

교단 30년 유병대의 혁신교육 실천사례집

교장 선생님을 고발합니다

나는 세상에서 가장 행복한 교장이다

유병대 지음

북앤스

차례

1 천북중학교 교장 이야기

동화 속 행복학교 태동기 2012.9.1.~2013.2.28.
한 명도 포기하지 않는다!

'동화 속 행복학교'는 전국 100대 교육과정 우수학교 심사과정에서 한 심사위원이 천북중학교에 붙인 별명이다. 저자가 꿈꾸고 실천했던 학교의 모습이 마치 동화 속에 있는 것 같다는 의미로 쓰였다. 저자가 추구했던 행복학교의 모습을 상징적으로 나타내 준다.

동화 속 행복학교 시작 2013.3.1.~2014.2.28.

천북 주민 모두 독서삼매에 빠지다

동화 속 행복학교 발전기 | 2014.3.1.~2015.2.28.

전국 100대 교육과정 우수학교가 되다!

동화 속 행복학교 심화기 2015.3.1.~2016.2.29.
행복교육 네트워크의 아름다운 동행

동화 속 행복학교 완성기 2016.3.1.~2016.8.31.

천북중학교를 떠나는 슬픔과 아쉬움

2 홍성여자고등학교 교장 이야기

소통의 향기 발산하기 2016.9.1.~2017.2.28.
소녀들이여, 세상의 주인이 되어라!

소통의 향기 꽃피우기 2017.3.1.~2018.2.28.

아름다운 세상을 만드는 아이들

프롤로그

　나는 곧 정년 퇴임을 앞두고 있지만 교직 경험은 30년에 불과하다. 이 말은 내 인생이 순탄치 않았다는 말과도 같다. 나의 고향은 경상북도 봉화군 춘양면이다. 첩첩 산골 마을이 몰려 있는 곳이다. 산림청에서 이 산골에 아시아 최대 수목원인 백두대간 수목원을 지난해 2018년 개원하여 춘양면은 대한민국 대표 힐링 명소가 되었다. 춘양면이 그만큼 천혜의 자연환경을 간직하고 있기 때문에 수목원이 조성된 것이다. 그래서 아직도 호랑이가 살고 있다. 진짜다. 백두대간 수목원에 축구장 7배 정도의 호랑이 숲을 조성하여 백두산 호랑이 세 마리가 의지하며 오순도순 살고 있다.

　그런 곳에서 태어나 중학교까지 살았던 나는 아직도 촌놈에 참 순박하다는 소리를 듣곤 한다. 이 산골에 살았다는 말은 참 가난했다는 말과도 같다. 멀리 산판에 품을 팔러 나간 아버지가 수일간 소식이 없을 때면 어머니는 우리 네 남매를 키우기 위해 산에서 나무를 베는 나무

꾼이 되어야 했고 영림서 양묘장에 일을 나가 나무를 심고 가꾸는 일용 인부가 되기도 했다.

하지만 이런 어려운 가정 형편에도 나는 공부도 잘하고 친구들과의 친화력도 좋아 초등학교에 다닐 때 전교어린이회장으로 뽑히기도 하였고 중학교에 진학해서는 줄곧 반장을 하기도 하였다. 어려운 가정 형편으로 고등학교 진학을 포기하려고 하였으나 그냥 시골에서 썩히기에는 아깝다며 대전에 있는 외갓집에서 공부를 시켜 준다고 해서 이른바 유학을 나와 고등학교를 졸업한 것이 1977년.

그러나 서울의 명문대 사대 진학에 실패한 후 재수는 꿈도 꾸지 못한 채 야간대학을 가야겠다는 생각으로 부산시 지방공무원 시험에 응시하였다. 38대1의 경쟁률을 뚫고 합격하여 1978년 3월부터 1984년 4월까지 6년 1개월을 말단 동서기로 근무하였다. 하지만 애초 꿈이었던 야간대학 진학은 폭주하는 업무로 꿈도 꾸지 못하고 자꾸만 멀어져 갔다. 이대로 포기해야 하나.

그래도 맡은 바에 최선을 다하자는 평소 신념으로 나름대로 공무원 생활도 열심히 해서 구청장 표창을 비롯해 구청에서 실시하는 소양고사에서도 1등을 하여 현재 공무원체계로 8급에 해당하는 5급甲으로 승진도 하는 촉망받는 젊은이였다고 생각한다. 지금도 부산에서 함께 근무했던 지인들과 교류를 이어가고 있는데 그들은 내가 계속 공무원 생활을 했다면 아마 적어도 부구청장이나 국장을 했을 거라고 추켜세우기도 한다.

이러한 공무원 경력은 나의 교직 생활에도 많은 영향을 주었다. 당시 상관의 명령에 절대복종하던 공무원 사회의 풍토는 내가 교사나 장학사를 할 때 상관에게 다가가도록 도움을 주었고, 주민들과의 친밀한 관계는 학생이나 학부모와의 유대관계를 돈독히 하는 데 많은 도움을 주었다. 또한 부장교사, 장학사, 교감, 교장 등 관리자로서 학교를 경영하며 겁내지 않고 어려운 업무를 처리하는 일도 공무원 시절 행정업무 처리 경험이 큰 보탬이 되었다.

공무원 생활에 완벽히 적응하고 있을 때, 공주사대 교육학과 졸업 후 중학교 교사로 근무하다 군대에 입대한 친구가 휴가차 나를 방문하면서 나는 접었던 교사의 꿈을 다시 펴기 시작하였다. 그 친구는 제자들이 보내 준 따끈한 편지를 보여주기도 하고 교직에 대한 즐거움과 보람을 얘기하는데 내 몸이 뜨거워지고 가슴이 벅차올랐다. 마치 내가 교사가 되어 있는 듯한 착각도 들었다. '그래 나도 대학을 가야 해. 나도 사범대학 시험을 보았었잖아. 지금도 늦지 않았어. 선생님이 되어야 해. 내가 왜 이러고 있지?'라는 생각에 미치자 나는 더 고심할 필요도 없었다. 주위의 만류를 뿌리치고 사표를 던졌다. 그 당시 200여만 원의 퇴직금으로 나는 대전에 올라와 다시 외갓집 신세를 지며 1984년 5월부터 도시락을 두 개나 싸고 새벽 첫 버스를 타고 집을 나서 대전시립도서관 열람실에 나의 몸을 맡기고 마지막 버스를 타고 집에 오는 강행군을 감행하였다.

드디어 나는 1984년 11월 23일 대입학력고사를 거쳐 1985년 3월 5일 공주사대 수학교육과에 합격하는 기쁨을 맛보았다. 당시 나의 나이 29세. 마침내 33세에 이르러 첫 교단에 서게 되었다. 동화 같은 시간이었다. 첫 부임지는 충남 금산군 복수면에 있는 작은 시골 학교였다. 마치 내가 졸업한 춘양중학교를 연상시키는 복수중학교에서 밤낮으로 아이들과 어울려 지냈다. 근무 시간, 퇴근 시간이 따로 있는 게 아니라 아이들이 원하면 언제나 그 곁을 지켰다. 늦은 시각에도 아이들을 옆에 끼고 부족한 공부를 가르치고 정도 듬뿍 주었다. 아이들은 내가 숙직을 하는 날이면 나를 지켜준다며 숙직실로 모여들었다. 아이들과 이불 하나로 온기를 느끼며 어떻게 하면 이 아이들을 더 잘 가르칠까 늘 고민하였다.

나는 시골 중학교 출신이고 첫 발령 역시 소규모 중학교에서 시작한 때문인지 전문직과 교감을 거치면서 늘 작은 학교에서 행복한 교육을 마음껏 펼치는 것이 소원이었다. 소원은 의외로 빨리 이루어졌다. 2012년 소규모학교인 천북중학교에서 교장 공모를 한다는 소식을 듣고 도전장을 내밀었다.

*

이 책은 천북중학교 4년, 홍성여고 1년 6개월, 총 5년 6개월간 정말 최선을 다했고 원없이 노력한 나의 학교경영기이다. 나는 단 한 명의 학생도 포기하지 않는 교육자로서 최선을 다하고자 노력했다. 그래서 책 곳곳에 '전교생'이라는 수식어가 들어간다. 전교생 체험, 전교생 봉사, 전교생 스포츠, 전교생 퍼포먼스 등. 모든 학생이 한 명도 소외되지 않고 다 함께 참여해 기쁨을 나누면서 학교를 가꾸어 나가는 행복한 학교를 만들려고 노력을 하였다.

　나는 학생이 행복하면 교사도 교장도 학부모도 지역사회도 함께 행복할 것이라는 생각으로 온몸과 마음을 바쳐 실천하였다. 미국의 하버드대 니컬러스 크리스태키스, 제임스 파울러 교수가 의학과 과학으로 증명해낸 내가 행복하면 내 친구가 행복해질 가능성이 15%가 늘어나고, 내 친구의 친구가 행복해질 가능성이 10% 늘어난다는 것을 학교 경영에 실천하려고 노력하였다. 행복이 전염되면 학생, 교사, 학부모, 지역민이 모두 동화처럼 행복한 이야기를 만들 수 있다고 생각하였다. 나는 이 모든 중심에 학생이 있다고 확신하고 학생들의 행복을 위해서라면 어디든 발로 뛰며 학부모, 지역사회의 화합과 협조를 이끌어 냈다. 교육부가 발행하는 월간지 〈행복한 교육〉에 내가 소개된 바가 있는데 나를 인터뷰한 황자경 편집장은 그러한 나의 시간을 '박토에서 생명을 길러내듯 쉼 없이 가꾸고 정성을 다한 시간'이라고 표현하였다.

　천북중학교는 내가 부임할 당시 기초학력 미달 학생이 많아 학력관리 중점학교라는 불명예를 안고 있었으며 학교폭력이 끊이지 않던 학교였다. 학력을 높이고 학생들 인성을 함양하게 할 교장을 공모로 초빙한 이유이기도 하였다. 나는 이 두 마리 토끼를 잡기 위해 수많은 고민과 번뇌 끝에 학교 실정에 맞는 다양한 프로그램을 개발하고 안착시키며 최고의 행복동화를 만들어 나갔고, 학교는 이윽고 생기를 뿜으며 결실을 거두어냈다. 2014 전국 100대 교육과정 우수학교에 천북중학교가 당당히 이름을 올렸다. 선정된 학교 가운데 교감이 없는 유일한 초미니 학교였다. 실사를 나온 심사위원 중 한 분은 '동화 속 행복한 학교'라며 감동의 눈물을 흘리기도 했다. 이어 2015 행복학교 박람회를 통해 교육계에 화제를 부르며 '작은 학교의 큰 기적'을 선보였다.

교장으로서 나의 두 번째 부임지인 홍성여고는 65년의 역사와 전통을 자랑하는 전교생 500명이 넘는 충남 서부지역 명문 혁신학교였다. 하지만 인문계 학교이다 보니 학생들은 대학 진학을 위한 공부에 지쳐 있었고, 나를 아프게 하였다. 이곳에서의 나의 역할을 고민하였다.

교실로 일일이 찾아가는 부임 인사를 시작으로 학생들과 직접 교감하며, 사기를 높이는 다양한 프로그램을 통해 우리는 친구가 되었다. 학생들이 미소 띤 소녀로 돌아왔다. 무표정이던 학생들도 나에게 반갑게 인사하고 하이파이브를 한다. 홍성여고도 이윽고 생기를 뿜으며 결실을 거두어냈다. 소통으로 공감하는 따뜻한 학교혁신 교육과정 운영은 홍성여고에도 전국 100대 교육과정 우수학교 선정이라는 선물을 안겨주었고 2018학년도 대학입시에서 보기 드문 최고의 성과를 거두었다.

*

이 책은 교육적 논리를 가지고 접근한 것이 아닌 나의 교장으로서 학교 경영 기록을 일기 형식으로 풀어낸 것이다. 그래서 산만할 수 있지만 행복학교를 만들기 위한 노력의 과정을 볼 수 있을 것이다.

이 책이 천북중, 홍성여고에서 나와 함께 행복교육을 펼쳐 준 동료 선생님들, 물심양면으로 기원해 준 학부모님들, 특히 나를 사랑으로 따라와 준 학생들에게 조금이나마 보답이 되었으면 좋겠다.

또한, 학생을 사랑하는 모습이 나와 같다며 아낌없는 지원과 응원을 해주신 학생중심 충남교육을 이끌어 가시는 김지철 충남교육감님과 내가 학교장의 역할을 잘 할 수 있도록 도와준 아내, 술 좀 먹지 말라며 늘 나의 건강을 챙겨 주는 자랑스러운 효자 아들과 이번 원고 작성에 세심하게 살펴 주고 고쳐주는 도움을 준 효녀 딸에게 무한한 고마움을 느낀다.

*

다음 글은 2015년 10월 19일 중도일보 충남학교신문 자유학기제 코너에 실린 천북중학교 학생 명예 기자의 투고 내용이다.

교장 선생님을 고발합니다

천북중학교 학생회에 교장 선생님을 고발하는 학생들의 글이 접수되어 학생회장을 비롯한 임원들이 난감해하고 있다.

글의 내용을 살펴보면 교장 선생님께서 부임 인사로 "귀신 잡는 것은 해병대다. 해병대보다 무서운 사람은 유병대다. 고로 나는 가장 무서운 교장이다. 우리 학교는 천북(1000 BOOK)중학교이기 때문에 지금부터 매년 50권씩 성인이 될 때까지 20년간 천 권의 책을 읽어야 해."라고 잔뜩 겁을 주어 학교도서관에 있는 책을 다 읽어서 이제 용돈으로 책을 사 읽어야 해서 군것질을 못 한다는 안타까운 사연이 있는가 하면 지난 6월 5일 메르스 사태로 학교를 쉬어 6일, 7일까지 3일을 학교에 가지 못해 친구들과 함께 축구도 못하고 동아리 활동도 하지 못하여 정신적인 피해가 크다는 내용도 있다.

또한, 학교에서 제주도 체험, 남해안 역사 문화 탐방, 캄보디아 해외체험을 해주어 나중에 고등학교에 진학하여 제주도 수학여행을 가거나 가족과 같은 장소를 또 여행하면 재미가 없을 것이라는 하소연과 선생님들이 공부를 잘 가르쳐 주어 보령화력 골든벨 대회에 입상하여 장학금을 받았더니 아빠가 술을 드시고 오는 날에는 우리 아들 최고라고 하시며 볼에 뽀뽀해서 힘들다는 고충도 있고 청양으로 이사를 하였지만 학교가 너무 좋아 전학을 하지 않아 새벽에 일어나야 하고 하루에 교통비만 만원이 넘어 건강과 경제적으로 타격을 받아 힘들다는 내용 등 교장 선생님을 원망하는 다양한 고발성 글들이 있다.

글 마지막에는 이런 교장 선생님이 다른 학교로 전근을 가시면 그곳 학생들이 힘들 것이 뻔해 차라리 우리가 참고 학교에 다니겠다며 교장 선생님을 다른 곳으로 가시지 않도록 투쟁(?)하자는 내용으로 끝을 맺었다. 고발장을 접수한 박인수 학생회장은 이 일을 어떻게 처리해야 할지 걱정이라며 잠을 이루지 못해 살이 빠진다며 고통스러워하고 있다.

이렇게 나는 학생들에게 고발을 당했다. 그러나 나는 고발을 당해 더 행복한 교장이다. 지금부터 학생들에게 고발당한 나의 기막힌 사연을 하나하나 풀어보겠다.

1

천북중학교 교장 이야기

2012년 9월 1일부터 2016년 8월 31일까지

한 명도 포기하지 않는다!

동화 속 행복학교 태동기 | 2012.9.1.~2013.2.28.

공모 교장으로 첫발을 디디면서 내가 평소 원하던 행복학교를 만들기 위한 준비를 하는 단계이다. 우선 축 처져 있는 학생들의 기를 살려주는 일이 과제였다. 또한, 행복한 학교생활을 통해 학력도 높이고 인성도 함양하는 두 마리 토끼를 잡는 기반을 확실히 다지기로 마음 먹는다. 나와 학생들이 서로 진심으로 통해야 한다.

천북중학교장을 공모합니다

2012년 나는 서해안 최고의 명문 학교로 알려진 홍성고등학교 교감으로 근무하고 있었다. 2004년 전문직 시험을 거쳐 장학사로 처음 홍성교육청에 발령을 받아 가족을 설득하여 홍성으로 이사를 하고 아들, 딸도 전학하여 홍성에서 학교에 다니는 등 홍성이 우리 가족의 삶의 터전이 되었다.

그러나 충남교육청 장학사, 충남교육연구정보원 연구사로의 전보 발령으로 나는 2년 6개월을 가족과 떨어져 대전 여동생 집에서 기거해야만 하였다. 현재는 두 기관 모두 홍성 내포로 이전하였지만, 당시에는 대전에 위치하여 있었고 또한 당진-대전 간 고속도로도 개통 전이어서 통근은 엄두도 내지 못하였다.

고교생인 아들, 딸을 챙겨 주지 못해 유치원 교사인 아내가 아이들 교육과 살림을 책임져야 했다. 지금도 그때 생각을 하면 가족에게 늘 미안한 생각이 자리 잡고 있다.

바쁜 직장 생활을 하면서도 나를 끔찍이도 챙겨 주는 동생 부부에 대한 미안함도 있었고, 무엇보다 아이들의 진로진학에 가장 중요한 고교 생활에 조금이나마 가까이서 돕고 싶은 마음이 항상 있었다. 그러던 차에 홍성고 교감 선생님이 홍성고 교장 선생님으로 초빙이 되어 교감 자리가 비게 된다는 정보를 알고 홍성고 교감을 희망하여 2010년 9월 발령을 받아 그리운 가족 품으로 다시 안기는 기쁨을 만끽하였다.

인문계 고교인 홍성고는 학력 신장과 진로진학 지도 등으로 늘 고민했으며 부설인 방송통신고등학교까지 관리하여 일요일에도 출근하는 등 바쁜 나날을 보냈지만 그래도 퇴근하면 가족이 함께한다는 기쁨으로 즐겁게 학교생활을 할 수 있었다.

선생님들의 헌신적인 지도와 학생, 학부모의 적극적인 참여로 개교 이래 최대 실적을 재직 중에 냈다. 이른바 SKY대학에 29명이 합격하고 교육부장관과 교육감 표창을 13회나 수상하는 등 새로운 도약의 장으로 홍성고 전성시대를 구가한 그때를 생각하면 지금도 입가에 미소가 그려진다.

오랜만에 학교 현장에서의 행복한 생활을 만끽하며 보다 오래 이 학교에서 근무하고 싶은 생각이 간절하였지만 2012년 교장 자격 연수대상자로 선정되어 기쁘면서도 한편으로는 아쉬운 마음이 들기도 하였다.

교원대에서 실시하는 교장 자격 연수는 학교 사정을 고려하여 방해를 주지 않기 위해 학교 업무가 안정되는 시기인 6월 25일부터 7월 20일까지 제4기 교장연수를 받게 되었다.

연수를 앞둔 6월 중순 도교육청으로부터 2012.9.1.자 임용 교장공모제 추진 계획이 있다는 공문이 접수되었다. 공문을 검토하는 중 나의 눈에 확 들어오는 학교가 있었다. 천북중. 천북중학교는 홍성에서 멀지 않은 보령에 있는 학교이다. 공주사대 수학교육과 후배가 근무하던 학교라 2010년에 몇 번 방문하기도 하였고 홍성고등학교 신입생 유치 홍보로 2011년에 방문했던 학교였다. 또한, 천북은 석굴로 유명하여 가족 모임에서 자주 굴단지를 방문하여 회식을 하고 인근 펜션에 숙박을 하기도 하던 친근한 곳이기도 하였다.

보령교육청에 근무하는 후배 장학사에게 천북중학교 교장 초빙 이유를 알아보니 천북중학교가 기초학력 미달 학생이 많아 학력관리 중점학교인 데다 학교폭력 또한 많아 학부모들이 요청해서 공모하게 된 것이라고 하였다. '나는 수학 선생님 출신으로 학력 신장에 이바지할 수 있고 아이들 사랑은 누구보다 뛰어나지 않은가? 내가 제격이다. 내가 천북중학교를 행복학교로 만들 수 있는 교장이다.' 나는 학력과 인성 두 마리 토끼를 잡을 수 있다.'라는 생각이 들었다.

나를 사로잡는 것이 또 있었다. 천북에 있는 유일한 산 이름이 봉화산이었다. 산을 좋아하는 나는 내가 자랐던 곳 경북 봉화가 떠올라 추억에 잠기기도 하였고, 천북중학교는 언덕 위에 있는 소규모 농어촌학교라 나의 모교인 춘양중학교를 떠올리는 학교이기도 하여 나중에 이런 학교 교장으로 근무하면 참 좋겠다고 생각하던 학교였다.

한동안 고민하였다. 2년간 홍성고 교감으로 나름대로 최선을 다하였지만 그래도 내가 부임하였을 때 1학년이던 학생들이 졸업하는 2013년 2월까지는 근무하여 마무리를 잘하는 것이 마땅하다는 생각과 다시 올 수 없을지도 모르는 내가 근무하고 싶은 학교를 선택할 수 있는 절호의 기회라는 생각으로 고민은 깊어만 갔다.

물론 내가 천북중학교 교장공모에 응한다고 해서 선정된다는 보장도 없었다. 나는 이제 교장 연수가 끝나면 8월에 자격증을 딴다는 가정하에 응모 자격을 갖출 수는 있지만 미리 자격증을 딴 교감 선배나 현직 교장 선생님이 응모한다면 불리할 수도 있는 법.

내가 모시고 있던 교장 선생님을 찾아가 조언을 구하였다. 교장 선생님은 우리 학교로서는 너무나 아쉽지만, 교감 선생님은 교직을 늦게 시작해서 정년이 그리 많이 남지 않으니 원하는 학교에 가서 멋지게 학교 경영을 하는 것이 좋겠다는 격려의 말씀을 주셨다.

이것이 계기가 되어 3일을 꼬박 밤을 새워 자기소개서, 학교 경영계획서를 작성하고 상장 목록, 실적 증빙 등의 구비서류를 간신히 갖추어 마감 시간이 임박해서야 천북중학교에 제출할 수 있었다. 자기소개서의 마지막에는

학창 시절, 공무원, 교사, 교감 재직 시 항상 '누군가 해야 할 일이라면 내가 하고, 언젠가 해야 할 일이라면 지금 하고, 어차피 해야 할 일이라면 즐기면서 한다.'는 생활신조로 최선을 다해 왔습니다. 이 정신을 살려 선생님들의 과중한 업무를 줄이고 즐기온 업무 시스템을 개발하니 새자 면

저 솔선수범하여 섬김의 자세로 임하겠습니다.

라고 적고, 학교 경영계획서의 맺음말에는

자신 있습니다. 저 역시 농촌 출신으로 농어촌 학생을 자식 이상으로 생각하며 교사, 교감, 장학사, 연구사, 일반직 공무원 등의 풍부한 경험으로 누구도 놓치지 않고 실력과 인성을 함양하는 맞춤형 교육으로 미래사회를 우리 천북 학생들이 주도하도록 훌륭한 인재로 반드시 키워 내겠습니다. 저를 선택해 주십시오.

라고 적었다. 그리고 좋은 결과를 달라고 하나님께 기도하였다. 서류 제출 후 얼마 지나지 않은 6월 25일 교장 자격 연수를 받으러 가면서 연수에도 충실해야 하고 앞으로 있을 면접에도 대비해야 한다는 중압감으로 교원대학교로 향하는 길은 멀게만 느껴졌다.

연수 이튿날인 26일 천북중학교 홈페이지를 확인하니 재공고를 한다는 메시지가 올라왔다. 지원자가 한 명이어서 재공고를 한 것이다. 가슴을 쓸어내렸다. 내 생각에는 재공모에 응모하는 분이 있다고 하더라도 1차에 응모한 내가 그분보다 더 학교 현황을 미리 잘 파악했을 것이고 이는 면접에서도 유리함으로 작용할 것이라고 은근히 기대하였다. 내 생각과 기대가 적중하였는지 재공고에도 응모자가 없었다.

하지만 절차는 모두 치러야 한다. 중학교는 학교에서 운영위원회 주관으로 1차 심사를 하고 보령교육지원청에서 2차 심사를 하여 합산한 점수로 도교육청에서 적부를 최종적으로 판단하게 되어 있었다. 연수와 면접 대비를 병행하면서 바쁘기도 하고 긴장도 되었지만 차분함을 유지하려고 애를 썼다.

드디어 7월 초. 어느 날인가 정확히 기억이 나진 않지만, 교원대 연수원에서 조퇴 허가를 받아 오후에 개최된 천북중학교 1차 심사에 응하였다. 운영위원회 주관으로 운영위원, 동창회 임원, 지역사회 인사 등 10여 명이 면접위원으로 참여한 것으로 기억한다. 더운 날씨 탓도 있지만 질문에 답변하느라 온몸에 땀이 배었다.

그중에서 동창회장님이 한 명도 포기하지 않는 학생 중심 경영을 펼치겠다는 나의 학교 경영 방침을 듣고 감동했다며 본인이 경영하는 회사의 CEO로서 모시고 싶다고 나를 추켜세웠던 기억이 난다.

또한, 면접이 끝나고 사회를 맡았던 운영위원장님은 승용차까지 따라오시면서 나의 손을 꼭 잡고 "꼭 오셔야 합니다. 우리 학부모들은 목축업을 많이 합니다. 그래서 주말에도 소, 돼지들을 키우느라 가족 여행 같은 것은 꿈도 꾸지 못합니다. 아이들이 불쌍합니다. 우리 아이들이 행복한 학교생활을 할 수 있도록 지도 부탁드립니다. 교장 선생님!"이라고 부탁을 하지 않는가? 교장 선생님이란 말에 잠시 당황하였지만 내가 교장으로 부임한다면 꼭 그러하겠다는 약속을 하였다. 교원대를 향하는 승용차 안으로 시원하고 상쾌한 바람이 솔솔.

해병대보다 무서운 유병대

2012년 9월 1일. 드디어 교직 생활의 최고 영예인 교장으로 그것노 초빙 교장으로 천북중학교에 부임하였다. 6년간의 공무원 생활 마감. 스물아홉 늦은 나이에 교직을 꿈꾸며 사범대 진학과 졸업. 열정의 교직 생활 25년. 파란만장했던 인생 역정이 주마등처럼 스치고 지나갔다. 멋진 학교 경영으로 나의 마지막이 될지도 모를 교육자로서의 사명을 불태우리라.

79명에 불과한 소규모 농어촌 중학교 천북중학교 전교생이 강당에 모였다. 나의 부임 인사를 듣기 위해서다. 아이들은 축 처져 있었다. 표정이 없는 아이들이었다. 이 아이들의 기를 살려주는 것이 나의 임무라고 생각했다. 하지만 나는 부임 첫날부터 순진한 아이들에게 잔뜩 겁을 주었다. 교직 생활을 하며 전근할 때마다 즐겨 쓰던 말을 또 써먹었다.

"귀신 잡는 사람이 누구냐?" 나의 물음에 아이들은 자신 있게 큰소리로 "해병대입니다."라고 대답한다. "그렇다면 해병대가 무서워하는 사람은 누구냐?" 아이들은 술렁인다. 생각할 틈을 주지 않고 "해병대보다 무서운 사람은 바로 유병대다. 유병대가 바로 나다. 고로 나는 가장 무서운 교장이다." 눈을 부릅 뜬 무서운 기세에 아이들이 위축되었다.

이 틈을 놓치지 않고 "우리 학교는 천북중학교다. 천북은 1000 BOOK이란 의미도 있다. 따라서, 우리 학생들은 1,000권의 책을 읽어야 한다."라고 말했더니 '2학기 첫날에 이게 웬 날벼락이냐', '학교 이름이 하필이면 천북이냐?'라며 아이들이 술렁인다.

흐흐흐 아이들이 나의 멋진 계략에 넘어가는 분위기이다. 역시 시작을 잘해야 해. 이렇게 탄생한 1000 BOOK 독서운동은 뒤에 자세히 얘기하겠다.

인턴교사 없슈? 왜 없슈?

2012년 천북중학교는 2011년 교육부에서 지정한 학력향상 중점학교를 뛰어넘어 도교육청에서 지정하는 학력증진 중점학교였다. 당시 교육부에서는 학업성취도평가에서 응시생의 20% 이상이 기초미달인 학교를 학력향상 중점학교로 지정하고 3천만 원에서 최대 1억 원까지 예산을 지원하고 학교 특성에 맞추어 학교장이 자율적으로 사용토록 하였다.

천북중학교가 바로 그 대상이었다. 천북중학교는 지원금을 활용하여 인턴교사 채용, 방과후학교 보충 등으로 노력한 결과 기초미달 비율을 10%대로 감소시켜 불명예를 벗어나는 듯했으나 각 시도교육청의 기초미달 최소화를 위한 경쟁으로 충남교육청에서 정한 기초미달 비율 5% 이상에 주어지는 학력증진학교 지정을 2012년에 피해 가지 못하였다.

충남교육청에서 인턴교사 한 명에 해당하는 지원금을 받아 1학기에 교사 한 분을 구하여 학력 향상을 위해 나름대로 노력을 하였으나, 도중에 인턴교사와 학생들의 불협화음으로 인턴교사가 사표를 내고 떠나고 내가 부임한 9월에도 강사를 구하지 못해 담당교사는 손을 놓고 있었다.

이유는 석은 수낭에 이 먼 곳까지 오려는 인턴교사가 없다는 것이다. 지원금을 반납하는 수밖에 없다고 한다. 반납이라니 이럴 수는 없다. 나의 첫 임무는 인턴교사 구하기. 사실 인턴교사는 강사 신분으로 교사 자격증이 없어도 되어서 주위 지인들을 활용하면 의외로 쉽게 구할 수 있을 것으로 생각했다.

마침 도교육청에 근무할 때 행정업무 보조로 왔던 대학생이 떠올랐다. 무척이나 성실했던 기억이 나서 수소문했고 연락이 닿았다. 대학을 졸업하여 공무원 시험공부를 한다고 하였다. 나는 설득하였다. 학교 앞 관사 입주도 배려하겠으니 아이들 가르치는 좋은 일도 하고 남은 시간을 활용하여 공무원 시험공부도 하면 일석이조가 아니겠냐는 나의 설득에 결국 굴복하여 대전에서 천북행 버스를 탔다. 이렇게 간단한 것을 해결하지 못하다니 쯧쯧.

그런데 이게 웬일. 인턴교사 활용 이틀째 되던 날 인턴교사 어머니가 병원에 갑작스레 입원하여 병간호를 해야 한단다. 허탈 또 허탈.

그러나 여기서 포기할 수는 없다. 도교육청, 각 지역교육지원청 구인 안내를 뒤져 우선 중등학교 기간제 교사, 중등학교 방과후활동 강사, 초등학교 기간제 교사, 초등학교 방과후활동 강사 희망 순으로 희망자들 모두에게 다이얼 누르기를 수십 차례. 대부분 이미 학교에 근무하고 있었고 아직 일자리를 구하지 못하였으나 거리가 너무 멀어 갈수 없다는 거절.

3일을 전화기에 매달리며 한숨을 짓던 중에 보령교육지원청 초등학교 특기 · 적성 과학 실험 보조 강사 희망을 원하는 분이 확 눈에 들어왔다. 실오라기라도 잡겠다는 희망으로 전화를 걸었으나 받을 수 없다는 메시지가 나를 울린다.

아! 이대로 포기하고 지원금을 반납하여야 하나? 우리 부족한 아이들에게 맞춤형으로 공부를 가르쳐 준다면 분명 효과가 있을 텐데 안타깝다. 하지만 포기하지 않으리. 그러던 차에 울리는 벨소리. 직감으로 느낀다. 그분. 운전 중이라 전화를 못 받았단다. 결혼한 지 얼마 되지 않은 여성분. 집도 보령이고 게다가 중등 과학교사 자격증 소지자여서 정말 우리 학교로서는 꼭 필요한 분이다. 그러나 천북중학교는 거리가 멀고 가까운 초등학교에서 어렵지 않은 실험 보조를 하고 싶단다. 이곳 시골 학생들은 선생님을 간절히 기다린다. 이곳에서 아이들을 가르치는 것이 나중에 임용고시 합격에도 도움이 될 것이라는 나의 간절한 구애(?)에 넘어가 면접을 보기로 OK! 이렇게 해서 9월 24일에 기초학력 미달 학생 지도 인턴교사를 채용할 수 있었다.

선생님은 최선을 다하여 정규 수업 시간에는 팀티칭 교사로, 방과 후에는 기초가 부족한 아이들에게 수학, 영어를 정성껏 가르쳐 주어서 천북중학교의 학력 업그레이드에 큰 역할을 하였다. 간절히 원하면 이루어지는 법. 나의 사전에 포기란 없다.

다시 수학 선생님이 되다

학력증진학교를 탈피하기 위한 선생님들의 노력은 눈물겹게 보였다. 정규교육과정이 끝나면 대부분 학생이 참여하는 방과후학교를 운영하고 3학년은 야간에도 자기주도학습을 전개하는 등 선생님들이 수고와 피로도가 커 보였다.

그런데도 기초미달 학생이 줄지 않았다. 원인이 무엇일까? 선생님들의 수고와 피로를 덜어주는 방법은 없을까?

정시 퇴근을 미루고 밤 9시까지 학교에 남아 방과 후에 이루어지는 과정들을 지켜보기로 하였다. 일주일도 채 되지 않아 내 나름대로 문제점을 발견하였다. 방과후학교 수업은 국, 영, 수, 사, 과 등을 위주로 정규 수업과 다를 바 없이 강의 위주로 진행되고 있었다.

그러나 참여 인원은 전교생 70명 중에서 불과 20여 명도 되지 않는 날들이 대부분이었고 10여 명이 되는 날도 있었다. 어떤 학년은 불과 서너 명이 남아 강의를 듣고 있는 경우도 허다하였다. 3학년 야간 자기주도학습 역시 젊은 선생님들이 돌아가면서 감독을 하고 있었는데 참여 학생은 10명도 되지 않았다.

하루는 1명만이 남아 감독 선생님인 3학년 담임 선생님과 얘기를 하고 있었다. 그 학생은 특수반 학생이었다. 담임 선생님은 결혼한 지 얼마 되지 않은 젊은 선생님으로 그 학생을 다독이며 상담을 하는 것 같았다.

기초미달인 학생들을 줄이고 학력을 높이고자 하는 프로그램에 아이들은 없고 선생님들은 허공에 대고 강의를 하는 것이나 마찬가지였다. 또한, 늦은 밤 9시까지 불을 밝히며 야간 자기주도학습을 꼭 해야만 하나? 의구심이 컸지만 수고하시는 선생님들에게 갓 부임한 교장이 문제를 제기하는 것이 부담스러웠다.

그러나 한 달 두 달이 가고 이런 날은 계속되고 나의 고민은 깊어만 갔다. 쿼바디스. 2013학년도부터 새로운 체제로 학교 경영을 하기 위해서는 이 문제는 반드시 해결해야 할 과제라 판단되어 선생님들과 대화의 자리를 마련하였다. 내가 생각하는 문제점을 조목조목 얘기하며 선생님들의 수고에 비해 효과가 없는 것 같다고 하였다.

선생님들이 생각하는 바를 말씀해 주시면 최대한 반영하도록 하겠다고 하였다. 혹시나 선생님들이 간섭으로 생각하지 않을까 조금은 걱정이 되었지만 선생님들도 내가 생각하는 문제점에 모두 동의하고 있었다. 그러면 왜 고치지 못하는가에 대한 나의 물음에 의외의 답이 돌아왔다. 보령 관내 대부분 학교가 방과후학교와 야간 자기주도학습을 하는데 우리 학교만 안 할 수가 없고 지원금을 받았으니 소진하기 위해서는 부득이 해야 하는데 면 소재지에 학부모가 운영하는 학원이 있어서 절반 이상의 학생들이 빠져나가며 학부모들이 굴 식당을 하고 있어서 부모를 돕기 위해 아르바이트로도 빠져나가는 것이 참여가 저조한 주된 이유로 들었다.

참고로 가을부터 특히 겨울에는 별미인 굴을 맛보기 위해 천북굴단지를 찾는 사람들로 조용한 천북이 들썩인다. 아울러 학교에서 저녁을 해결해 주지 못하고 시골이라 야간에 버스 시간을 학생 맞춤형으로 맞추는 것도 어려운 이유로 들었다.

이제 함께 문제점을 공유했으니 이를 해결하기 위해 백방으로 뛰겠다고 얘기하고 2013학년도에는 학생들이 학교에 가고 싶어 안달이 나는 학교를 함께 만들어 가자고 호소하였다. 혹 나의 구상이나 학교 경영 방침에 동의하지 못하시면 내신을 내고 다른 학교로 가셔도 좋다고 선언하였다. 하지만 남으셔서 저와 함께하신다면 선생님들도 행복한 학교를 만들기 위해 교장이 최선을 다하겠다는 약속도 하였다.

그리고 더욱 많은 학생이 참여하고 수업도 맞춤형으로 해 주면 좋겠다는 의견을 제시하였다. 아울러 나도 수학교사 출신이니 야간에 남아 기초가 부족한 학생들을 지도하겠다고 하였다. 이후 선생님들의 도움으로 방과후학교 수업과 야간 자기주도학습에 참여하는 학생들이 조금은 늘고, 나는 2학년 담임 선생님이 추천한 기초가 부족한 학생 6명과 교장실에서 씨름하며 초등학교 수준부터 기초 위주로 수학을 가르쳐 주고 끝나면 집이 나의 퇴근 방향과 같은 학생들 3명을 차에 태워 집 부근에 내려 주는 등 친하기 위해 무척이나 노력하였다. 물론 아이스크림값도 엄청(?) 지출하여야 했다.

다행히 아이들은 잘 따르고 공부를 하려는 의지도 보여서 오랜만에 학생들과 함께하는 수업에 나 역시 설레었고 최선을 다하였다. 아이들과 나는 친구가 되었으며 아이들의 수학에 대한 기초도 자리 잡게 되었고 학부모 사이에도 이번에 온 교장은 다르다는 소문이 나면서 학교 경영에 조금씩 동참하는 계기가 되기도 하였다.

EBS 시범학교 선정으로 선생님 사기 진작

선생님들과의 허심탄회한 대화를 계기로 2013학년도 학교 경영에 대한 나의 구상이 만들어지고 이를 실천하기 위한 나의 저돌적인 열정이 시작되었다.

우선 학생들이 기초학력을 신장하고 수업에 즐겁게 참여하도록 하며 선생님들도 강의식 방법으로 인한 피로도를 감소시키는 좋은 방법이 없을까의 고민은 EBS 콘텐츠 활용으로 해결될 수 있다는 생각이 들었다. 직원회의를 겸한 교장실에서의 대화에서 선생님들께 EBS 연구학교를 제안하였다. 선생님들은 대찬성이었다.

하지만 전국에서 불과 서너 개의 중학교에만 주어지는 연구학교를 이 조그만 시골에서 어떻게 유치할 수 있을까 걱정하는 분위기가 대부분이었다. 사실 보령 지역은 충남 지역 중학교 중 벽지 점수를 주는 중학교가 단 두 개의 학교인데 이들 두 학교가 모두 보령에 있어서 승진을 준비하는 선생님들은 이 두 학교 진입에 줄을 서고 실제로 이 학교들을 거쳐야 승진이 되는 것이 대세였다. 지금도 사정은 같다. 반면에 천북중학교는 보령 지역에서 가장 멀리 떨어져 있고 시내버스도 하루 두세 번밖에 운행하지 않아 기피하는 지역이었다.

교장 임용 역시 천북중학교를 희망하지 않아 퇴직을 앞둔 교장이 오거나 교감에서 승진을 한 학교 경영 경험이 없는 교장이 임용되고 했는데 지역민들이 공모해서 훌륭한 교장을 모시자는 분위기로 이어져 내가 올 수 있었다. 하지만 연구학교를 유치하면 승진가산점을 받을 수 있어서 기피 분위기가 달라질 수 있다고 생각했다.

사실 연구학교는 운영이 형식적이고 선생님들의 업무 부담을 가중시킨다는 이유로 교원단체에서 폐지 또는 감소를 주장하여 계속 그 수가 줄어드는 추세라 승진을 희망하는 선생님들은 연구학교를 운영하는 학교를 많이 선호하였다.

미리 얘기하자면 기피 분위기가 달라질 수 있다는 내 생각은 적중하였다. 나중에 천북중학교를 희망하는 선생님들이 줄을 섰다. 다시 화제를 원점으로 돌리자. 연구학교 유치, 그것도 연구학교 중 인기가 있는 EBS 시범학교 유치는 낙타가 바늘구멍에 들어가기만큼 어렵다는 선생님들의 의견은 충분히 이해되었다.

그러나 우리가 추진하는 EBS 시범학교는 학생들의 학력 신장, 수업 개선에 크게 이바지할 수 있고 EBS 프로그램을 수업에 활용하고 분석하는 것이니 업무도 크게 늘지 않으며 연구학교 운영으로 인한 가산점까지 받을 수 있으니 유치를 하면 대박이라는 의견이 대세여서 은근히 유치하면 좋겠다는 분위기였다.

이 좋은 분위기를 이어가고 나의 추진력을 보여주는 확실한 방법이었다. 반드시 연구학교를 유치하리라 다짐을 하고 실천에 옮기기로 하였다. 우선 충남교육연구정보원에서 연구사로 근무할 때 교육방송연구대회 업무를 보면서 친해진 EBS 김 피디님께 전화하여 2013학년도 연구학교 관련 계획을 알고 싶다고 하였더니 자신은 다른 부서로 옮겨서 추진 부서인 교육연구소에 알아보겠다고 하였다.

다음 날 김 피디님으로부터 중학교는 3개교 정도로 추진할 것 같다고 하면서 담당 피디의 전화번호를 알려주었다. 따르릉. EBS 교육연구소에 떨리는 목소리로 전화하여 담당인 수학전공의 박 피디님을 찾아 EBS 연구학교를 유치하고 싶다고 전했다. 천북중학교의 사정을 얘기하고 연구사 출신으로 예전에 EBS가 추진하는 교육방송연구대회 업무를 보는 등 EBS를 사랑한다는 말도 빠트리지 않았다.

박 피디님은 사정은 알겠으나 전교생 100명도 되지 않는 소규모 학교는 일반화가 어려워 곤란하다며 난감해하였다. 그러나 나는 포기하지 않았다. 소규모 학교는 학생 수가 적다는 이유로 지원 혜택을 받지 못해 소외되고 이렇게 연구학교도 운영할 수 없다니 너무나 암울하다. 전국에 소규모 학교도 상당히 많이 차지하고 있으니 이런 소규모 학교에 대한 일반화도 고려해 달라고 호소하였다.

박 피디님은 혼자 결정하기는 어려운 문제라며 상의를 해보겠다고 얘기해 주었다. 구름이 걷히고 햇살이 비치는 것 같았다. 이 끈을 놓지 않아야 한다. 다음날 서울행 버스에 무작정 몸을 실었다. 안타깝게도 담당인 박 피디님은 출장을 갔지만, 교육연구소 다른 피디님들과 김 피디님, 고교 후배인 서 피디님 등 친분이 있는 분들을 만나 소규모 학교 경영의 어려움을 설명하고 연구학교 선정에 참여할 수 있게 해 달라고 호소하였다.

며칠 뒤 박 피디님의 밝은 목소리가 나를 기쁘게 하였다. 윗분들과 연구소 여러 피디님과 의견을 나눈 끝에 교장 선생님 말씀도 일리가 있다고 판단을 하여 기회를 주는 것이 옳다고 결론을 내렸다고 하며 시범학교를 한 곳 추가하기로 하여 전국에 4개교를 지정하기로 하였다는 것이다.

그러나 천북중학교를 지정하는 것은 아니며 더욱이 일부 진보 교육감이 수장으로 있는 교육청은 연구학교를 받지 않는 경우도 있으며, 받는다 하더라도 EBS 관여 없이 시도교육청이 투명하게 공모를 하여 선정하므로 지금부터는 교장 선생님이 잘 준비하셔야 할 몫이라고 얘기하였다. 잘되면 좋겠다는 말까지. 연신 수화기에 대고 고개를 숙이며 "알겠습니다. 감사합니다."를 계속 외쳤다.

도교육청 장학관님께도 전화하여 사정을 얘기했더니 우리 교육청은 학력 신장을 위한 좋은 일이니, EBS에서 연구학교 추진 의사 공문이 오면 오케이를 하겠다고 한다. 선생님들께 이 사실을 알리고 지금부터 우리 실정에 맞는 EBS 콘텐츠 활용을 위한 알찬 계획을 세워보자고 하였다.

모두가 찬성하며 차근차근 준비하였다. 드디어 12월, 연구학교 공모 추진 공문이 도착하였고 천북중학교는 준비된 계획서를 제출하여 경쟁 끝에 당당히 2013, 2014년 2년간 EBS 시범학교에 선정이 되었다. 선생님들의 "수고하셨습니다. 고맙습니다."라는 말을 들으며 행복학교를 만드는 바탕을 마련한 것 같아 나는 의기양양했다. EBS 시범학교를 운영하면 EBS 콘텐츠를 무료로 이용할 수 있고 전교생 EBS 견학 및 출연, 매년 천만 원의 지원금까지 주어져 특히 소규모인 천북중학교는 큰 혜택을 받을 수 있었다. 물론 지덕체 성장에도 큰 역할을 할 수 있었음은 두말할 나위가 없다.

뭐니 뭐니 해도 머니(money)가 있어야쥬 – 행복공감학교 도전기

교장에 공모하면서 구상한 사업과 교장이 되어 선생님들과 협의하면서 발생한 새로운 사업을 실천하기 위해서는 예산이 필요했다. 이 모든 것을 시골 학부모들에게 부담시킬 수는 없는 일이고 당시 동문회의 지원도 약간 있긴 했으나 그렇다고 더 요구하기는 어려웠다.

방법은 하나. 교장 공모 면접 때 '좋은 사업이 많은데 이 돈은 어떻게 충당하려고 하느냐?'라는 심사위원들의 질문에 행복공감학교에 선정되도록 노력하고 동창회, 지역사회와 협의하여 지원을 이끌어 내겠다는 답변을 실천하는 길이다. 행복공감학교에 도전해 보자.

당시 행복공감학교는 교육감 교육정책 슬로건인 '모두가 공감하는 행복한 충남교육'과 도지사 공약인 '혁신형 행복학교'를 접목하여 사회 패러다임의 변화에 부응하는 학교 유형 모델을 개발하고자 2011년부터 5개교씩을 선정하여 매년 1억 원 정도를 4년간 지원해 주는 사업이었다.

즉 교육감의 슬로건 '공감' + 도지사 공약 '혁신형 행복' = 행복공감학교의 등식이 성립하는 것이다. 진보인 안희정 도지사는 서울, 경기도의 모델을 따서 혁신학교를 주장하였으나 보수에 가까운 김종성 교육감은 혁신에 거부감을 나타내어 줄다리기 끝에 행복공감학교로 정했다는 얘기를 도교육청 장학관으로부터 사석에서 들은 바는 있으나 사실인지는 모르겠다.

목표는 행복공감학교 공모에 응모하여 선정되는 것. 우선 2011년, 2012년에 선정된 학교에 부탁하여 응모했던 계획서를 메일로 받아서 살펴보고 공모 교장 응모 시 학교 경영계획에서 약속했던 사업도 검토하는 등 나와 선생님들은 거의 한 달여를 계획서 작성에 몰입하였다.

드디어 초안이 나왔다. 선생님들과 함께 만든 거대한 첫 작품이다. 솔직히 나중에 행복공감학교 선정 여부를 떠나 함께 행복학교를 위해 고민하고 밝은 미래를 쏘고 싶다는 공감을 하였다는 사실에 나는 속으로 하염없이 뜨거운 눈물을 흘렸다. 희망을 보았던 것이다.

초안을 만들고 목이 빠져라 선정 계획 공문이 오기를 기다렸나. 느디어 초안 완성 일주일 후 〈2013학년도 충남 행복공감학교 선정 및 운영 기본 계획〉이라는 공문이 도착하였다. 몸도 마음도 급하다. 천북중학교가 도약하느냐? 주저앉느냐? 아울러 공모 교장 4년이 달려 있다. 공문을 검토하고 일정대로 추진하기로 하였다.

특히 공문에는 행복공감학교 선정 시 후반기인 2015, 2016년에는 연구학교 지정도 명시되어 있었다. 행복공감학교에 선정이 된다면 EBS 연구학교 2년, 행복공감학교 연구학교 2년 도합 연속 4년간 연구학교를 운영할 수 있게 되어 선생님들의 승진가산점 부여에 따른 사기 진작은 물론 학교 발전에도 크게 기여할 수 있어 선생님들은 환영의 미소를 지었다.

선생님들은 초안 계획서를 공문 양식에 맞추어 재작성하기로 하였고 나는 지자체인 보령시청에서 대응 투자 약정서를, 보령교육지원청에서는 추천서를 받는 일에 전력을 기울이기로 하였다.

지원금의 50%는 충남도청, 25%는 충남교육청과 학교가 속한 기초자치단체에서 각각 분담하는데 이에 따른 대응 투자 약정서가 필요했고, 각 지역교육지원청에서는 초 · 중 · 고를 통틀어 단 1개교만 추천하기로 되어 있었다.

보령시청 교육 관련 부서를 찾아갔다. 홍성군민으로 보령에서 근무하는 관계로 시청 공무원과는 안면이 거의 없어서 남편이 시청공무원으로 근무하는 행정실장과 함께 교육팀장을 만났다.

다행히 교육팀장은 행정실장과는 잘 아는 사이이고 남편과도 친분이 있는 관계였다. 도교육청에서 온 공문과 고생하여 작성한 계획서를 보여주고 설명하며 도움을 요청하였다. 고생하셨습니다. 최선을 다해 돕도록 하겠습니다. 그럴 줄 알았다. 앗! 그런데 대뜸 수고는 하셨는데 제가 보기에는 어려울 것 같습니다. 요지는 다음과 같았다.

이 사업은 시에서 판단하건대 정치적인 부분이 얽어져 있다고 생각합니다. 따라서 한 시군만 사업을 몰아주지는 않으리라고 생각합니다. 아마도 전 시군이 고루 혜택이 가도록 지정할 것입니다. 우리 보령시는 지난해 웅천초등학교가 지정되어 지원을 받고 있어서 아마 이번에는 거의 선정에서 제외될 것이 확실합니다. 제외될 것이 뻔한 데 약정서에 시장님이 서명하는 것은 저희로서는 오히려 죄송한 일입니다. 시장님 등 윗분들과 더 검토하도록 하겠습니다.

검토한다고 했지만 완곡한 거절이다. 난관에 부닥쳤다. 그러나 여기서 포기할 내가 아니다. 교육을 나눠먹기식으로 한다는 게 말이 되는가? 나도 도교육청, 도청 등에 알아보고 다시 찾아오겠다고 했다. 사실 그랬다. 2011년, 2012년 선정된 학교를 보니 모두 지역이 안배되어 있었다.

이건 아니다. 이미 선정된 시군은 계획서도 내지 못한다는 말인가? 죽어라 고생하여 계획서를 작성하여 내어도 선정에서 제외한다니 말이 되는가? 하지만 흥분을 가라앉혀야 한다. 시청 팀장 얘기가 일면 타당도 하지만 지역에 구분 없이 투명하고 공정하게 지원학교를 선정해야 한다는 나의 논리에는 턱없이 부족하다고 생각했다.

도교육청 장학사, 장학관, 도청 관련 부서 공무원들을 찾아가거나 전화를 하여 내 의견을 전달하고 투명하고 공정한 심사를 당부했다. 그들은 한결같이 내 의견에 동조하지만, 이것은 오직 심사위원들이 결정하므로 심사 시 당부하는 것 이외에는 방법이 없다며 계획서를 잘 쓰고 교장 선생님이 발표를 잘하라고 하였다.

조금은 안심이 되었지만 그래도 불안하였다. 평소 잘 아는 교사 출신 도의회 임 모 교육위원에게도 전화를 하여 나의 의견을 전달하고 공정한 심사가 되도록 부탁을 하였고 그는 전적으로 동감한다며 도청, 도교육청에 심사 시 공정한 심사를 하도록 얘기하겠다는 답변을 들었다.

다시 찾아간 시청. 교육팀장에게 그동안 나의 활약상(?)을 얘기하였고 팀장은 이해한다며 과장님, 국장님, 시장님께 말씀드리고 연락드리겠다고 하였다. 의외로 빠르게 다음 날 나는 시장실에서 시장님과 상호 협력을 위한 MOU를 체결하고 대응 투자 약정서를 손에 넣을 수 있었다. 이제 교육지원청의 추천서이다. 지난해 웅천초등학교가 선정되어 보령 관내 대부분 학교가 계획서를 내 보았자 안 될 것이고 천북중학교가 의욕적으로 추진하니 밀어주는 것이 좋겠다는 분위기였다.

교육장님을 찾아가 100% 동의한 교직원, 학운위 동의서를 보여 드리고 선정이 되면 최선을 다하겠다고 하였다. 교육장님은 흡족해하시면서 지난해 웅천초등학교가 선정되어 이번에 지원하는 학교가 없을 줄 알았는데 오히려 고맙다고 하시며 응원한다고 하였다.

드디어 추천서까지 완료되고 계획서를 비롯한 서류를 검토하여 제출하였다. 뜻있는 곳에 반드시 길이 있다. 주여! 도와주소서! 이제 교장인 나만 잘하면 된다. 선정심사위원회가 2월 13일 개최된다는 공문이 접수되었다. 해당 학교장이 신청 취지 및 운영방안 발표 및 면접에 임하는 것을 원칙으로 하며 학교당 시간은 10분간 진행한다고 되어 있었다. 발표순서는 추첨으로 한다는 내용이었다.

나에게 학교의 운명이 달려 있다는 비장한 각오로 과연 어떻게 해야 심사위원의 마음을 움직일까? 고민과 번뇌의 시간으로 잠을 이루지 못하면서 기도하였다. 기도의 응답이 온 것일까? 감성에 호소하는 작전을 쓰기로 하였다. 이것이 다른 학교 발표와 차별화되리라 생각하였다. 천북은 한자로 川北이다. 이 말은 대천의 북쪽이라는 말이다. 현재의 보령시가 행정구역이 개편되기 전에는 대천시였다. 대천해수욕장이면 누구나 다 알 것이다.

그런데 천북은 대천, 즉 보령시 소재지에서 가장 멀리 북쪽에 있어서 보령 시내와 천북면을 오가는 시내버스 운행은 하루 2~3회가 고작이다. 그것도 오천항으로 유명한 오천을 거치는 등 30여 분 이상 소요되어 여간 불편한 게 아니었는데 오히려 인근 홍성 지역은 광천읍의 경우 천북면 소재지에서 10여 분이면 갈 수 있는 가까운 거리라 버스도 한 시간에 한 대꼴로 운행하고 있는 지역이다.

그래서 일부 지역민들은 차라리 홍성군으로 편입되는 것이 좋다는 볼멘소리도 한다. 천북에는 천북초등학교, 낙동초등학교 이렇게 두 개의 초등학교가 있다. 그런데 낙동초등학교는 광천과 거리가 가까워 천북중학교가 개교하기 전부터 낙동초등학교 졸업생들은 광천과 가까운 지역에 주소를 둔 경우 광천에 있는 중학교로 진학하도록 학구가 되어 있었다.

이래서 낙동초등학교 졸업식은 천북중학교와 광천중학교로 진학하는 학생들이 눈물을 흘리기도 하며 아쉬워한다. 왜 천북에 있는 초등학교를 졸업하며 이별 아닌 이별을 해야 하는가? 아이들이 울지 않도록 하려면 천북중학교를 살려야 한다. 그러면 천북중학교로의 학구 조정에 대한 여론이 일어나고 지역민 통합에도 크게 이바지할 것이라고 호소를 하리라 다짐하고 운영방안이 포함된 시나리오를 작성하여 밤새 외우다시피 하였다.

운명의 날 2013년 2월 13일, 충남교육청 심사장. 학생 수가 많은 큰 학교는 교장, 교감, 교무부장 등 여러 명이 함께 와서 서로 검토를 하며 대화를 나누는 모습도 보였다. 하지만 전교생 65명의 소규모 학교인 천북중학교는 달랑 나 혼자였다. 보령에서 대전까지 눈보라를 헤치고 당당히 들어섰다.

추첨 결과 내가 1번이었다. 그래 매도 빨리 맞는 게 낫다. 잘하자. 기도하자. 아! 그런데 초등학교 교장으로 보이는 분이 "이번에도 지역 안배하겠죠? 지난해 선정에서 밀려난 ○○시, ××군 등의 학교가 될 것 같아요. 보령 같은 경우는 십중팔구 어려울 것 같아요." 하는 것이 아닌가?

내가 첫 번째 발표자만 아니면 무슨 말씀을 그렇게 하냐고 따졌을 테지만 그래 참자. 참자. 나는 천북 지역민들이 응원하는 대교장 유병대다. 억지로 감정을 추슬렀지만 그래도 불쾌한 감정은 어쩔 수 없었다. 천북중학교 발표해 주세요. 초등학교, 중학교 때 웅변대회 입상 실적으로 스피치를 무장한, 애끓는(?) 나의 호소에 심사위원들 가운데 몇 분은 고개를 끄덕이고 공감하는 것처럼 보였다. 순전히 나의 느낌이지만.

심사위원은 모두 열 명. 도청 추천 다섯 명, 도교육청 추천 다섯 명이었다. 후회 없다. 나는 최선을 다하였다. 발표가 끝나고 홍성군 대표로 참가한 갈산고 교감 선생님이 오셨기에 홍성에서 만나 소주 한잔하자고 하였더니 좋다고 하였다. 그날 코가 비뚤어졌다.

그리고 일주일 후 선정 5개교에 천북중학교가 포함되었다는 공문이 도착했다. 아! 그날도 너무 기뻐 딸기코가 되었다. 이제 행복공감학교가 본격적으로 시작 운영되는 2013년을 기대하시라.

황홀한 밤 아빠와 축구로 사랑은 깊어가고

요즘 학교가 마을과 함께 상생하여야 한다는 마을공동체학교에 대한 관심이 뜨겁다. 전적으로 공감한다. 그러기 위해서는 우선 학부모를 학교로 끌어들여야 한다.

공모 교장 면접 일화에서 얘기했듯이 천북중학교 학부모는 소, 돼지를 키우는 목축업이나 굴 식당을 운영하는 경우가 대부분이다. 특히 젖소의 경우 시간에 맞춰 젖을 짜줘야 젖소가 유방 관련 질환에 걸리지 않는다고 한다.

그래서 주말에도 젖을 짜줘야 하므로 부모가 자녀와 함께 하는 주말 나들이, 체험, 여행 등은 사실상 어렵다. 또한, 굴 식당의 경우도 서울에는 식당이 북적여 자녀들을 신경 쓰지 못한다. 이러니 수업공개 등 학교 행사가 있어도 겨우 학부모회장, 운영위원장 등 임원들만 참여하는데 채 다섯 명을 넘기는 경우가 드물다.

그래도 학부모를 학교로 끌어들여야 한다. 좋은 묘안이 없을까? 고민이 깊어간다. 그런데 어느 날 야간, 교장실에서 아이들에게 수학을 가르치고 있는데 운동장에 라이트가 켜지고 건장한 어른들이 모이더니 공을 차고 있는 것이 아닌가? 아이들에게 물었다. "저분들은 누구지?" 아이들은 "운영위원장님이신 ○○이 아빠, 우리 반 △△이 아빠도 있구요. 어른들이 가끔 모여서 축구를 해요." 이 늦은 시간 8시에? 혼자 중얼거리면서 대수롭지 않게 생각하고 아이들에게 다시 수학을 가르쳤다. 나중에 목축을 하는 분들이 일과가 늦게 끝나 8시에 모인다는 얘기를 들었다.

아이들에게 문제를 풀도록 하고 일어서서 다시 운동장을 바라보았다. 많아야 열 명 정도의 어른들이 작은 핸드볼 경기 라인 안에서 시합을 하고 있었다. 갑자기 앗! 어른들과 우리 아이들이 함께 축구를 한다면 축구 경기 라인 안에서 더 즐겁게 할 수 있지 않을까? 어른들도 아이들도 윈! 윈! 다음날 체육 선생님에게 나의 구상을 얘기하니 좋은 생각이라고 한다.

쇠뿔도 단김에 빼라고 했다. 체육 선생님과 운영위원장이 운영하는 농장을 찾았다. 나의 얘기를 들은 운영위원장은 상기된 표정으로 "교장 선생님 그거 참 좋은 생각이시네요. 저희도 인원을 채워 경기다운 경기 한번 해보고 싶었어요. 이렇게 생각해 주시니 오히려 저희가 고맙습니다."라고 얘기하며 운동하는 사람들은 천북FC클럽 회원들이고 학부모들도 있고 지역 유지들도 있으며 보령시 축구클럽 대회에도 참가하고 있다고 하였다.

대화를 통해 한 달에 두 번 둘째, 넷째 수요일 우리 학생들이 자기주도학습이 끝나는 저녁 8시 이후에 축구교실을 열어 축구 재능기부를 하기로 하였다. 학생들과 학부모를 포함한 어른들 모두 신났다. 11월부터 저녁 8시 인적이 드문 농촌학교 운동장이 학생들과 지역 주민의 우렁찬 함성이 하늘을 찌르고 따뜻한 정성이 추위를 녹였다. 천북FC클럽 회원들이 천북중학교 학생들을 대상으로 축구 재능기부 봉사 활동을 펼치게 된 것이다.

그런데 고마운 것은 회원들이 농업, 어업, 목축업 등 바쁜 일상에도 야간에 방문하여 학생들에게 축구 이론 및 실기를 전수하고 연습경기를 통해 경기 경험과 유대를 돈독히 하고, 경기가 끝나면 빵과 음료수 등을 제공하며 향토 사랑, 나라 사랑, 학생 시절 경험담 등으로 훈훈한 광경을 연출하게 되었다는 것이다. 물론 경기가 끝나면 학생들 귀가까지 책임졌다. 이런 어른들의 재능기부로 지역민 특히 학부모의 학교 참여에 날개를 달게 되었으며 우리 학생들이 보령시 학교스포츠클럽 대회에서 우수한 성적을 거양하는 데도 큰 역할을 하였다.

뒤에서 자세히 얘기하겠다. 더 나아가 지역민 화합과 유대에도 크게 이바지하고 관내 초등학교 학생들과 학부모들이 천북중학교를 긍정적으로 보게 되는 등 학교의 위상이 점차 높아지게 되었다. 또한, 지역 신문에도 크게 보도되었으며 대진 MBC에서 우수사례로 취재를

경기 전 상호 인사

하여 9시 뉴스데스크에도 소개되어 천북중학교가 널리 알려지는 계기
도 되었다.

방학일 때 아이들은? 험난한 교과 캠프

겨울 방학은 길다. 천북중학교에도 어김없이 겨울 방학이 찾아온다.
선생님들도 아이들도 모두 기대하는 방학이다. 12월 말에 방학을 시
작하고 2월에는 불과 2~3일 정도만 등교하는 추세다. 나는 고민하였
다. 우리 아이들 기초학력이 너무나 부족함을 느낀다. 방학을 이용하
여 교과 캠프를 통해 기초학력을 쌓게 하고 싶었다. 아니 그것보다 솔
직히 아이들이 그 긴 겨울 방학에도 학교에 관심을 두고 찾아오는 학
교를 만들고 싶었다.

때마침 한국장학재단이 주관하는 대학생 지식봉사 캠프 참가 희망 공문이 왔다. 연구부장 선생님께 참가하면 좋겠다고 얘기하고 아이들 희망을 받아 보라고 하였다. 그 결과 아이들 10명 정도가 희망한다고 하였다. 그래 우선 이렇게라도 아이들이 학교에 나오면 좋겠다고 생각하며 미소를 지었다. 하지만 당면 과제인 기초학력 신장에는 대학생으로는 힘들다는 생각이 들었다.

그래 부딪쳐 보자. 조심스레 선생님들께 "이번에 짧게 교과 캠프를 방학 시작 다음 날부터 10일 정도 열면 어떻겠습니까?"라고 직원회의 시간에 말하며 의견을 물었다. 돌아온 답은 우리 학교는 겨울에는 보충수업, 봉사 활동 등 학생들을 등교시킨 적이 없다는 것이다.

이유는 우선 학생들이 희망하지 않으며 겨울에 눈이 오면 버스가 운행하지 않고 학부모들은 생업에 바빠 학생들 등교에 관심이 없다는 것이다. 모두 갑자기 교장이 불편한 이런 얘기를 왜 하느냐는 눈치였다. 나는 그러면 지금도 겨울인데 어제도 눈이 왔는데 학생들이 왜 등교를 했는가? 그렇다면 대학생 지식봉사 캠프에는 아이들이 적은 숫자이지만 왜 참여를 희망하는가? 라고 반문하며 선생님들을 설득하였다.

아시다시피 우리 아이들의 기초학력이 다른 학교에 비해 많이 떨어지는데, 방학을 이용하여 아이들이 문제를 풀게 하는 연습이 아닌 아이들이 고민하여 함께 문제를 해결하는 캠프 형태로 즐겁게 기초학력을 쌓도록 해 주자고 부탁하였다. 선생님들은 대학생 지식봉사 캠프는 아이들이 대학생이 온다는 호기심에 참가를 희망한 것 같고 아마 실제로 캠프가 시작되고 흥미가 없으면 학생들 참가가 줄어들 것이라고 단

언하면서 선생님들이 하는 교과 캠프는 참가 학생이 거의 없을 것 같다고 말했다. 하지만 교장 선생님이 간곡하게 부탁의 말씀을 하시니 졸업하는 3학년을 제외하고 1, 2학년 전체 학생들을 대상으로 될 수 있으면 모두 참여하도록 시도는 해 보자고 하였다.

학생들의 참여 유도를 위해 나는 당근을 제시하였다. 교과 캠프가 끝나는 다음 날 학교 예산을 긁어모아 아이들을 서울에 있는 롯데월드로 데려가겠다고 하였다. 그러면 아이들이 너도나도 참여할 줄 알았다. 드디어 겨울 방학이 시작되고 다음 날. 나는 기대에 부풀어 일찍 출근하여 아이들을 기다렸다. 8시 10분, 8시 20분, 8시 30분, 8시 40분. 9시에 1교시가 시작되는데 1학년 한 명, 2학년 한 명 달랑 두 명이다. 앞이 캄캄하였다. 선생님들이 우리 말이 맞죠? 라고 하면서 교장의 생각이 틀렸다는 눈치를 주는 것처럼 느껴졌다.

9시가 되어도 더 이상 아이들은 오지 않았다. 무료로 선생님들이 봉사한다고 하는데도 이럴 수가 있나? 롯데월드 가는 것에도 관심이 없다는 말인가? 별생각이 다 들었다. 그래 아이들이 오지 않는데 억지로 캠프를 열 필요는 없지. 아니다. 그래도 이건 아니다.

캠프를 위해 출근한 선생님들과 학생들 집으로 전화를 걸었다. 대부분이 아직도 자고 있었고 전화를 받지 않는 가정도 많이 있었다. 나중에 안 일이지만 아이들이 겨울에는 부모님이나 친구 부모님이 하는 굴 식당에서 일을 도와드리거나 아르바이트를 하여 늦게 잠들어 아침에 일어나지 못하는 경우가 상당히 있었다. 등교를 설득하였다. 10시쯤 되어서 열 명 정도의 학생들이 등교하였다. 그래 끝까지 해 보는 거다.

그리고 업무관리시스템 개편으로 장문의 알리미가 가능한 것을 간파하고 학부모 핸드폰으로 다음과 같은 협박(?) 문자를 발송하였다.

존경하는 학부모님! 천북중학교장 유병대입니다. 제가 부임한 지도 5개월째입니다. 새해 가정에 다시 한번 복 많이 받으시길 기원합니다. 여러분은 우리 학교가 그동안 너무 침체가 되어 있어서 저를 초빙한 것으로 알고 있습니다. 물론 많은 분이 도와주고 계시지만 학교를 살리고 자녀의 꿈을 키우기 위해서는 모든 학부모님의 도움이 필요합니다. 오늘 캠프 시작인데 9시 시작엔 달랑 2명이 참석하고 수업이 끝날 때까지 절반도 참석하지 않고 있습니다. 물론 다 사정이 있겠지만 불과 10일간입니다. 학교 활동에 적극 동참해 주시길 부탁합니다. 아이를 설득하고 부모님께서 조금 더 챙겨 주셔야 합니다. 아이들 이대로 방치시키렵니까? 시골에서 농사를 지어도, 고기를 잡아도 요즘은 많이 알아야 거친 세파를 헤쳐나갈 수 있습니다. 지금 편한 것이 나중에 독이 될 수 있습니다. 저도 경상도 아주 조그만 산골 출신입니다. 학교의 도움으로 교장의 반열에 올랐습니다. 아이들을 잠에서 깨워 주시고 무지에서 깰 수 있도록 도와주세요. 학교 방침이 마음에 안 드시면 다른 학교를 찾으셔도 좋습니다. 하지만 자녀를 천북중학교에서 졸업시킬 생각이시라면 믿고 보내 주십시오. 아이들에게 나쁜 것 가르치지 않습니다. 좋은 것 알려 주고 함께 하려고 노력하고 있습니다. 도와주시길 간곡히 읍소하오며 혹 글에 결례가 있더라도 널리 용서하여 주시기 바랍니다.

유병대 올림

사실 이렇게까지 내가 해야 하는가 하는 생각도 들었지만, 아이들이 즐겁게 찾는 학교, 미래를 키우는 학교를 위해서 지금처럼 식당에서 아르바이트하며 그 돈으로 게임을 하도록 두고 싶지 않았다. 아이들에게도 다음과 같이 문자를 보냈다.

> 사랑하는 아이들아 나 교장이다. 잠에서 깨어나라. 일어나라. 학교는 너희들 기다리고 있다. 안 오면 롯데월드 못 가.

단호하면서도 절박(?)한 내 생각이 담겨 있었지만 아이들은 어떻게 생각할까? 한 시간이 지나고 두 시간이 지나고 1, 2학년 40여 명 중 15명 정도가 등교하였다. 너무나 기뻤다. 최선을 다해 캠프를 진행하였다. 다음 날은 20명, 3일째 되는 날에는 30명 이상이 참석하였다.

선생님들도 놀라고 나도 놀랐다. 나중에 부모님들이 학교에 와서 나에게 얘기하였다. 문자에 전화에 깨우러 오기까지 하니 정말 지독한 교장이 왔다고 생각하고 도대체 어떻게 생겼는지 보고 싶었다며 고맙다고 한다. 학부모 마음도 사로잡고 아이들도 즐겁게 참여하고 희망이 성큼 다가왔다.

겨울 추위를 녹이는 부산대-천북중 지식봉사 캠프

우리 선생님들에 의한 교과 캠프가 우여곡절 끝에 막을 내렸다. 시작은 어려웠지만 그래도 아이들이 방학에도 학교에 가면 공부도 하고 놀이공원도 가는 등 학교는 즐거운 곳이라는 인식이 조금씩 싹트는 것 같았다. 2013년 1월 14일 부산대학교 학생 14명이 천북중학교를 찾았다. 4박 5일 장학재단에서 지원하는 대학생 지식봉사 캠프를 위해서다.

참으로 신기하고 이게 무슨 조화인가? 교과 캠프 때 그렇게 속을 썩이던 학생들이 확 달라졌다. 10시에 개강식을 개최하기로 되어 있었는데 9시도 되지 않아 대부분 학생이 등교한 것이다. 대학생 형, 누나, 언니, 오빠에 대한 호기심으로 가득 찬 대학생들이 모여 있는 곳을 기웃거리고 있었다.

나는 웃으며 "이놈들아! 선생님들보다 대학생들이 더 좋아?"라고 말하자 아이들이 "네. 모두 잘 생겼어요." 하며 합창을 한다. 역시 젊음은 못 말린다. 담당 선생님이 기분 나쁘다고 거들자 아이들은 깔깔거린다. 부산대학교 14명의 학생은 모두 경쟁을 뚫고 지식봉사 캠프에 선발된 우수 학생들이었다. 6명은 사범대 재학생들이고 다른 학생들도 교직에 많은 관심이 있다고 하였으며 열심히 하려는 열의가 보였다.

캠프 일주일 전 대학생 대표와 학생처 팀장이 천북중학교를 방문하여 학교 시설을 살펴보고 멘토링 계획 협의를 위해 사전 답사를 왔었다. 나는 과거 부산에서 근무한 경험을 바탕으로 반갑게 맞이하고 인근 식당으로 안내하여 유명한 천북 굴도 사비로 대접하는 등 고마움을 표시하고 인근 콘도형 호텔도 안내해 주는 등 불편함이 없도록 배려하려고 노력하였다. 이때 대표가 보여 준 멘토링 계획에는 우리들 학력신장, 진로진학 설계, 학습법 등을 구체적으로 다음과 같이 제시하였다.

기본일정	첫째날(월)	둘째날(화)	셋째날(수)	넷째날(목)	다섯째날(금)
09:00-10:00	사전 준비	국, 영, 수 등 기초과목 선행학습 (생활습관관리, 계획 세우기, 예습복습, 나만의 공부법, 입시 경험담 등)			나의 VISION 과 Action 전략
10:00-11:00	입소식/ 부산대 소개				
11:00-12:00	일정소개 / 조 나누기				
12:00-13:00	점심시간				
13:00-14:00	조별 친해지기 (게임, 대화 등)	전공 및 입학전형 설명	DVD 감상 후 생각 발표	현안 문제 (신문 사설) 읽고 표현	퇴소식 및 정리
14:00-15:00					
15:00-16:00	효과적인 학습법	조별 멘토링 (진로설계)	체육대회 (놀이, 구기 등)	가족 캠프	부산 출발
16:00-17:00					
17:00-18:00					

　나는 감사 표시를 하며 짧은 기간에 아이들 학력을 향상시키는 것은 무리라고 생각된다. 우리 아이들이 이번 캠프를 통해 공부를 하고 싶다는 욕구가 생겨 즐겁게 학교생활을 할 수 있으면 좋겠다는 바람을 전했다. 그리고 모든 운영은 여러분께 맡기겠다는 의사도 전달하였다. 또한, 선생님들께도 도움이 필요하면 최선을 다해 지원해 줄 것을 부탁하였다.

　지식봉사 캠프는 대성공이었다. 멘토인 부산대 학생들은 처음 찾는 보령 농어촌 천북이 낯설게 느껴졌지만, 학습지도는 물론 진로 및 인생설계, 입시 경험담 등을 진솔하게 전해 주었고 천북중 학생들은 대학생들을 아이돌처럼 생각하고 가슴 설레며 멘토링에 열심히 참여하고 즐거운 게임과 대화 등으로 친형제 친남매처럼 가까워졌다. 아이들은 교장실로 찾아와 열심히 공부할 테니 여름방학에도 지역봉사 캠프를 할 수 있게 해 달라고 부탁을 하였다.

아이들이 확 바뀌었다. 공부하고 싶어 하고 더구나 열심히 공부해서 모두 부산대학교에 가고 싶다고 한다. 천북중학교에 희망의 빛이 보인다. 아이들이 점점 적극적으로 변화되고 있음을 느낀다. 나는 학부모 알리미를 통해 학부모 휴대폰으로 매일 멘토링 진행 상황을 알려주었고 학부모들은 만족해했다. 학부모회 임원단은 감사 표시로 학부모가 운영하는 굴 식당으로 대학생들을 초대하여 저녁 식사를 대접하기도 하였다.

마지막 날인 18일. 대학생들과 중학생들이 부둥켜안고 울고불고 난리가 났다. 갑자기 찾아온 행복이 떠나가는 순간이다. 다음을 기약하자며 손가락을 걸기도 하였지만 아이들은 쉽사리 대학생들을 보내고자 하는 마음이 없다. 껌을 사 와서 감사 표시로 주는 아이도, 손수건을 포장해 주는 아이도 보인다.

아이들이 나에게 매달린다. 교장 선생님 꼭 여름에도 언니 오빠들 만날 수 있도록 해 주세요. 나의 눈에도 눈물이 주르륵. 그래, 일회성으로 여기서 끝나면 안 된다. 너희들 소원을 들어주겠다. 마침 멘토링 평가 및 점검을 위해서 온 부산대 학생처 팀장과 팀원 한 명도 이 광경을 지켜보고 있었다. 나는 얘기하였다. "우리 아이들 우는 것 보이시죠? 이 멘토링이 그저 일회성으로 끝나서는 안 됩니다. 지속적으로 진행되면 효과가 더 클 것입니다. 다음에는 우리 아이들이 부산대를 찾아가 기숙사에서 숙식하며 대학 생활을 사전에 접하기도 하고 다양한 체험을 한다면 더 좋을 것 같습니다. 꼭 검토를 부탁드립니다." 두 분

부산대-천북중 지식봉사 캠프의 시작

은 고개를 끄덕인다. 왠지 잘 될 것 같다는 생각이 들었다.

오랜 시간 작별인사 때문에 부산으로 가는 버스는 예정된 시간보다 한참 후에야 떠날 수 있었다. 다음을 기약하며.

부산 가출 사건

우여곡절을 거쳐 겨울 방학 캠프와 부산대 지식봉사 캠프가 성공리에 끝났다. 롯데월드에 다녀온 학생들은 신나서 다음에도 방학 중 활동에 참여하겠다고 선언(?)하는가 하면 부산대 멘토 학생들과 전화, 문자, 메일 등을 주고받으며 부산대 진학의 꿈을 키우는 아이들도 있었다. 아이들이 너무나 고맙고 자랑스러웠다.

그런데 어느 날이었다. 한 학부모로부터 다급한 전화가 걸려왔다.

"교장 선생님. 우리 아이가 집을 나가서 연락이 안 돼요. 어제 부산에 있는 대학생을 보러 가고 싶다고 했는데 가지 못하게 해서 아마 부산에 간 것 같아요. 어떡하죠?" 수소문해 보니 아이들 몇 명이 부산에서 하숙하는 대학생을 찾아 떠난 것이었다. 대학생들이 전화번호를 알려주며 놀러 오라고 한 것을 당장 실행에 옮긴 것이다.

참으로 난처한 일이다. 우리 순진한 시골 중학생들이 대학생들에게 듬뿍 정이 들어 무작정 기차를 타고 부산행 열차에 몸을 실은 것. 이해는 되지만 대부분 부모님 허락 없이 무작정 약간의 용돈만 가지고 떠난 것이다. 통화한 대학생도 난처하단다. 좁은 하숙집에 아이들이 무작정 쳐들어와서 걱정이라며 그래도 그냥 가라고 할 수 없어서 시내에서 영화를 함께 보고 하숙집에 들어왔단다.

그리고 애들이 당장 갈 생각이 없는 것 같다는 말도 함께. 나는 대학생과 함께 있는 아이들에게 전화로 부모님이 걱정하시니 빨리 오라고 설득하고 다음 여름에 꼭 다시 만나게 해 주겠다고 약속하였다. 이렇게 가출 사건은 일단락되었다. 부모들도 평소 정을 주지 못하여 이런 일이 일어난 것 같다며 오히려 미안해하였다. 나는 아이들을 이해하는 계기도 되고 참는 법도 예절도 가르쳐야 한다고 생각하고 여름방학 때 우리 아이들을 데리고 부산대 캠프에 꼭 가리라 다짐을 하였다.

전교생 리더십 캠프에서 2013년을 결의하다

학생들도 부모들도 이제 학교가 최선을 다해 좋은 프로그램을 만들고 신생님들이 방학에도 수고하는 진정성을 차츰 알아주는 것 같았다.

겨울 방학 캠프와 부산대 캠프를 통해 꿈이 생기고 공부를 해야겠다는 아이들이 늘어간다.

부모들은 학교에 신뢰를 보낸다. 새로운 교장이 아이들을 위해 최선을 다한다며 고마워한다. 그래 이제 2013년을 준비하면서 확실히 함께 결의하자. 2013학년도 교육과정을 수립하기 위해 아이들 의견도 들어보자. 그냥 학교에 나오라고 해서 의견을 수렴하는 방법보다는 선생님들과 격의 없이 대화하며 즐겁게 참여시키는 방법을 고민하였다. 그래, 1박 2일이다.

선생님들과 상의하였다. 선생님들이 2월에 개최하는 교육과정연찬회에 우리 아이들을 참여시켜 1박 2일로 하자는 제안을 하였다. 모두 찬성을 하였다. 2월 19일, 20일 양일간 성주산 휴양림에서 천북중학교 교육과정 연찬회 및 학생 리더십 캠프가 열렸다. 특별한 사정이 있는 학생들을 제외하고는 전교생 모두가 참여하였다. 예전에는 상상할 수 없는 일이다. 아이들은 1박 2일 동안 선생님들과 함께한다는 기대감으로 참여하고 부모들은 학교에 대한 믿음으로 기꺼이 허락해 준 것이다.

나는 특강을 통해 "나는 여러분을 위해서 최선을 다할 것입니다. 여러분 단 한 명도 포기하지 않는 교육을 펼칠 것입니다. 2013학년도는 여러분을 위해 행복공감학교를 유치하여 다양한 교육과정과 창의적 활동을 전개하고자 합니다. 아울러 EBS 시범학교도 운영하여 즐겁게 학력신장과 진로교육에도 이바지할 계획입니다. 오늘 선생님들의 계획도 잘 들어보고 여러분이 생각하는 학교 교육 참여 방안을 건의하면

학생 리더십 캠프에서 학교장의 호소

반영되도록 노력하겠습니다."라는 취지로 한 시간가량 얘기를 한 것 같다. 아니 적극 참여를 호소한 것이 옳다 하겠다.

아이들은 쫑긋하고 나의 말에 귀를 기울이고 고개도 끄덕거렸다. 확실히 내가 부임했을 때의 그 아이들이 아니었다. 아이들끼리 서로 얘기하는 시간을 주고 우리 행정실 직원을 포함한 교직원들은 모여서 교무부장의 주도로 2013학년도 교육과정에 대해 연찬을 하며 깊이 있는 대화를 나누고 행복한 학교를 운영하자고 다짐하였다.

특히 새로이 지원되는 행복공감학교 예산을 어떻게 교육과정에 효율적으로 투입할 것인가에 대한 의견과 EBS 시범학교 운영에 대해서도 깊이 있는 대화를 나누었다. 물론 나도 함께 참여하며 의견을 제시하기도 하고 선생님들의 질문에 답하기도 하였다. 학생은 학생대로 교직원은 교직원대로 심도 있는 토론을 하다 보니 벌써 10시가 넘었다.

학생들과 선생님들은 보령 시내에서 배달되어 온 치킨을 함께 먹으며 대화를 이어 갔다. 의외로 학생들은 공부를 많이 시켜서 기초미달이 없는 학교를 만들어 달라는 의견이 많았다. 그동안 우리 학교가 기초미달 학생이 많아 공부 못하는 학교라는 말이 가장 싫었단다. 나와 선생님들은 깜짝 놀랐다. 처음에는 귀를 의심했다. 아이들은 2학기 각종 교육 활동과 방학 중 캠프, 부산대 학생들과의 만남 등으로 조금씩 미래에 대해 생각하고 공부가 꼭 필요하다는 생각을 하게 된 것 같았다. 아이들이 너무나 고마웠다.

또한, 그룹사운드 같은 음악활동, 체험활동을 많이 하게 해 달라고 하는 등 다양한 건의를 하여 교육과정 계획 수립에 많은 도움이 되었다. 아이들은 이렇게 밤을 새우며 선생님들과 치킨을 먹으니 너무나 기분이 좋다며 기뻐하면서 재잘거렸다. 우리 시골 아이들이 말문이 트인 것 같았다.

다음 날 아침 6시경 밖에서 들리는 시끄러운 소리에 잠을 깼다. 아이들이 벌써 일어나 밖에서 숨바꼭질도 하고 게임도 하는 등 즐거운 모습이었다. 그리고 열 명은 되어 보이는 아이들이 학생부장인 체육 선생님의 손을 잡고 성주산 기슭에서 내려오고 있었다. 그 모습이 햇살과 함께 너무나 아름답고 눈부셨다. 그렇게 아름다운 장면을 처음 대하는 것 같았다. 남자인 체육 선생님 옆으로 두 여학생이 손을 잡고 주변 아이들이 질투라도 하듯 선생님에게 재잘거리는 모습들이 나에게는 행복으로 다가왔다.

요즘 선생님들이 스쿨미투에 관련될까 걱정하여 아이들과 떨어져 얘기한다는 말을 들을 때마다 그날의 광경이 떠올라 너무나 안타까운 심정이다. 우리는 하나가 되었다. 고맙고 기쁜 1박 2일이었다.

명문대 출신 학부모 학원장을 품다

2013학년도 행복공감학교 운영 계획에 대한 윤곽이 짜였다. 인턴교사를 활용하여 영어, 수학은 수준별 반 편성을 하기로 하였다. 야간 자기주도학습은 야간 캠프인 '희망을 밝히는 교실' 프로그램으로 전환하여 EBS 콘텐츠 학습, 자기주도학습, 기초학력 신장에 초점을 맞춰 화, 수, 목요일 3일간 운영하기로 하였다.

아울러 학생들의 감수성 신장과 예술 감각을 높이고 1000 BOOK 독서운동을 추진하기 위해서 월요일 방과 후 프로그램으로 1인 3악기 연주, 금요일 방과 후 프로그램으로 사제동행 독서 시간을 운영하기로 하였다.

그런데 문제가 발생하였다. 그동안 수고해 주었던 인턴교사가 갑자기 그만두겠다는 것이다. 본격적으로 임용고사를 준비하겠다는 것이다. 막막하였다. 계획에 차질이 발생하는 것이다. 어떻게 또 맞춤형 인턴교사를 구한단 말인가? 아울러 선생님들은 화, 수, 목요일 '희망을 밝히는 교실' 프로그램이 학생들의 학원 수강으로 참여율이 저조할 것이라고 하였다. 약 20여 명의 학생이 참여를 못할 것 같다는 것이다.

또한, 다른 학생들도 분위기에 편승하여 불참이 우려된다고 걱정을 하였다. 시작부터 암초를 만났지만 여기서 포기할 수는 없다. 하늘이 무너져도 솟아날 구멍은 있는 법. 학부모인 학원장에게 전화하여 시간을 내 달라고 하였다. 시골 조그만 학원이지만 서울 명문 K대를 나온 부부가 초, 중학생을 대상으로 운영하는 이곳은 천북에서 알아주는 유일한 학원이다.

이 학원이 있어서 아이들은 보령 시내나 광천 등으로 학원을 수강할 필요가 없어 학생, 학부모로서는 고마운 학원이기도 하다. 학원장인 남편은 천북중학교 동문이고 지역 유지이기도 하였다. 부부가 교장실을 찾아왔다. 반갑게 맞이하고 우리 아이들의 학력 향상을 위해서 힘써 주어서 고맙다는 말을 건네고 3학년인 자녀 진로도 물어보는 등 화기애애한 분위기를 만들고자 애썼다.

그리고 우리 천북중학교 발전을 위해서 다음과 같은 도움을 요청하였다. 화, 수, 목요일에 '희망을 밝히는 교실' 프로그램을 운영하려고 하는데 아이들이 학원으로 많이 빠져나가 운영이 어려울 것 같다. 그렇다고 학원 수강을 막을 수도 없는 일. 곰곰이 생각하였는데 어려우 시더라도 3일 만이라도 우리 중학생은 8시 이후에 운영해 주시면 고맙겠다. 그리고 두 분 중 한 분이 낮에는 우리 학교에 오셔서 인턴교사로 우리 아이들 기초학력을 키워 주시면 고맙겠다는 부탁을 하였다.

진지하게 얘기하는 나의 말을 듣더니 학원장이 내 손을 잡으며 "교장 선생님 감사합니다. 저희를 이렇게 생각해 주시고 후배들을 위해 수고해 주시는데 당연히 그렇게 해야지요. 오히려 학생 수가 줄어 학원 경영이 어려운데 이렇게 인턴교사로 써 주신다니 너무나 고맙습니다." 눈물을 글썽이며 한동안 손을 놓지 않았다. 고민하던 두 가지가 일거에 해소되는 순간이다. 사모님이 인턴교사를 해 주기로 하였다.

한 반에 20여 명도 되지 않는 터라 수준별 수업의 경우 정교사가 강의하고 문제 풀이나 과제 학습의 경우 분반을 하여 기초가 부족한 다섯 명 내외 학생들이 인턴교사의 맞춤식 지도를 받도록 하였다. 자녀가 있는 3학년이 아닌 1, 2학년만 수준별 수업을 운영하기에 혹 발생할지 모르는 문제의 소지를 없애고, 교사 자격증이 없지만 학원에서 초등학생들을 두루 지도하고 있는 경험을 살려 사모님은 아이들을 정성을 다해 가르쳐 주었다. 점심시간에도 짬을 내어 아이들을 지도해 주는 정성을 보였다.

덕분에 천북중학교는 2013학년도부터 기초미달 제로인 학교로 탈바꿈하는 데 크게 기여하였다. 이런 조그만 시골에서 학원과 학교가 경쟁 관계가 아닌 상생을 하는 착한 관계를 도모할 수도 있다는 사례를 만들었다는 뿌듯한 기쁨으로 남아 있다.

아이들의 미래 진로 탐색, 그리고 시골 학교의 기적 시작

천북중학교는 소규모 학교로 진로교사가 배치되지 않아 기술 교과 교사가 업무를 맡고 있었다. 기술 선생님은 신규교사로 천북중학교에 발령받아 결혼에 득남까지 하고 학교 앞 관사에서 생활하는 성실한 선생님이었다. 나는 학생들의 자기주도적 진로능력 배양을 위해 고민하면서 선생님과 많은 대화를 나누었고, 체험을 통해 아이들에게 직접적인 도움을 주는 것이 좋겠다고 의기투합을 하였다.

그 첫 번째 사업이 학생들의 감성지수도 높이고 자기주도적 진로탐색 능력도 높이는 두 마리 토끼를 잡는 진로탐색주간 운영이었다. 진로프로그램 제공, 진로상담 등 대부분 학교가 운영하는 프로그램은 물론 다른 학교와 차별화된 감수성을 높이는 특색 진로체험을 하였다.

창의적 체험활동 시간을 활용하여 전교생이 공주에 소재한 충남과학고, 석장리박물관, 금강자연휴양림을 탐방하였다. 충남과학고에서는 교감 선생님의 창의적이고 도덕적인 인재를 길러내는 프로젝트 및 학교에 대한 안내 사항을 듣고 교실, 실험실, 기숙사 시설을 견학하였다. 석장리박물관에서는 조상들의 창의와 예지가 빛나는 우리 전통문화에 감탄하였고, 금강자연휴양림에서는 산림박물관, 수목원, 온실, 동물마을, 야생화원, 연못 등을 견학하며 산림에 대해 올바른 인식을 하였다.

전교생이 함께 체험하는 것이 처음인 학생들은 오랜만의 외출(?)에 살짝 긴장하는 것도 같았으나 버스 안에서도 체험하면서도 자연스레 학급 친구는 물론 선후배의 정도 깊어졌다. 충남과학고에서는 과학 인재가 되기 위한 준비, 석장리 박물관에서는 선조의 지혜, 금강휴양림에서는 산림의 소중함을 배웠다며 체험에 만족하는 것 같았다.

진로상담 및 진로체험 결과를 바탕으로 진로체험 소감문쓰기대회를 개최하고, 충청남도교육연구정보원이 주관하는 진로탐색대회 진로설계부문에 전교생이 참여하도록 지도하였다. 특히 담당 선생님은 진로탐색대회에 대한 안내에 적극적이었고 아이들도 자신이 생각하는 진로설계를 써보고 제출하는 것이라 즐겁게 참여하였다. 첫 번째 진로체험에 아이들이 만족하자 나는 용기백배로 이번에는 주말 체험을 계획하였다. 학생들에게 진로체험의 기회도 주고 나라 사랑을 직접 접하는 체험을 고민하였다.

마침 11월 3일이 학생독립운동기념일이고 토요일이라 이날로 정했다. 예산도 별로 없는 상태라 인근 지역을 생각하다가 평택에서 화생방 장비 생산 방위업체를 운영하는 고향 친구가 생각이 났다. 친구에게 전화를 걸었더니 아주 반겼으며 학생들 점심까지 주겠다고 한다. 역시 고향 내 친구 의리의 친구다. 그리고 당진에서 중학교 교사로 근무하면서 아이들과 체험을 했던 나라사랑 공원, 함상공원, 필경사를 두루 체험하는 일정을 짰다.

드디어 11월 3일 40여 명의 학생이 참여하여 오전에는 화생방장비 방위업체인 삼공물산을 찾아 국군이 사용하는 방독마스크, K-1 방독면, 구명뗏목, 가스 입자 여과기, 물탱크 등의 시설을 둘러보고 방독면을 직접 쓰고 뗏목에 타는 등 특별한 체험을 하고 삼공물산과 천북중학교는 앞으로도 학생들의 나라 사랑 정신 고양을 위해 상호 협력하자는 업무협약을 체결하였다.

특히 사장인 내 친구가 대접하는 중식 특선을 먹으며 아이들은 환호했다. 안내를 맡은 분이 사장님과 교장 선생님이 친구라 특별히 잘 모신다는 말에 아이들은 박수를 치며 우리 교장 선생님 최고라고 엄지를 척 들어올렸다. 참으로 뿌듯했다.

오후에는 국가보훈처가 호국영령들의 숭고한 넋을 기리기 위해 조성한 당진시 소재 나라사랑 공원을 방문하여 현충탑과 참전용사 비에서 애국신열의 넋을 기리고 참배하였으며 삽교천에 소재한 함상공원에서는 해군이 직접 사용하였던 상륙함과 구축함에 올라 연평해전, 천안함 피격사건, 연평도 포격도발사건 등의 전시물을 관람하고 해군 생활상을 체험하였다.

또한, 나라 사랑 및 시 외우기 선도학교 행사의 일환으로 일제강점기 소설가이자 시인으로 활동한 심훈 작가가 상록수를 집필한 필경사를 방문하여 작가의 숨결을 느끼고 주변 정리를 하는 봉사 활동을 전개하였으며 작가의 유고시인 〈그날이 오면〉 시비 앞에서 함께 시를 외우며 나라 사랑 정신을 굳건히 하였다.

활동에 참여한 학생들은 나라를 위해 희생하신 많은 분의 소중함을 느끼는 계기가 되었다며 앞으로 나라를 위해 열심히 공부하고 건강한 생활을 하겠다는 포부를 나타냈다. 아이들이 긍정적으로 움직이고 있음을 실감하는 계기가 되었다.

체험을 다녀온 후 학생들의 교장에 대한 믿음이 더욱 커졌다는 느낌을 받았다. 아울러 진로탐색 보고서를 쓸 내용도 풍부해지니 학생들은 신이 났다. 선생님들의 보고서 작성 검토가 끝난 후 사이버 진로탐색 대회에 40여 명이 응모하였다.

그런데 대박! 기적이 일어났다. 응모한 학생 중 무려 14명이 입상을 한 것이다. 1학년 김ㅇ화, 2학년 권ㅇ인 학생이 은상을, 3학년 신ㅇ배 학생을 비롯한 12명이 동상을 수상하는 쾌거를 이루었다. 우리 학교 학생들이 참여한 진로설계부문에는 도내에서 39명이 입상을 하였는데 우리 학생이 14명으로 36%에 달하는 쾌거이다. 아이들은 어안이 벙벙한 모습들이었다.

나라사랑 공원 참배

　보령시 대회 입상도 하늘의 별 따기인데 도 대회에서 내가 입상하다
니 기적이라고 모두 믿고 있었다. 이 대회를 통해서 학생들의 자신감
이 급상승한 것은 물론이고 학부모들이 학교와 교장을 신뢰하는 결정
적인 계기도 되었다.

1000 BOOK 독서운동의 시작 – 다정다감 시 외우기 선도학교

　천북중학교 교장으로 근무하게 되면서 처음 응모한 것이 시 외우기
선도학교이다. 9월 중순 충남교육청에서는 2012 책 읽는 충남교육 활
성화를 위한 '다정다감 시 외우기 선도학교'를 공모하였다. 나는 교장
공모를 할 때 1000 BOOK 독서운동을 학교의 특색사업으로 추진하
겠다는 포부를 밝힌 바 있어서 국어 선생님과 상의하여 응모에 공감을

얻어냈다.

선생님들과의 협의를 거쳐 '1000 BOOK 향기 가득 천북가족 시 외우기 프로젝트'라는 주제로 모든 교육과정에서 시 외우기 생활화, 시 낭송대회, 시화전, 시인 초청강연, 교육 가족이 참여하는 별·달·꿈·시로 하룻밤 나기 등 다양한 프로그램을 전개하겠다는 내용을 담았다.

당시 충남교육청은 충남학력 New프로젝트와 연계하여 선도학교 공모를 추진하여 충남 전체 학력 향상을 위해 학생 수가 많은 학교를 선정하는 것이 대세였으나 내용이 좋으면 선정되리라는 희망으로 응모하였다.

결과는 초 32교, 중 16교, 고 12개가 선정되었으며 소규모 학교로 유일하게 천북중학교가 선정되는 영예를 안았다. 지원금은 180만 원. 이 지원금으로 계획한 다양한 프로그램 운영 덕분에 학생들의 욕설이 사라졌으며 말이 부드러워지고 마음까지도 부드러워지는 인성 교육의 효과는 물론 자신감 상승으로 학력 증진까지 도모하는 두 마리 토끼를 잡는 계기가 되었다.

특히 모든 교과 수업에서 매주 좋은 시 한 편을 선정해 외우는 것으로 시작해 수업이 부드러워지고 딱히 줄 벌이 없을 때도 시를 외우도록 해 학생들이 적극적으로 동참하는 등 일석이조의 효과를 얻었다. 이 프로젝트를 주관한 국어 선생님은 "학생들이 처음에는 마지못해 시를 외웠는데 자꾸 외우니 이제는 감정을 살려 외우게 되고 시의 내용까지 이해하는 것 같아요. 어떤 학생은 시인이 되고 싶다고도 하네요."

라고 하면서 보람을 느낀다고 하였다. 한없이 고마웠다.

이 국어 선생님은 나중에 교무부장을 거쳐 교감 지명까지 받게 되고 현재 보령에서 교감으로 재직 중이시다. 나의 교육 방침을 이해해 주고 함께 고민한, 너무나 고마운 분이다. 앞으로 얘기에 자주 등장하는 선생님이다.

1000 BOOK 독서콘서트

12월 18일부터 24일까지 한 주간을 시 외우기 선도학교 성과를 공유하는 '1000 BOOK 향기 가득 천북가족 문학과 감성이 만나는 주간'을 운영하기로 하였다. 선생님들과 토론을 거쳐 학생 · 교사 · 학부모 · 지역 주민이 함께 참여하는 축제의 장을 만들기로 의견을 모았다.

교과수업으로 주제를 정하고 관련 책을 읽고 발표 및 토론을 했으며 전교생이 직접 자작한 시 또는 명시를 그림으로 옮긴 시화, 독서감상화, 개인 시집 등을 전시하여 인근 초등학생, 학부모, 주민들의 발길이 이어졌다. 하이라이트는 1000 BOOK 콘서트! 콘서트는 21일 오후로 정해졌다. 처음 하는 콘서트니 부족하면 어떤가? 흥행에 실패하더라도 우리 아이들과 선생님들이 감성지수를 높이는 일에 동참하는 것만으로도 성공이라고 생각하였다.

그래서 작가와의 독서토론, 책을 읽고 관련 내용을 노래, 춤 등으로 표현하기, 모둠별 시 낭송, 가족과 함께하는 시 낭송과 학부모 참여를 높이기 위해 7080 노래하는 사람들 초청 공연 등을 하기로 하고 준비에 돌입하였다. 학생들은 신나게 준비하고 선생님들은 삭가 섭외, 홍성에 있는 노래하는 사람들 섭외, 학생지도, 무대 장식 등 바쁘게 움직였다.

드디어 21일, 오후 3시경 '시인과 시로 만나기' 행사로 1000 BOOK 축제의 막을 올렸다.

초대 시인은 『콧구멍만 바쁘다』의 저자인 이정록 시인. 시인은 인근 홍성 출신이고 천안 지역에서 교사로 근무하여 우리 교원들에게는 친숙한 분이셔서 작은 학교이지만 선뜻 허락해 주었다. 아이들은 신났다. 우리 학교에 교과서에 나오는 시인이 온 것이다. 아이들은 처음에는 서먹서먹했으나 이내 시에 얽힌 이야기, 시를 잘 쓰기 위한 방법, 시와 나의 인생 등 강의와 질의응답을 통해 시인과 금방 친해졌다.

이제 메인 이벤트다. 저녁 식사 후 천북중학교에서 공연을 한다는 소문은 시골 마을을 뜨겁게 달구어 약 100여 명의 학부모, 초등학생, 졸업생들을 포함한 지역 주민이 공연장인 강당을 찾았다. 나는 살짝 긴장되고 흥분되었다.

국어 선생님의 사회로 시작된 1000 BOOK 콘서트. 사실 많이 부족했지만 덕분에 많이 웃고 느끼는 즐거운 행사가 되었다. 아이들은 시를 노래로 옮겨 노래하고 춤도 추는 등 최선을 다했다. 특히 이날의 백미는 학부모와 함께 하는 시 낭송 코너다. 천북중학교에 다니는 남매가 있는 최○운 운영위원장 가족이 무대에 올라 박목월 시인의 '가정'을 낭송하면서 참석자들의 뜨거운 갈채를 받았다. 낭송을 끝내며 이 시를 연습하면서 우리 가족이 더 행복해졌다는 말에 더 큰 박수가 나왔다.

1000 BOOK 독서콘서트 가족 시 낭송

또한, 홍성 지역 노래하는 사람들의 감미로운 시와 노래 한마당은 학부모, 지역 주민들의 뜨거운 동참을 이끌어 냈고 앙코르가 끊이지 않았다. 그 어떤 가수의 공연보다 뜨거웠다.

아! 지역 주민, 학부모, 학교가 서서히 한마음이 되는 것을 느끼고 내 가슴은 뛰었다. 지역은 학교이고 학교는 지역이다. 처음 개최된 행사임에도 교육 가족의 뜨거운 호응으로 내년에는 인근 초등학교, 면사무소, 이장단 등과 연계하여 천북면민이 모두 참여하는 지역 축제로 발전시키겠다는 생각이 나의 가슴에 이미 자리 잡고 있었다.

천북중–보령정심학교 아름다운 결연

나는 아이들 공부도 중요하시만, 인성을 실러주는 섯이 교육의 가상 큰 목적이자 가치라고 생각한다. 이제 진짜 내가 온 정열을 쏟아야 할 2013년이 되었다. 아이들과의 리더십 캠프도 좋은 결과를 자아냈고, 이를 토대로 선생님들과 2013학년도 교육과정 수립에 매진하였다. 아이들의 인성 함양을 위한 실제적인 프로그램이 없을까? 고민을 하다가 한 분의 교장 선생님이 떠올랐다.

2012년 11월경으로 기억된다. 주말을 이용하여 보령에 있는 성주산을 등반하다가 정상에 올라가서 땀을 닦고 있는데 앞서 오신 분들 네 분이 둘러앉아 김밥, 과일을 나눠 먹다가 나에게 수고하셨다며 같이 먹잔다. 넉살 좋은 나는 감사하다며 자리에 앉아 내가 싸 온 김밥도 내놓으며 우리는 등산 마니아 모임이 되었다며 자연스레 직업도 얘기하게 되었다.

그런데 참 인연은 가까이 있는가 보다. 그분들 중 한 분은 보령에 있는 특수학교인 정심학교 선생님이었고 다른 세 분도 장애인 시설인 정심원 간부들이었다. 이렇게 반가울 수가.

대화는 금방 화색을 띠고 자연스레 정심학교 교장 선생님 얘기가 나왔다. 나는 권선자 교장 선생님이라는 얘기를 듣자 많이 들어 본 이름이라고 생각했다. 기억을 살리려고 노력하는 중에 선생님께서 그분 따님이 공주사대부고를 나왔다고 얘기하는 것이 아닌가? 아! 그때서야 그럼 따님이 김O화 아니냐고 물었다. 그렇다는 것이었다. 내가 공주사대부고에서 2학년 담임을 할 때 특수학교에 근무하는 선생님이 학부모로 자주 찾아와 상담한 경험이 있기에 기억해 낼 수 있었다.

역시 세상은 좁다. 9월에 보령에 발령을 받았지만 사실 생활근거지가 홍성이고 정심학교는 사립이라 교장 선생님 신상 파악까지는 아직 되지 않는 터라 무척이나 반가웠다. 조만간 찾아뵈러 가야지 생각을 하며 교장 선생님께 안부를 전해 달라고 하였다. 며칠 뒤 정심학교 교장실로 전화를 하며 그동안 안부를 주고받으며 어제 만났던 사람처럼 스스럼없이 통화하였다. 제자인 따님은 한의사로 잘 지낸다는 얘기부터 서로 학교에 대해 어려운 점은 없는지 걱정도 하는 등 진지한 대화도 나누었다. 아울러 서로 상생하는 방법도 찾자고 하였다. 그냥 통화만 할 것이 아니라 내가 직접 정심학교를 방문하겠다고 했다.

다음 날 교무부장, 행정실장과 함께 정심학교를 방문하여 교장 선생님과 해후하고 정심학교 교장, 교감, 교무부장, 행정실장과 허심탄회한 업무 협의를 나누었다. 결론은 공동교육과정 운영.

양교가 충분한 협의 과정을 거쳐 2월 20일 보령정심학교 오감체험실에서 공동교육과정 운영, 봉사 활동으로 학생들의 인성 함양을 위한 아름다운 자매결연을 체결하였다.

협약에 따라 양교는 공동으로 교육과정을 편성해 천북중학교 1학년 학생들이 매달 1회씩 창의적 체험활동인 봉사 활동 시간을 활용하여 보령정심학교 중등부 교육과정 활동 수업 보조 및 음악, 체육활동 등 창의적 체험활동에 멘토 역할을 하는 등 재능기부 봉사 활동을 펼친다는 것과 천북중학교 전교생으로 정심봉사단을 조직하여 방과 후, 주말을 활용하여 오케스트라 연주 참여, 독서도우미 등의 봉사 활동을 한다는 것이었다.

또한 학교축제, 연주회, 체험활동 등 각종 행사 시 필요할 경우 학생들의 상호 초청 및 행사 참여를 지원하도록 하였다. 대부분 학교가 방과 후 또는 주말을 이용하여 봉사 활동을 전개하고 있지만, 중학교에서 정규교육과정에 편입하여 공동으로 운영하는 것은 드문 일이다.

천북중학교는 학생 수송 버스 임대, 봉사 활동 경비 등을 자체 예산으로 편성하여 효과를 극대화하기로 하였다. 뒤에서 자세히 밝히겠지만 이러한 공동교육과정 운영은 학생들의 나눔과 배려를 실천하는 데큰 도움이 되었다.

천북 주민 모두 독서삼매에 빠지다

동화 속 행복학교 시작 2013.3.1.~2014.2.28.

6개월 동안 나의 호소와 학생들의 기를 살리는 학교 경영으로 학생들은 어깨를 펴기 시작했고, 학부모는 나를 반기며 다가오고, 지역사회도 관심을 보였다. 이제 본격적인 시작이다. 학생들이 내가 제시하는 프로그램에 즐겁게 참여하면서 자연스레 지덕체를 겸비한 따뜻한 인재가 되어야 한다. 시작이 반이다.

학교폭력 NO! 법 지키기 YES!

2013년 3월. 본격적인 행복학교 꾸미기를 위해서 가장 먼저 시작한 것이 학교폭력을 없애는 일이었다. 사실 30년 교직 생활에서 2012년 2학기가 가장 부끄러웠다고 반성한다. 공모 교장으로 확정 발표된 2012년 8월 어느 날. 천북중학교 운영위원장이 축하 전화와 함께 가장 먼저 부탁한 것이 학교폭력을 없애 달라는 것이었다.

1학기에 선배의 후배 구타, 동급생간 싸움 등으로 학교가 바람 잘 날 없었다며 해결해 달라는 부탁이었다. 특히 보령 시내 학교에서 학교폭력으로 강제전학 처분을 받은 학생이 8월에 전학을 왔다는데 많은 학생과 학부모들이 불안해한다며 심각하게 얘기하는 것이 아닌가.

나는 학교폭력 추방은 물론 전학 온 학생도 잘 다독여 학교생활을 잘하도록 할 것이니 안심하시라는 말을 하였다. 교무부장 선생님을 통해 확인해 보니 1학기에 학교폭력대책자문위원회가 여러 번 열렸는데 많은 아이들이 경미한 학교 자체의 처벌을 받았고 강제전학을 온 학생이 있는 것도 사실이며 걱정이 많다는 얘기를 들을 수 있었다.

교장으로 부임한 후 행복한 학교를 만드는 데 우리 함께 노력하자며 아이들과 대화에 나서 공감을 얻어내는 데 성공하였다. 그러나 강제전학 온 학생이 적응하지 못해 수업 분위기가 흐려지고 아이들도 불안해한다며 선생님들은 물론 학부모들의 걱정이 대단했다. 초등학교 학부모들은 천북중학교가 아닌 대천 시내나 광천에 있는 중학교로 자녀를 보내겠다고 하는 것이 아닌가.

나는 그 학생을 수시로 교장실에 오라고 해서 빵, 음료수 등을 주며 대화를 나누었고 이해하고 공감하려고 노력하였다. 그러나 시간은 이 학생을 오래 기다려 주지 못했다. 자세한 얘기는 하지 않겠다. 이 학생은 두 번의 학교폭력대책자문회의 결정으로 다른 학교로 또 강제전학을 가는 안타까움이 발생하였다.

12월로 기억된다. 교장은 학교폭력대책자문위원이 아닌 관계로 회의에 참석하지 못하는 상황이었고 학부모위원들의 강력한 주장으로 결정이 된 것이라 의견을 존중하고 결재를 하였다. 정말 교직 생애 가장 부끄러운 결정으로 남은 일이었다. 한동안 불면의 밤을 보내기도 하였다.

좀 더 많은 시간을 가지고 회복적 생활교육을 도입해 보았더라면 하는 아쉬움이 많이 남는다. 그 이후 나의 페이스북 댓글에서 고등학생이 된 그 학생이 천북중학교 다닐 때 교장 선생님 속을 썩여 죄송하다는 말과 앞으로 잘 생활하겠다는 글을 보고 반가운 마음과 안타까운 마음이 함께 들었다. 그래. 멋지게 잘 살 것이라고 믿는다.

다시 이야기는 2013년 3월로 돌아간다. 지난해 홍역을 치르고 2월 1박 2일 캠프를 통해 마음을 다진 터라 3월의 시작은 평온하기만 하였다. 그래도 학기 초임을 고려해 학생들이 폭력, 왕따 등 자기 스스로 문제를 해결하는 데 도움을 주어야겠다고 생각하고 지역사회가 함께 노력하자는 의미에서 천북파출소에 특강을 부탁하였더니 파출소장님을 비롯한 경찰관들이 고맙다며 당직이신 분을 제외한 경찰관 모두 학교를 방문해 강의, 상담, 동영상 상영 등을 하며 학생들에게 경각심을 일깨워주었다.

특히 홍일점인 여경이 강의할 때 학생들은 경찰관 봉급, 경찰관이 되려면 어떤 과정을 거치는지, 경찰대학에 대한 정보 등을 질문하였고 여경이 친절하게 답변해 주며 화기애애한 장면을 연출하였다.

파출소장님은 천북면 치안 책임자로서 학교폭력 없는 건전한 천북 문화 실천에 힘쓰겠다고 다짐하고 파이팅을 외쳐 박수를 받았다.

다음날에는 법제처 법제교육팀 법교육전문강사를 초빙하여 '학교폭력 예방 및 대책에 관한 해설' 특강을 실시하였다. 이분은 판례와 사례로 보는 헌법, 학교폭력 예방 및 대책에 관한 법률 등을 쉽고 자세하게 안내하여 학생들의 법 교육 및 준법 실천에 큰 도움이 되었다.

학생들이 이번 행사를 통해 친구의 소중함을 인식하는 좋은 계기가 되고 학생회가 운영하는 자치법정 운영에도 많은 도움이 되리라 생각하며 가슴 가득 희망과 소망을 품었다.

천북파출소장 강연

이럴 수는 없다. 아이들 통학버스가 사라졌다

희망의 행복공감학교가 개시되어 3월 4일 학부모총회를 열었다. 2013학년도 학교 교육과정 운영 계획을 설명하고 협조를 구하였다. 학부모들의 적극적인 참여도 당부하였다. 그리고 어려운 점이 있으면 말씀하시라고 하였다.

그런데 천북면 소재지에서 멀리 떨어진 학성리, 사호리에 거주하는 학부모들이 나에게 도와달라고 호소하였다. 사연인즉슨 올해 심각한 문제가 발생하였다는 것이다.

당시 천북중학교 학생 61명 중 21명이 학성리, 사호리에 살고 있었는데 그 지역 학생들 대부분이 지난해까지는 학성리에서 7시 30분에 출발하는 시내버스를 타고 8시경 등교하였지만 올해는 시내버스 회사가 경영 악화를 이유로 이 시간대 버스를 감차하였다는 것이다. 학생들은 부득이 7시에 출발하는 버스를 타고 등교하게 되었다. 다음 버스는 9시 이후에 있기 때문이었다.

시골이다 보니 버스를 타는 곳까지 대부분 10분 이상을 걸어가야 하고 부모님은 더 이른 시간인 새벽에 일어나 아침 식사를 챙기는 수고를 하게 되었다는 것이다. 이 말을 들으니 걱정이 앞섰다. 학생들이 7시 출발 버스를 타면 7시 30분 이전에 등교한다. 선생님들은 대부분 8시경 출근하여 30~40분간은 지도가 취약할 수밖에 없는 시간. 특히 응급환자가 발생하거나, 그럴 리는 없어야겠지만 만약 학교폭력 등 돌발상황이 일어나면 무방비 상태가 되는 것이다.

우리 학생들과 부모님도 새벽부터 일어나 등교 준비를 해야 하는 모습을 떠올리며 반드시 해결하고자 다짐을 하고 팔을 걷어붙였다. 그런데 처음부터 꼬이기 시작하였다. 버스 운행 회사가 보령이 아닌 홍성에 소재한 ○○여객이었다. ○○여객은 홍성에 도청, 도교육청이 이전을 하고 아파트 건설로 내포에 수요자가 많아 천북지역 버스 한 대를 감차하고 내포 지역 주민을 위해 이 버스를 운행한다는 것이었다. 그러면서 경영 악화로 원상회복은 어렵다고 한다. 이건 너무하다 생각했다. 아무리 어려워도 그렇지 사전 알려주거나 해결방안을 함께 찾아보자고 해야 옳지 않은가? 민선 시대에 시장님은 해결해 주실 거라는 생각으로 시장님을 면담하고 원상회복을 호소하였다.

딱한 사정을 들은 시장님의 지시로 개발국장 등 관계자들이 학교를 방문하여 애로사항을 청취하고 홍성군과 ○○여객에 공분을 발송하는 등 힘썼지만 허사였다. 여기서 물러설 수는 없다. 대안으로 보령시에서 시내버스 노선을 추가하거나 통학버스 지원을 요청하였다. 시내버스 노선 추가는 시에서 난색을 보이고 통학버스 지원도 교육경비 지원에 위반되는 사항이라 어렵다는 답변. 하늘이 노랗다.

이대로 우리 아이들은 고생해야 한다는 말인가? 보령시 관계자들이 보령화력본부에 요청해 보면 어떻겠냐는 제안을 하였다. 지푸라기라도 잡는다는 심정으로 보령화력본부장님을 면담하고 관계자들과 협의하였으나 역시 올해는 예산확보가 어렵고 내년에 고려해 보겠다는 것이었다. 어찌할 노릇인가. 시간은 자꾸 흘러가고 벌써 5월도 절반이나 지나갔다. 이대로 포기할 수는 없다. 나는 결단을 내렸다. 임차 버스를 운행하기로 하였다.

지난해 학교평가 최우수학교로 선정이 되어 받은 지원금 800만 원 중 300만 원을 활용하고 수익자부담금으로 학생들 통학버스 요금인 900원을 받기로 하였다. 하지만 이 금액으로는 앞으로 남은 기간을 버틸 수가 없었다. 물론 동문들이 기탁한 발전기금 등을 활용할 수도 있고 학교 예산을 더 사용할 수도 있지만 나는 천북중학교가 학성리, 사호리 학생들만을 위한 학교가 아니라고 생각했다. 그래서 동문회에서 주는 발전기금이나 학교 예산을 여기에 집중하는 것은 아니라고 생각했다.

나는 또 결단을 내렸다. 내가 행정실에 100만 원을 임차 버스 활용을 위한 발전기금으로 기탁하였다. 이 사실을 접한 운영위원장과 운영위원 한 분이 교장선생님이 힘쓰시는데 우리가 가만히 있을 수는 없다고 하면서 각각 100만 원을 기탁하였다. 소요 금액 1,000만 원 중 900여만 원이 확보되었다. 부족 금액은 추후 11월쯤 사정을 보아 해결하기로 하였다.

2013년 6월 드디어 우리 손으로 25인승 임차 버스를 운영하게 되었다. 학생들은 예전처럼 이 버스를 이용하여 등교하게 되었다. 그것도 학생들만을 위한 통학버스로. 학교에서는 안전 교육을 하고 아이들은 자발적으로 통학반장, 부반장을 뽑아 챙겨주는 역할을 하도록 하였다.

아이들은 감사하다는 말과 함께 행복한 미소를 지으며 버스 이름도 '미래를 달리는 희망의 통학버스'라 불렀다. 또한, 피곤을 이기지 못하여 수업 시간에 졸던 학생들이 사라지고 학교를 사랑하는 마음은 깊어만 갔다. 물론 내 느낌이지만. 통학버스 해결로 학부모들은 학교의 노력을 더욱 알게 되었고 학교 행사에 적극적으로 참여하는 또 하나의 계기가 되었다.

지역민들도 칭찬하며 우리 학교라고 모두 인정하게 되었다. 실로 교육공동체의 노력이 이루어낸 결실이다. 이제 학교는 지역민들과 더 가까워지고 교육공동체가 함께 하는 명실공히 우리 학교가 되었다. 하지만 나는 2014년이 벌써 걱정이 되었다. 매년 이럴 수는 없지 않은가? 큰 숙제 거리로 남았다.

모교 발전에 관심을 보이는 동문들

천북중학교에 부임하기 전 동문들에게 부임 인사 방법을 생각하다가 총동문회 홈페이지를 이용하기도 하였다. 홍성고에 재학 중인 전북중 출신 학생 5명을 불러 기념 촬영을 제안하였더니 학생들이 기뻐하며 흔쾌히 응했다. 이 사진을 붙임으로 하여 총동문회 홈페이지 모교 사랑 코너를 이용하여 다음과 같은 부임 인사를 하였다.

안녕하세요?

9월 1일 자로 천북중학교 교장으로 부임하는 유병대입니다. 현재는 홍성고에서 교감으로 재직하고 있습니다. 오늘 이임 인사를 한 후 천북중 출신으로 홍성고에 재학 중인 학생 5명을 불러 기념 촬영을 하였습니다. 천북중학교 출신인 것을 자랑으로 생각하며 열심히 공부하고 있는 후배들입니다.

동문 여러분! 후배들에게 많은 관심과 사랑 당부드리고 우리 천북중학교가 더욱 성장할 수 있도록 힘과 격려 주시기 부탁합니다. 앞으로도 기회 있으면 홈페이지를 방문하여 학교 소식 전하겠습니다. 늘 건강하시고 행복하시길 기원합니다.

2012년 8월 31일

유병대 올림

반응은 폭발적이었다. 12개의 축하 댓글이 달리고 동창회장 등 임원의 축하 인사와 학교 경영에 대한 부탁의 전화도 있었다. 게다가 나를 최우수회원으로 가입시켜 주었다. 동문들의 성원에 힘입어 부임 후 학교 경영 내내 학교 소식을 모교사랑 코너에 올리는 일을 게을리하지 않았다.

많은 동문이 고마움을 표하고 지원을 약속하기도 하였다. 첫 번째 지원 약속은 2013년 4월 이루어졌다. 동문들은 매년 4월에 천북중학교 운동장에서 총동문체육대회를 개최하였다. 2013년은 4월 14일 토요일에 개최되었다. 나는 모교 교장으로 개회식 때 축사를 하였는데 많은 동문이 축사 중 박수를 보내고 큰소리로 파이팅을 외쳐 주기도 하여 무척 고무되기도 하였다.

　개회식이 끝나면 교장은 개인 일을 보거나 다른 이유를 들어 자리를 떠나는 경우도 있지만, 나는 체육대회가 끝날 때까지 학교를 지키고 동문들과 대화를 나누었다. 동기별로 세워진 천막에도 불려가 약주도 하였다. 동문들은 대부분 학교 발전을 위해 수고가 많다, 감사하다며 훌륭한 교장 선생님이 오셔서 든든하고 자랑스럽다고 하였다.

　이제 시작인데 이렇게 동문들이 환대해 주니 미안하기까지 했다. 더욱 노력해야지. 그런데 아쉬움이 한 가지 있었다. 대부분 학교에서는 이런 큰 행사를 하면 학교를 위해 발전기금을 내는 전통이 있는데 천북중학교 동문회는 열악한 사정으로 그러지 못했다.

　초등학교나 고등학교 동문회는 발전기금을 내놓는 경우는 많지만, 중학교 동문회는 그런 경우가 적다는 것을 위안 삼을 수밖에. 천북중학교 총동문회는 그래도 매년 입학식 때 재학생 후배들을 위해 장학금 200만 원을 기탁하고 있지 않은가. 그리고 지금 경제도 어렵지 않은가. 아쉬움과 위안이 함께 왔다.

　그로부터 며칠 후 반가운 손님이 찾아왔다. 체육대회 주최 기수인 5기 동문회장과 임원들이 찾아온 것이다. 체육대회를 알뜰하게 치르고 남은 경비와 회원들이 십시일반 뜻을 모아 발전기금 200만 원을 기탁하겠다는 것이다.

5기 동문회장은 "최근 발전하고 있는 모교의 모습을 보고 더 많은 발전과 후배들에게 보탬이 되고 싶어 발전기금을 기탁하게 되었다. 앞으로도 모교의 위상을 더욱 높일 수 있도록 최선의 지원을 아끼지 않겠다."라는 말까지 했다. 나는 너무나 기쁘고 고마워 수업이 없는 교직원들을 교장실로 오게 하여 간단한 전달식을 하고 지역 일간지에 보도 자료도 보내는 등 홍보에도 신경을 썼다.

전달식에서 "요즘 경기 침체로 어려운 시기에 이렇게 발전기금을 쾌척해 주셔서 진심으로 감사드린다. 학교 발전을 위해 최선의 노력을 다하겠다."라는 감사의 말을 건넸다. 이 발전기금은 행복공감학교 프로그램에 유용하게 활용하였다. 이 발전기금의 시작은 나중에 나의 3년 연속 100만 원 기탁과 함께 전교생 장학금의 신호탄이 되었다. 뒤에서 얘기하겠다.

시(詩)와 그림(畵)으로 물든 천북 봉화산

많은 사람이 나의 고향을 물어본다. 봉화라고 하면 "아 노무현 대통령 고향"이라며 반가워한다. 그러나 봉하가 아니고 봉화라고 하면 "아 청정지역 봉화"라고 아는 사람들도 많지만 거기가 어디냐고 물어보는 사람도 꽤 많다.

천북에는 봉화산이 있다. 내 고향 봉화(奉化)와 천북 봉화(烽火)산의 봉화는 한글은 같지만, 한자로 풀이하면 엄연히 다르다. 천북의 봉화산은 202m의 낮은 산이지만 서해안 지역에서는 비교적 사람들이 많이 찾는 명산이기도 하다. 그래서 나도 한자는 달라도 한글은 같은 봉화산을 즐겨 찾았다. 아마도 고향에 대한 향수를 달래보고 그리워하는 마음이 있었나 보다.

정상에 오르면 육각정을 비롯한 널찍한 쉼터가 있다. 그곳에서 천북면과 서해안 바다를 바라보면 절로 탄성과 함께 쌓인 피로가 확 풀린다. 서해 바다를 잘 볼 수 있어 이곳에서 나라에 병란이나 사변이 있을 때 신호로 불을 피웠던 것이 미루어 짐작된다.

등산 애호가로서 가끔 등산할 때 명시나 명언 등이 적힌 팻말을 보며 의미를 새김은 물론 쉬기도 할 수 있어 무척 좋았던 기억이 있다. 그래서 이곳 봉화산에도 천북중학교가 주도해서 시화를 전시하면 좋겠다고 생각하였다. 나는 천북중 교장으로 어디를 가도 우리 아이들 생각을 하며, 학교와 함께 웃는 천북면을 어떻게 하면 만들 수 있을까 늘 고민한다.

방과 후 체육 선생님과 학생회 임원들을 데리고 산을 올랐다. 지난해 개최한 독서콘서트의 전시 시화 작품 80여 점을 전시하기 위해서다. 봉화산을 등반하는 등산객들이 시와 그림을 보면서 땀을 식히고 산행의 즐거움도 느끼고, 문화 욕구를 조금이나마 충족시킬 수 있는 시간을 마련하기 위해 등산로 곳곳에 우리 전교생의 작품을 전시한다는 나의 설명에 학생들은 모두 고개를 끄덕이며 최선을 다해 전시 작업을 함께 하였다.

자연과 인간의 소화로운 삶을 노래한 김소월, 김준수 등 유명 시인

봉화산 갤러리

의 시는 물론 학생들의 자작시와 정성스럽게 그린 그림이 함께 전시된 봉화산은 갤러리를 그대로 자연에 옮겨 놓은 듯 알록달록 물들었다.

며칠 후인 3월 30일 천북면체육회 주최로 제1회 봉화산 등반대회가 개최되었다. 토요일이지만 나도 참여하여 주민들과 함께 등반하며 정겨운 대화로 친해지려고 노력하였다. 많은 분이 중학교 교장 선생님이 지역 행사에 참여하는 것은 처음 본다며 나를 반겼다.

무엇보다 등산로 곳곳에 천북중학교 학생들의 정성이 담긴 시화를 보고 휴식과 즐거움을 만끽하는 모습을 보니 흐뭇하였다. "우리 애 작품도 여기에 있네. 집에서는 잠만 자는데 아이구 내 새끼." 하며 자랑을 하기도 하고 "교장 선생님이 바뀌시니 이런 것도 하네. 아이디어가 참 좋다." 하는 애기도 들린다.

정상에 올라 체육회에서 나누어 준 도시락을 먹기 전 내빈 소개를 할 때 천북면체육회장이 "오늘 면민의 화합을 위한 제1회 봉화산 등반대회가 천북중학교 학생들의 멋진 작품으로 더욱 빛났습니다."라며 나를 소개하자 참석 주민들은 우렁찬 박수를 보내 주었다. 나는 일어서서 "글씨가 비뚤고 서툰 솜씨의 작품이지만 칭찬해 주셔서 감사합니다. 앞으로도 학생들의 감수성을 발견하고 바른 인성 함양을 위해 봉화산 시화 전시회를 매년 개최하겠습니다. 아울러 지역사회와 함께 발전하는 행복공감학교 천북중학교를 만들겠습니다."라고 인사하자 또 박수가 나왔다.

전교생이 발명왕 – 충남 학생 과학발명품경진대회 최우수학교

전교생 60명의 작은 시골 학교가 또 기적을 일구어냈다. 천북중학교가 충남교육청이 주최하고 충남과학교육원이 주관한 제35회 충남학생 과학발명품경진대회에서 중학교 부문에서 발명 진흥 최우수학교로 선정이 된 것이다.

천북중학교에 부임하여 선생님들과 교육과정에 대한 협의 중 학생들의 창의력을 증가시키는 방안에 대해 논의하던 차에 예전 홍성교육청 장학사를 할 때 관내 중학교에서 전교생 발명동아리를 운영해 학생들의 학력 신장은 물론 학교폭력이 감소한 사례를 얘기하자 임용 3년차 과학 선생님이 창의력 신장과 과학 탐구에도 도움이 되겠다며 한번 해보겠다고 하여 일단 방과 후 프로그램으로 발명교실을 운영하였다.

학생들 대부분이 참여를 희망하였기에 효율적인 운영을 위해 과학교육원에 수소문하여 발명교육 전문가 선생님을 겨울 방학에 모셔서 특강을 개최하였고 발명 연구에 드는 비용은 우선으로 지원하였다. 학생들이 즐거워하고 왕성한 발명 의욕을 보였다. 정말 놀라운 변화였다. 무기력한 아이들이 생기가 돌고 왕성한 탐구력으로 발명교실은 항상 왁자지껄했다. 학생들이 낸 작품 중 우수한 22편의 작품을 대회에 출품하였다.

그런데 소규모 학교의 덕을 보았는지 교원 수 대비 계획서 최다 출품 학교로 선정이 되어 표창을 받게 된 것이다. 나와 과학 선생님은 애초 상은 염두에 두지 않았다. 아이들이 신나게 활동에 임하고 우리도 대회에 출품한다는 자긍심을 심어주기 위함이었는데 최우수학교의 영예를 안은 것이다. 발명에 대한 진흥과 장려를 위한 이 상의 목적에 천북중학교가 해당한 것이다.

또한, 처음임에도 출품작품 중 3학년 고○라 학생이 동상을 수상하는 쾌거도 이루어 우리도 노력하면 입상할 수 있다는 천북중학교의 밝은 미래를 보여주기도 했다.

지도교사의 열과 성을 다한 지도와 학생들의 발명 교실 참여 열기가 빚어낸 작품이었다. 지난해 충남 진로탐색대회에서 14명이 입상한 데 이어 시골 학교가 또 기적을 일군 것이다. 천북중학교의 미래는 너무나 밝다. 우리 천북중학교의 선전으로 보령교육지원청은 발명 진흥 우수교육지원청으로 선정되는 겹경사를 맞았다. 당시 교육장님이 감사하다며 선생님들과 전교생을 위한 떡을 선물로 보내 급식실에서 맛있게 먹었다. 나는 우리 학생들이 대견했다.

이런 발명교실의 성과는 시작에 불과했다. 자유학기제가 시행되면서 발명교실이 교육과정으로 들어오고 해를 거듭할수록 학생들의 성장은 일취월장하였다. 뒤에서 또 얘기하겠다.

시험 피로 싹 학부모 수육 파티

2013년 5월 3일 천북중학교 급식실은 학생들과 학부모의 정겨운 웃음소리가 가득했다. 천북중학교 학부모회에서는 중간고사를 치르느라 수고한 자녀들을 위해 정성스레 준비한 수육 파티를 개최하였다. 학부모들은 바쁜 농사일에도 각자 일을 분담하여 가정에서 천북산 돼지고기 삼겹살과 목살을 삶은 최고급 수육과 쌈, 새우젓, 된장찌개, 채소 등으로 푸짐한 특식을 차린 것이다.

학부모의 깜짝 파티에 이틀간 시험에 지친 학생들은 환호로 화답하였고 세상에서 가장 맛있는 점심을 먹었다. 학교 식단도 제공되었지만 학부모가 제공한 수육 접시는 학생들에게 최고의 인기 요리로 호응도가 매우 좋았다.

학생들은 이에 대한 보답으로 수육을 쌈에 싸서 참석한 부모님 입에 넣어 주는 효도로 주위를 흐뭇하게 하였다. 이 수육 파티 행사는 예전에는 봄에 농사철이라고 바쁘다며 학교 오는 것을 멀리하던 학부모들이 천북중학교가 자녀들을 위한 다양한 프로그램을 개발하고 밤늦게까지 돌봄 기능까지 하는 등 최선을 다하고 학생들이 집에 가서 학교 자랑을 하게 되자 학부모회에서 자발적으로 실시한 것이다.

그만큼 학교를 신뢰한다는 증거이기도 하다. 학부모들은 학교를 위

수육 쌈으로 보답하는 학생들

해 무엇을 할까 고민하다가 시험으로 수고한 아이들에게 천북산 돼지
고기를 먹이는 게 좋겠다고 학교에 연락해 왔다. 나도 감사하다며 무
조건 오케이하여 이루어지게 되었다.

　이렇게 자발적으로 학부모들이 학교에 관심과 응원을 보내주니 나
역시 고맙고 힘이 났다. 선생님들도 시험 마지막 날에는 학급 단합을
위해 축구나 게임을 하는데 아이들이 맛있게 먹고 신나게 놀게 되어
좋다고 하였다.

　학부모들은 "아이들이 행복하니 너무나 기쁘다. 앞으로도 행복공감
학교인 천북중학교의 발전과 사랑하는 자녀들을 위해 적극 지원을 아
끼지 않겠다."라고 얘기하고 아이들은 "엄마들이 너무 고맙다. 시험으
로 쌓인 스트레스가 다 사라졌다. 맛있는 고기를 먹으면서 축산 농가

의 아들딸인 게 자랑스럽다. 부모님! 꼭 보답하겠습니다."라고 말하며 기쁨을 감추지 않았다. 아이들도 부모들도 모두 신이 난 우리 학교 시험 마지막 날 풍경 괜찮죠? 이러한 파티는 내가 재임하는 기간 계속되어 학부모들이 열심히 학교에 참여하는 데 크게 이바지하였다.

천북 주민 독서삼매경에 빠지다

요즘 마을교육공동체에 관심이 높다. 우리 충남교육청에서도 중점 사업으로 추진하여 많은 지역과 학교가 함께 상생 발전하는 모습을 볼 수 있다. 나는 천북중학교 교장으로 부임하면서 학교와 마을이 서로 도우며 함께 발전해야 한다고 늘 생각하였다. 지금의 마을교육공동체와 같은 개념이라 할 수 있다.

그래서 지역에 요구하지 않고 우선 학교에서 지역을 위해 먼저 도움을 주자고 생각하였다. 선생님들과 논의한 결과 우선 야간을 활용하여 주민들에게 기체조 교실을 열어주기로 하였다. 비용은 행복공감학교 프로그램 예산을 활용하기로 하고 면사무소에 공문을 보내고, 가정통신문, 현수막 등을 활용하여 홍보하였다. 주민들은 오천면까지 가서 기체조를 해야 하는 불편이 해소되고 학교에서 이런 프로그램을 운영해 주어 고맙다며 환영해 주었다. 50명 이상이 야간에 천북중학교 체육관에 모여 기체조 수강을 하는 모습을 상상해 보라. 큰 인기를 끌며 2013년 한 해를 운영하였다. 면사무소에서 수고했다며 이제는 평생교육 차원으로 운영하겠다고 해서 2014년에는 운영을 하지 않게 되었지만, 학교의 프로그램을 시작으로 천북 지역에도 평생교육 바람이 불세

된 즐거운 학교 경영으로 남아 있다.

이러면서 지역 주민들과 나는 동화되어 갔다. 학교 밖에서 주민들과 마주칠 때 많은 분이 나를 반겨주고 감사하다고 인사를 하였다. 나도 이제 천북면민이 된 기분이었다.

이런 즐거움을 계속 이어가야 한다. 이제는 천북 주민을 독서삼매경에 빠지게 하는 것이다. 학교에서 운영하는 1000 BOOK 독서운동을 이제 지역사회 전체로 확산시키는 것이다. 주민들이 많이 이용하는 관공서에 책을 비치하여 민원인들이 자투리 시간을 활용하여 책을 읽게 하고 계속 읽고 싶은 사람에게는 대여해 주자. 물론 행복공감학교 예산을 활용해도 되지만 지역이 함께 1000 BOOK 독서운동을 하는 의미로 지자체 지원을 받는 것이 좋겠다고 생각하였다.

생각만 할 것이 아니라 실행에 옮기자. 보령시장과의 면담을 추진하여 날짜가 정해졌다. 행정실장과 함께 면담 일에 시장님을 찾아 1000 BOOK 독서운동에 대한 취지와 앞으로의 계획에 대해 말씀드렸다. 보령시와 천북중학교가 함께 추진하면 더욱 의미가 있겠다고 하였다. 천북의 지명을 따 학생들은 성인이 될 때까지 1,000권, 성인들도 1,000권 이상의 책을 읽자는 의미이고 천북면에서 이 운동이 활성화되면 보령시 전역으로 확산하자는 제안도 하였다.

시장님은 아주 좋은 아이디어라고 기뻐하시며 1000 BOOK이니 1,000만 원을 흔쾌히 지원하겠다고 하였다. 학교 교장이 지자체를 찾아 손을 내미는 것은 모양새가 좋지 않다며 우려하는 사람들도 많지만 내 생각은 다르다. 학교를 위해 지역사회를 위해 교장이 조금만 고생하고 함께 의기투합한다면 행복한 마을공동체가 앞당겨진다는 생각은 지금도 변함이 없다.

이렇게 하여 천북면사무소, 파출소, 농협에 1000 BOOK 문고가 설치되었다. 보령시 지원금으로 독서대와 양서를 구입하고 문고의 관리는 천북중학교 독서동아리 학생들이 맡기로 하였다. 그리고 이 문고는 지역민 양서 읽기 생활화로 문화의 질을 향상하는 데 보탬을 주고자 보령시와 천북중학교가 뜻을 모으고 힘을 합해 운영하는 것이란 취지와 비치되지 않은 책도 주민이 관리 대장에 기록하여 신청하면 동아리 학생들이 학교나 지역도서관에 소장된 책을 구해 제공하기로 하여 지역민이 원하는 책이면 반드시 읽도록 하겠다는 내용도 넣었다.

이제 천북 주민은 1000 BOOK 문고 설치로 원하는 책을 직접 기관에서 읽거나 대출을 통해 가정에서도 읽을 수 있게 된 것이다. 또한 학부모회의, 기관장 모임을 통해서 연말에 다독자, 모범 독서 지역민을 선정해 표창하고 시화전, 시낭송, 독서토론, 작가초청 강연 등 천북 지역 주민들이 참여하는 1000 BOOK 독서콘서트를 추진하여 지역 축제로 승화하겠다는 내용을 홍보하여 큰 호응을 얻었다.

농협에 개인 일로 갔더니 한 주민이 "교장 선생님. 그동안 대기 시간에 가만히 앉아 기다리기만 했는데 이렇게 좋은 책을 읽으니 시간도 알차게 활용하고 지식도 쌓게 되어서 일석이조입니다. 고맙습니다."라며 환하게 웃었다. 나도 환하게 웃으며 호응을 해주셔서 고맙다는 인사를 건넸다. 농협을 나오며 지역민들이 신뢰하는 행복공감학교 운영을 위해 최선을 다하겠다는 다짐을 하였다. 기체조로 더욱 긴밀해진 천북면

천북 농협에서도 독서삼매경

민이 독서삼매경에 빠진 모습을 떠올리니 뿌듯하고 상쾌하였다.

선생님 챙기기 시작 – 스승의 날 교육부장관 표창

학교가 잘 운영되기 위해서는 교직원과의 소통과 화합이 무엇보다 중요하다. 또한, 상사로서 직원이 상을 받거나 승진 등 좋은 일이 생기면 뿌듯함은 물론 학교로서도 큰 영광이라 하겠다.

천북중학교가 행복공감학교 선정 및 운영, EBS 시범학교 운영, 발명진흥 최우수교 선정 등 괄목할만한 성과를 나타내고 있기에 스승의 날을 맞아 교육부장관 표창 후보자로 선생님을 추천해도 손색이 없겠다는 생각이 들어 선생님들과 논의하여 교직 27년째인 수학 선생님 길○준 선생님을 추천하였다.

선생님은 다년간 보령시 수학교과 연구회장으로 수학 교수학습 개선 및 학력증진에 크게 이바지하였고 천북중학교 부임 후에는 소규모 학교의 열악한 교육 환경을 극복하고 수월성 교육에 힘써 보령시 수학 경시대회에서 금상 1, 은상 1의 실적을 높이고 후배 교사를 위한 멘토링에도 적극적이어서 공적이 충분하다고 판단하여 추천하였다.

예상대로 수학 선생님은 표창 대상자로 선정이 되어 논산문화예술회관 대공연장에서 개최되는 스승의 날 행사에 초청을 받아 직접 장관님으로부터 상을 받게 되는 영광도 안았다. 수학교사 출신인 나 역시 후배가 열심히 노력하여 표창을 받으니 자랑스럽고 내가 상을 받은 기분이었다. 선생님 역시 내가 표창을 받을 것을 예상도 못 하였다며 매우 기뻐하고 행복공감학교 운영에 최선을 다하겠다는 다짐을 하였다. 지금 그 선생님은 현재 서천에 있는 중학교에서 교감으로 근무하시면서 우리 연수원 연수 강사로도 많이 출강하여 후배들에게 도움을 주는 인기 강사이다. 이제 시작이다. 앞으로 아이들 사랑에 힘쓰는 많은 선생님이 상을 받을 수 있도록 최선을 다하리라.

동문, 또 모교 발전기금 기탁 – 10회 동문회

4월 5회 동문들의 발전기금 기탁에 이어 5월 27일에는 10회 동문들이 회비를 아껴 100만 원을 기탁하였다. 아름다운 기부가 이어진 것이다. 10회 동문회장은 "최근 언론과 지역민의 입을 통해 모교가 행복공감학교로 선정이 되고 EBS 시범학교를 운영하는 등 명품 교육을 전개하는 모습을 접하고 감동을 받았다. 후배들이 어려움 없이 교육 활동에 참여할 수 있도록 회원들이 뜻을 모아 조금이나마 보탬이 됐으면 하는 바람으로 기부를 결심하게 됐다."라고 말했다.

10회 동문 임원, 학교운영위원, 교직원이 참석한 가운데 학교발전 기금 100만 원의 전달식을 했다. 참석한 모든 사람이 뿌듯해하고 감격스러워했다. 예전에 볼 수 없는 동문들의 관심과 발전기금 기탁에 학부모는 물론 학생들이 '아! 정말 우리 학교는 좋은 학교구나!' 느끼게 되고 각종 프로그램에도 적극적으로 참여하는 활력소가 된 것은 물론이다. 나 역시 동문들의 고귀한 뜻을 살려 학교 발전을 위해 더욱 정진하겠다고 굳건히 다짐했다.

뽀로로 만나 신난 천북중 전교생 – 전교생 EBS 프로그램 체험

연수원장으로 있는 지금도 나는 연수 프로그램에 강의 위주보다는 체험을 통해 보람을 찾는 연수를 강조하고 있다. 그래서 내가 연수원장이 된 이후로 체험학습이 부쩍 늘어났다. 일부에서는 체험 프로그램을 하면 왕복하는 시간이 아깝고 지식 전달이 떨어진다는 우려도 있으나 연수 만족도를 보면 아무리 인기 강사가 강의를 해도 체험학습을 통한 연수 만족도에 비하면 떨어지는 것을 본다.

예를 들어 인권, 인권하며 백번 연수를 하는 것보다 박종철 고문의 현장인 인권위원회를 방문하는 것이 더 실감이 나고 효과가 크다. 학생들도 그렇다. 학교에서 수업만 하는 것보다 실제 체험을 통한 산교육이 훨씬 효과가 높다.

학생들은 우리 학교가 EBS 시범학교라는 것을 알고 다양한 프로그램에 참여하고 있으나 실제 EBS에서 어떤 일이 이루어지는지는 체험을 통해서만이 알 수 있을 것이다.

그래서 보다 효율적이고 의미 있는 시범학교를 운영하기 위해서는 EBS를 방문하여 실제 프로그램이 이루어지고 있는 스튜디오를 찾아보는 게 좋겠다고 생각했다. EBS 시범학교 담당 PD님에게 전화로 사정을 설명했더니 서울 서초구 우면동에 있는 EBS 방송센터가 좋겠다고 하면서 사실 단체 견학은 15명 이하가 원칙이지만 시범학교 배려 차원에서 특별히 배려해 주도록 주선해 주겠다는 답변을 들었다.

5월 31일 금요일 우리 천북 촌놈들이 드디어 1박 2일 서울 나들이를 하게 되었다. 학생들은 우리 교장 선생님에게는 모든 것이 통한다며 즐거워하고 학부모들도 교장 선생님이 학생들을 무척 사랑한다며 이렇게 전교생이 수학여행도 아닌 체험을 하러 서울로 가는 것은 처음 있는 일이라며 고마워하였다.

나는 속으로 '이게 시작입니다. 기대하세요.'라고 말하고 있었다. 천북중학교 전교생 61명은 EBS 관계자의 안내로 조를 편성하여 주조정실, 부조정실, 스튜디오, 소품실 등을 관람하고 카메라 종류 설명과 함께 간단히 조작해 보기, FM 라디오 성우 체험하기 등 다양한 견학 프로그램으로 즐겁고 유익한 하루를 만끽하였다.

특히 가상 스튜디오에서 뽀로로와 함께 춤을 추는 가상 체험은 학생들의 동심을 자극하고 즐거운 추억의 세계로 안내하여 최고 인기 체험 프로그램으로 자리매김하였다.

또한, EBS 인기 프로그램인 〈EBS 난상토론-교육을 말하다〉가 개

EBS 가상 스튜디오에서의 체험

최되는 스튜디오를 찾아 관계자의 설명을 듣고 실제로 토론을 해 보기도 하는 등 유익한 경험을 하였다. EBS 견학이 끝난 오후에는 학생들의 진로 체험에 도움을 주고 학업 스트레스를 해소해 주고자 서울 대학로를 찾아 국민 연극인 '라이어1'을 관람하며 즐거운 주말을 만끽하였다. 집으로 향하는 학생들은 토요일 고속도로가 막히는 것도 아랑곳없이 버스 안에서 즐거운 단잠에 빠져들며 행복한 꿈을 꾸었다.

잉글리시 칠공주가 아이들을 바꾸다

2013년 여름은 정말 학생들에게 복이 터졌다. 부산대학교 학생들과의 지식봉사 캠프는 물론 중앙대학교 영어교육과 학생들 7명이 지식봉사 캠프를 열어주었기 때문이다. 천북중학교는 이미 부산대와 지식봉사캠프를 열기로 예정되어 있었다. 그런데 어느 날 교무실로 전화가 걸려왔다. 중앙대 영어교육과 학생들인데 천북중학교에서 지식봉사 캠프를 하고 싶다는 부탁이었다.

선생님들은 이미 부산대와의 캠프로 어려울 것 같다고 하였으나 대학생들은 자신들이 언론과 인터넷을 검색하여 천북중학교에서 하면 좋겠다고 의견을 모아 연락드리니 꼭 부탁한다고 계속 얘기하는 바람에 교장 선생님과 협의하여 연락을 주겠다고 했단다. 나는 대학생들이 모두 영어교육과이고 교직에 뜻을 두고 있는 예비 교사들이니 대학생과 우리 학생들을 위한 너무나 좋은 기회라고 얘기하고 날짜를 조정해서 추진하자고 하였다.

7월 30일부터 8월 3일까지 5일간 영어교육과 학생 7명과 천북중학교 학생 32명이 함께 하는 지식봉사 캠프가 성사되었다. 선생님들은 숙식 장소도 구해 주는 등 처음 방문하는 칠공주를 위해 최선을 다하였다.

사실 이렇게 대학생들이 방학을 활용하여 캠프를 열어 주면 그때 선생님들은 방과후학교 프로그램을 진행하지 않게 되어 방학을 여유롭게 보낼 수 있다. 그동안 하고 싶었던 연수도 하고 여행으로 자기 충전을 하기도 하여 평소 선생님들 고생에 미안해하던 나에게도 어느 정도 위안이 되는 면도 있었다.

학생들은 두 번이나 캠프에 참여하게 되어 힘들어하거나 방학 중 가족과의 여행을 위하여 부득이 참석할 수 없는 경우도 있어 순전히 자율에 맡겼음에도 전교생 절반 이상이 신청한 것이다. 지난 겨울방학

부산대와의 캠프에 신났던 추억이 많이 작용한 것 같다. 30도가 웃도는 여름에도 학교에서 흘러나오는 웃음소리가 무더위를 식힌다. 영어교육과 칠공주 대학생들은 사도의 길을 가기에 앞서 사전에 실습 형태로 아이들을 만나 헌신적으로 지식과 웃음을 전하며 선생님의 역할을 멋지게 수행하였다.

일류대 학생들이라서 그런지 영어 공부를 위주로 공부 경험담 이외에도 EBS 활용 방법도 전수하여 EBS 시범학교인 천북중학교 학생들의 EBS 활용이 극대화되는 토대도 마련해 주었다. 학생들은 열심히 참여하였고 칠공주의 헌신적인 지도에 많이 변했다. 매사에 소극적이었던 학생들이 적극적으로 바뀌어서 공부해야겠다고 얘기하고 열심히 공부해서 이번에는 부산대가 아닌 중앙대를 가겠다고 얘기하는 여학생도 있었다.

역시 비슷한 세대를 함께 하는 젊은 세대들은 금방 이해하고 금방 친해지고 성격까지 바꾸는 신기함이 있다. 나는 업무추진비를 활용하여 끝나기 전날 저녁을 대접하는 것으로 고마움을 표했다. 역시 마지막 날은 눈물바다가 되어 헤어짐을 아쉬워한 것은 두말하면 잔소리다.

어둠의 터널을 지나니 밝은 햇살이 – 부산대 초청 지식봉사 캠프

앞에서 1월에 천북중학교에서 열린 지식봉사 캠프를 언급했다. 부산대에서 온 일반직 두 분의 주무관에게 이 캠프의 연속성을 주문했다고도 했다. 이분들이 부산대에 돌아가서 평가회 때 나의 희망을 얘기하고 윗분들에게 우리 부산대에서 천북중학교 학생을 여름에 초청하여 캠프를 하면 좋겠다는 말씀을 드렸다고 하였다. 그러자 부산이나 경남에도 중학교가 많은데 멀리 그것도 충청도 시골 학교 아이들을 초청해 캠프를 열다가 사고가 나면 어떻게 할 것이냐는 부정적인 대답이 돌아왔다고 한다.

어둠의 터널에 갇힌 기분이었다. 두 분의 주무관도 크게 낙담하며 미안해 하였다. 나는 내가 당장 부산대를 달려가 그분들을 만나고 싶다고 하자 그러면 자기들이 어려워진다고 만류하였다. 나는 다시 다음과 같은 요지를 두 분 중 급수가 높은 박 팀장에게 장황하게 설명하였다.

부산대는 부산 경남 학생들만을 위한 대학교가 아니라고 생각합니다. 전국에서 학생들이 오고 싶어 하는 대학교가 되어야 합니다. 경상도에서도 전라도에서도 충청도에서도 인재들이 지원해야 합니다. 그러기 위해 경상도에 전라도에 충청도에 열악한 환경에 있는 중학생들을 초청하여 기숙사에서 대학생들과 함께 숙식하고 프로그램을 진행하면 홍보 효과도 엄청나게 클 것입니다. 저도 부산대 홍보에 최선을 다하겠습니다. 특히 저는 부산에서 6년간 공무원 생활을 해서 부산이 제2의 고향 같습니다. 제 고향에서 우리 학생들이 멋진 캠프를 통해 대학생들과 즐거움을 함께한다면 평생 은혜를 잊지 않겠습니다.

이런 식으로 설득을 한 것 같다. 아마 더 절박하게 얘기했을 것이다. 이 두 분은 나의 진심을 이해하고 천북에서 직접 눈물의 이별 장면을 보았기에 윗분 설득에 총력전을 폈다. 드디어 4월쯤 박 팀장은 상기된 경상도 사투리로 "행님요, 허락했심더." 하며 전화를 주었다. 눈물이 주르륵 흘렀다. 어둠의 터널을 지나니 밝은 햇살이 비친다. "수고했다, 고맙다."를 연발했다.

돌이켜보면 노력해도 어렵다고 하면 될 터인데 이 두 분은 진정으로 옳다고 판단되는 일을 끝까지 실행하고자 노력한 보기 드문 주무관들이다. 우리는 나이 차가 많이 나지만 의형제가 되었다. 내가 부산에 가거나 그분들이 충청도에 오면 만나 소주로 해후하는 사이가 되었다. 지금도 서로 안부를 주고받고 있다.

부산대는 내가 제안했던 것과 같이 경상북도 영주에 있는 중학교, 전라북도 진안에 있는 중학교, 그리고 충청도에 있는 우리 천북중학교를 초청한 것이다. 그리고 겨울에는 중학교로 멘토들이 찾아가서 캠프를 여는 것으로 하였다. 세 학교 모두 전교생 100명도 되지 않는 소규모 학교들이었다.

아이들은 만세를 부르고 겨울에 왔던 멘토들을 만날 그날을 손꼽아 기다렸다. 그러나 선생님들은 쾌재를 부르지 않았다. 부담이 되었던 것이다. 학생들이 체험을 하러 가면 반드시 인솔해야 하는 법. 그것도 상당 기간을 숙식하며 부산에서 보내야 하니 걱정이 되는가 보다. 나는 내가 인솔하겠다고 하였다.

교장이 발 벗고 나서자 선생님들도 시간이 되는 분들이 자청하여 함께 했다. 내가 첫날과 마지막 날을 인솔 및 지도를 맡고 다른 날은 하루씩 선생님들이 지도를 맡기로 하였다. 인솔 문제가 해결되었다. 그래도 미안한 생각이 들었다.

드디어 8월 13일부터 8월 17일까지 부산대에서 지식봉사 캠프가 실시되었다. 첫날 입교식에 부산대 학생처장님이 참석하여 축사하였다. 부산대가 전국에서 제일가는 대학교로 가기 위해 이번 상호 방문 캠프를 개최한다. 우리 대학생 멘토들도 최선을 다할 것이다. 멘티 여러분도 최선을 다해 참가하길 바란다는 요지였다. 이어 중학교 교장 선생님들도 인사말을 하는 순서가 있었다.

내 차례가 되어 나는 단도직입으로 우리는 오늘 이렇게 부산대가 우리 열악한 소규모 학교들을 초청하여 캠프를 열어주니 감동이다. 그런데 이 캠프가 일회성으로 끝나면 안 된다. 이 캠프는 계속되어야 한다고 열변을 토한 뒤 축사를 한 처장님을 향해 "처장님, 이 캠프 계속되는 거죠?"라는 질문을 던졌고 대학생, 중학생 모두 우레와 같은 박수로 응원해 주었다. 처장님은 약간 당황하였지만 금세 "아, 그럼요."라고 화답해 주신다. 자화자찬이지만 정말 큰일을 한 것이다.

이제 내가 천북중학교장으로 재직하는 한 이 캠프가 지속하도록 최선을 다하리라. 그런데 첫날 우려하던 일이 일어났다. 캠프에 참여한 학생 한 명이 고열로 인근 병원 신세를 져야 했다. 그것도 저녁 무렵에.

이 학생은 캠프 전날까지 가족과 동남아 여행을 하고 돌아와서, 다음 날 이곳 부산대 캠프에도 참여한 것이다. 무엇보다 혹시 콜레라, 전염병 같은 전염병이 아닐까 걱정이 되었다. 병원에서 야간이라 정확한 검사는 안 되고 열 내리는 주사를 비롯해 응급처치를 받고 검사 결과는 다음 날 의사 선생님이 출근하면 알려준다고 했다.

미션과 함께 하는 부산 투어

나는 멘토 학생과 이 학생 곁에서 밤을 새웠다. 학생 부모님은 전화하였지만 내려올 형편이 안된다고 한다. 나는 걱정하지 말라고 하며 멘토, 멘티 학생을 모두 달랬다. 다음 날 다행히도 이 학생은 열이 정상으로 돌아오고 검사 결과도 몸살감기인 것으로 판명이 되었다. 천만 다행이었다. 모든 일이 일사천리로 잘 진행이 되었다.

멘토와 멘티가 함께 하는 1실 2명 기숙사 생활을 통해 멘토의 입시 경험담, 나만의 공부법, 대학생활 등 노하우 전개와 진솔한 인생 상담 등으로 멘티들은 부쩍 성장하였다. 프로그램은 주로 오전에는 국어, 영어, 수학 등 기본 교과 기초학력 증진에 비중을 두고 오후에는 각종 미션을 해결하는 게임과 놀이로 진행되었다.

특히 둘째 날에 실시된 해수욕장 체험, 남포동, 자갈치 시장 체험,

광안대교 야경 감상 등 미션과 함께 하는 부산 투어는 학생들의 부산에 대한 긍정적인 인식과 추억을 안겼다. 감동적인 일은 지난겨울 멘토였으나 예비 취업이나 방학 중 공부 등으로 함께 하지 못한 대학생들 여섯 명이 맛있는 아이스크림, 빵, 음료를 사와 멘티들과 포옹하며 눈물을 글썽이며 대화의 시간을 가진 것이다. 역시 의리의 부산대학교 학생들이다.

나는 퇴소식 전날 멘토들을 초청하여 저녁 식사를 대접하는 것으로 고마움을 표시했다. 퇴소식 날도 지난겨울 캠프와 다름없이 눈물바다가 된 것은 더 이상 얘기하지 않겠다. 그리고 마지막 날 교무부장 선생님이 자원해서 학생들을 인솔하러 부산에 열차를 타고 왔다. 내가 인솔하기로 했는데 미안하기도 고맙기도 하였다. 덕분에 그날 밤 두 분의 주무관과 나는 코가 비뚤어지도록 의리를 더욱 돈독히 할 수 있었다.

학업성취도 평가 기초미달 제로의 시작

기초미달 학생이 많은 학력중점학교의 오명을 올해는 털어야 한다. 나의 목표이기도 했고 학생들의 목표이기도 하였다. 선생님들과 의논하여 EBS 시범학교의 장점을 활용하면 좋겠다고 판단하였다. 우선 학력 향상 목표를 세워 기록하며 자기 학력을 관리하기 위해 1000 BOOK HAPPY DIARY를 제작 활용하도록 하였다.

EBS 방송과 연계하여 콘텐츠 활용 소감문 작성을 통해 자기 학력 반성 및 목표를 수립하도록 하였다. 아울러 오늘의 명언, 감동 이야기 등도 수록하여 인성 함양에도 기여하도록 하였고 담임 교사 및 교과 교사가 확인과 상담을 꾸준히 하여 성적이 향상되거나 기록을 잘 한 학생은 표창하였다.

아울러 도교육청 충남학력 New프로젝트 2.0 홈페이지에 전교사, 전교생이 가입하여 교과별 담당 교사 양서읽기, 교과 캠프, 필통수학 등 학력증진 관련 자료를 탑재하고 활용하도록 하였다. 예를 들어 수행평가, 과제 제시 등으로 활용하는 것은 물론 수업 시간, 방과후 활용으로 극대화를 꾀하였다.

또한, 배경지식 증진을 위한 1000 BOOK 독서콘서트 프로그램을 개발하여 활용하였다. 이에 대한 설명은 뒤에서 하도록 하겠다. 가정에서 공부하는 것이 마땅치 않아 야간에도 학교를 개방해 달라는 많은 학생과 학부모들의 요구에 부응하여 자기주도학습력 신장을 위해 공부방 형식의 지성 야간아카데미를 개설하였다. 지성이라고 한 것은 천북중학교의 교훈이 '至誠'인 것에 착안하여 지극히 정성을 다해 공부하여 희망을 밝히자는 의미이다.

사실 개방만 한다고 모든 것이 되는 것이 아니다. 학생들이 저녁을 먹어야 하고, 귀가 시 교통편도 문제가 되고 아무리 자기주도라 하지만 처음 시도라 교사나 학부모의 지도가 필요한 것은 당연하다. 고심에 고심을 하여 석식은 수익자 부담을 원칙으로 하되 학교 예산으로 일부 지원하고 귀가는 행복공감학교 예산으로 차량을 확보하여 지원하였다. 교사는 물론 학부모들이 교육 도우미를 자청하여 늦은 밤까지 학습상담과 학교안전체제가 확립되었다. 전교생 62명 중 무려 55명이 참가하여 88.7%의 참가율을 기록하며 뜨거운 반응을 나타냈다.

이 밖에도 또래 멘토링, EBS 콘텐츠 활용 시청 시간 운영, 지성 야간아카데미 시간을 활용하여 원하는 학생들은 기초반, 심화반으로 편성하고 별도 수준별 수업을 하는 등 학습 효과 극대화를 위해 노력하였다. 학력 신장을 위한 나름대로 최고의 분위기가 조성된 것이다. 학생들도 공부에 어려워하면서도 학교의 노력과 지원에 열심히 노력하는 모습이 보였다. 이를 보며 나도 행복에 잠긴다. 이 착한 애들을 내가 항상 지켜주고 더 큰 미래로 나가도록 힘을 줘야지. 나는 교육자다. 나는 교장이다. 2013년에 드디어 기초학력 미달 제로로 학력증진 중점학교의 오명을 씻은 것은 당연하다.

야호! 전교생 제주도 문화체험

천북중학교는 소규모 학교라서 예산, 버스 임차 등을 고려하여 전교생이 3년에 한 번씩 수학여행을 가고 있었다. 내가 부임한 후 9월에 차례가 되어 전교생이 부산으로 수학여행을 갔었다.

그러나 나는 부임한 지 얼마 되지 않았고 내가 가면 선생님들이 불편할까 봐 수학여행을 함께 하지 않았다. 2013년에 2, 3학년은 수학여행을 이미 다녀온 상태였고, 입학한 1학년은 2년을 기다려야 수학여행을 갈 수 있었다.

학생들은 즐거움이 사라졌다며 투덜대기도 하였지만 내가 부임 후 다양한 체험으로 만족하고 있었다. 올해는 행복공감학교 원년이다. 우리 아이들과 선생님들께 행복공감학교 운영을 더욱더 알차게 하는 단합을 위한 이벤트를 해 주어야겠다고 다짐하였다.

제주자연사박물관 앞에서

　또한, 학생들이 열심히 공부하고 선생님들이 열정으로 가르친 덕에
숙원이었던 기초학력 미달도 달성했지 않은가? 사실 교육과정 계획에
도 장소는 미정이었으나 2박 3일 문화체험 계획이 있었다. 나는 선생
님들과의 미팅에서 "2박 3일이 뭡니까? 적어도 3박 4일 제주도는 되
어야죠."라는 제안을 하였다. 선생님들은 맞장구를 치고 준비에 들어
갔다. 사회·역사 교과와 연계한 제주도 문화체험 프로젝트로 가닥을
잡아서 사전 교과와 창의적 체험활동, 담임시간 등을 활용하여 철저히
지도하고 조별 프로젝트 과제 수행으로 체험 후에는 보고서를 제출 및
발표하도록 하여 수행평가에 반영하도록 하였다.

　학생들은 물론 학부모들도 모두 반겼다. 학생들은 철저한 사전 준
비를 했고 학부모들은 체험비 납부에 이의를 제기하지 않았다. 행복공

감학교 비용에서 전액 체험비를 지원할 수 있지만, 그것보다 체험비를 조금이라도 납부하는 것이 학생들의 적극적인 참여에 효율적이라는 판단에 10만 원을 부담하도록 한 것이다. 나머지 20만 원은 행복공감 학교 운영비에서 지원하도록 하였다.

10만 원의 금액으로 제주도를 3박 4일 동안 체험하니 학생들과 학부모들은 좋아할 수밖에 없었다. 이렇게 해서 수학여행이 아닌 전교생 제주도 문화체험이 이루어지게 되었다.

전교생 KTX 타고 청와대 가다

이제는 학교에서 폭력도 사라지고 학생들이 학업에도 정진하는 등 예상보다 빨리 학교가 안정화되고 발전을 하는 것 같아 안도하고 있던 차에 코레일에서 열차를 이용하는 학교에 개인당 2만 원을 지원해 준다는 반가운 공문이 왔다. 코레일이 제공하는 프로그램 중 서울로 가는 코스를 선택하여 10월 5일 토요프로그램으로 전교생 64명이 KTX를 타고 우리나라 최고의 기관인 청와대, 최고의 상아탑인 서울대, 세계 최고의 기업인 삼성 홍보관을 방문하여 체험하는 기쁨을 누렸다.

코레일에서 개인당 2만 원을 지원하고 앞에서 언급한 천북중학교 5회, 10회 동문회에서 기탁한 발전기금을 활용하여 전교생이 토요 체험학습의 일환으로 운영할 수 있었다. 홍성역에서 이른 아침 출발하여 천안아산역에서 KTX로 환승을 하고 광명역에 도착하여 관광버스를 타고 삼성 딜라이트 관람, 서울대 견학, 청와대 사랑채 견학 등의 순으로 진행되었다.

청와대 앞에서

　삼성 딜라이트에서는 삼성전자 홍보관 투어와 즐거운 디지털 IT 플레이스를 미션에 따라 직접 체험하는 즐거움을 만끽하였다. 미션을 완수한 학생들은 삼성에서 제공하는 선물을 받고 기뻐하였다. 서울대학교에서는 농업생명대 식당에서 점심을 먹고 버스를 이용하여 서울대를 투어하면서 최고의 상아탑에 도전하겠다는 각오를 다졌다. 마지막 코스인 청와대 사랑채에서는 대한민국관, 서울홍보관, 청와대관 등을 체험하였다.

　특히 청와대 사이버 체험존에서는 대통령과 사진 촬영을 하기도 하고 대통령 집무실 체험과 우리나라 역사 체험도 하였다. 체험에 참여한 학생들은 선배님들이 발전기금을 주시고 그 지원금으로 체험을 하니 더욱 의미가 있고 진로 설정에도 많은 도움이 되었다. 더 좋은 학교를 만들기 위해 힘쓰겠다는 다짐을 하였다.

바다 건너 섬마을 중학교 소원을 풀어주자

보령에 있는 원산도는 해맞이와 해넘이를 동시에 볼 수 있는 섬으로 '휴양하기 좋은 섬 베스트 30'에 선정되기도 했던 아름다운 섬이다. 원래 충남에서는 안면도 다음으로 큰 섬이었으나 안면도가 육지와 연결되면서 현재 가장 큰 섬이라 할 수 있다.

그러나 원산도 역시 현재 보령시에서 원산도를 지나 안면도까지 연결되는 연륙교 건설 추진이 막바지 단계에 와 있어서 최고의 자리를 곧 내어 줄 위치에 있는 섬이다. 이곳 원산도에는 2013년에 원의중학교라는 사립중학교가 있었다. 지금은 학생이 줄어 폐교되었지만. 당시 원의중학교 교장 선생님은 나와 2012년 교장연수 동기인 여교장 선생님이었다.

보령에서 함께 교장으로 근무하고 교장회의와 교장 친목 모임이 자주 있어서 격의 없이 소통하고 정보를 공유하였다. 어느 날 원의중 교장 선생님이 우리 학교 학생들이 축구를 너무 좋아하지만 학생 수가 적어 정작 축구 경기를 할 수 없어 다른 학교 학생들과 축구 경기를 하는 게 소원이라며 안타깝다고 얘기하는 것을 듣고 나 역시 안타까워 도와줄 방법을 찾았다. 기억하기로는 남학생은 채 10명도 되지 않고 여학생도 5명 정도였던 것 같았다.

학교에 와서 체육 선생님께 안타까움을 얘기하고 좋은 방법이 없을까 하였더니 즉답이 우리가 소원을 풀어주기는 최긴힌 말씀. 그깃도 1

박 2일 일정. 10월 18일 서해안 유일의 낙도중학교인 보령시 오천면 원산도에 위치한 전교생 18명의 원의중학교에 반가운 손님들이 방문하였다. 원의중학교와 오천항을 사이에 두고 가까운 거리에 있지만, 육지에 위치하여 거의 교류가 없는 천북중학교 학생들 15명이 원의중학교 학생들의 소원을 풀어 주고 우정을 나누기 위해 여객선을 이용하여 원의중학교를 방문한 것이다.

첫날에는 양교 학생들의 학교 소개, 자기소개를 시작으로 레크리에이션을 통해 우의를 다지고 야간에는 오봉산해수욕장 인근 펜션에서 천북산 1등급 삼겹살을 함께 구워 먹으며 추억을 만들었다. 다음날인 19일 토요일에는 학생들이 고대하던 축구 경기를 펼쳤다. 경기에 앞서 천북중학교에서 선물로 준비한 축구공 전달식 행사도 하였다.

첫 경기인 여학생 풋살 경기에서는 원의중학교가 승리하고 두 번째 경기인 남학생들의 축구 경기에서는 천북중학교가 승리하여 사이좋게 나란히 1승 1패를 기록하였다. 학생들은 최선을 다해 경기에 임하고 페어플레이로 상대 팀을 배려하고 질서 있게 응원을 하는 등 진한 우정을 나누었다.

이 행사를 계기로 앞으로 매년 상호 방문 행사를 갖기로 했다. 경기의 승패보다 스포츠맨십과 우정을 키우는 기회가 되고 학교 간 스포츠 교류 활동으로 학교체육을 활성화할 뿐만 아니라 이웃하고 있는 두 학교의 학생들 간에 우정을 쌓는 기회를 얻도록 하자고 나와 원의중학교 교장 선생님은 약속하였다.

이희아 특강 – 보령정심학교 사랑의 음악회

천북중학교와 보령정심학교의 〈아름다운 꿈, 행복한 동행〉 통합교육이 점차 빛을 발하면서 천북중 1학년 학생들과 보령정심학교 학생들은 4월 첫 만남 이후로 친해져 활발하게 어울리며 친구가 되었다. 처음에는 서먹서먹하였지만 역시 아이들은 금방 사귀는 재주가 있다.

2학기가 되었다. 보령정심학교에서 초청장이 왔다. 보령정심학교에서 매년 주최하는 〈사랑나눔 감동나눔 사랑의 음악회〉 초청장이다. 이 음악회는 보령정심학교 학생들, 교직원, 자원봉사자들로 구성된 보령한마음학생오케스트라의 멋진 연주와 정심학교 학생들의 정심합창단, 그리고 소리모아앙상블 초청 연주가 열리는 지역에서 소문난 음악회이다.

우리 천북중학교도 사랑의 음악회에 학생들이 출연하기로 되어 있었다. 천북중학교 학생들과 정심학교 학생 10여 명이 기타 반주에 맞추어 노래를 부르게 되어 있었다. 그런데 초청장에서 나의 눈을 사로잡는 인물이 있었다. 이희아. 그녀는 두 손가락 피아니스트로 잘 알려진 유명인이었다. 선생님들과 의논 후 단축 수업을 하고 방과후 프로그램은 쉬는 것으로 하여, 전교생들이 이 음악회에 참여할 수 있도록 했다. 10월 31일 장애인식 개선을 위한 〈사랑나눔 감동나눔 제7회 사랑의 음악회〉가 보령문화예술회관에서 개최되었다. 최고가 아닌 최선이 멋지듯이 보령정심학교 장애 학생들이 비장애인들과 함께 서툴지만 마음을 모아 화음을 만들고 사랑을 연주하는 모습에 아낌없는 박수를 보냈다.

이희아님 수고하셨어요

특히 우리 천북중 학생들이 보령정심학교 학생들과 손을 잡고 천북중학교 3학년 학생의 기타 반주에 맞추어 노래할 때 나는 뜨거운 감동을 느꼈다. 감동은 여기서 끝나지 않았다. 이희아 피아니스트가 나와 30여 분 특강과 연주를 곁들여 감동의 무대를 선사하였다. 피아니스트가 되기 위해 어려운 과정을 거친 얘기를 할 때 참가자들은 눈시울을 적셨고 최고의 연주에는 박수와 앙코르가 이어졌다.

이보다 더 좋은 인성교육이 어디 있을까? 나는 우리 학생 모두를 데려온 것을 정말 잘했다고 느꼈다. 그리고 음악회가 끝난 뒤 우리 학생들, 교직원들은 이희아 피아니스트와 사진을 찍으며 즐거운 시간을 보냈다. 초대해 준 정심학교에 무한한 감사를 느꼈다. 천북중학교가 이희아 피아니스트를 초청하기에는 많은 애로점이 있었으리라. 사랑 나눔에는 반드시 행복이 따른다는 것을 절실히 느낀 하루였다.

늦가을 학생·주민 흠뻑 적신 한 밤의 뻔뻔한 클래식

2013년 9월경 대전에 있는 계족산을 등반하였다. 계족산은 대전 충남의 유명한 주류업체에서 황톳길(14.5km)을 만들어 놓아 많은 사람이 즐겨 이용하는 곳이다. 또한 등산으로 수고한 사람들을 위해 야외무대를 만들어 매주 토요일 숲속 음악회 '뻔뻔(fun fun)한 클래식' 공연을 개최하고 있다.

'뻔뻔한 클래식' 공연은 맥키스 오페라단이 펼치는 클래식과 뮤지컬, 연극, 개그 요소가 어우러져 모든 연령대가 함께 재미있고 편안하게 즐길 수 있는 음악회로 등산객은 물론 대전 시민들로부터 많은 사랑을 받고 있다. 나도 등산을 마치고 공연을 보았는데 너무나 재미있고 피로가 싹 가시는 것 같았다. 그러다가 문득 아! 이 공연을 우리 천북에도 개최하면 어떨까? 생각이 여기에 미치자 나는 공연 유치를 위해 인터넷 이곳 저곳에서 '뻔뻔한 클래식'을 검색하면서 정보를 수집하였다.

그리하여 겨울에는 이 공연이 학생 수가 많은 고등학교에서 수능이 끝난 3학년을 대상으로 공연이 열린다는 것과 1,000명 이상을 수용하는 지역 대공연장에서 순회공연도 있다는 것을 알았다. 이 공연은 인기가 대단하여 고등학교의 경우 신청 후 심지어는 2년 이상 기다리기도 하고 순회공연도 대도시 위주로 실시한다는 것도 알게 되었다.

그렇다고 포기할 내가 아니다. 묘수를 생각했다. 좋은 방법이 없을까? 불면의 밤이 길어졌다. 아! 그러다가 갑자기 생각이 있다. CEO께서 페이스북을 하는 것 같았다. 나는 2012년 페이스북에 가입했지만 거의 활용하지 않았다. 사실 어떻게 하는지도 몰랐다. 정말 검색해 보니 페이스북을 그것도 아주 열심히 하시고 팔로우도 많고 댓글과 공감도 무척 많은 것이 아닌가? 바로 이거다. 페이스북을 잘하지 못하지만 댓글 정도는 달 수 있었다. 조웅래 회장님 페이스북을 찾아 댓글을 달았다. 우리 천북은 목축 단지가 많아 주말에도 소나 돼지를 키워야 해서 가족과의 여행이나 문화생활을 하지 못한다. 이곳 소외지역에 '뻔뻔한 클래식' 공연을 해 주시면 광역도시에서 하는 것보다 더 의미가 있을 것이다. 부탁드린다. 우리 학생들과 지역민들은 손꼽아 기다리겠다. 이런 댓글을 장황하게 달았다.

읽어주시려나 걱정이 되었다. 정확히 댓글 단지 이틀 후 회사에서 계장인 중간 관리자 한 분과 보령지점장님이 학교를 방문하였다. 기뻤다. 학교를 찾아온 것은 관심이 있다는 것이고 내 생각에는 80%는 성공한 것으로 생각했다. 회장님이 가보라고 하셨다며 강당을 보고 싶다고 하였다. 나는 감사하다고 인사를 하고 친절하게 강당을 안내하였다.

계장이라는 분이 "강당은 괜찮습니다. 충분히 공연할 수 있네요." 가장 듣고 싶은 얘기였다. 쾌재를 불렀다. 그런데 이어서 "학생 수는 몇 명인가요?" 아킬레스건을 건드리는구나. 61명이라는 나의 말에 그분은 당황하며 "학생 수가 너무 작아서 곤란한데요."라고 하지 않는가? 아마 회장님으로부터 학교의 자세한 사정을 듣지 못한 것 같았다. 나는 "계장님. 아무 걱정하지 마세요. 제가 인근 초등학생은 물론 주민 300명으로 이 강당을 가득 채우겠습니다."라고 자신 있게 말하였더니 그분은 정말 가능하냐고 몇 번을 물었고 나 역시 확신에 찬 답변을 하였다.

이렇게 해서 공연 추진이 확정되었다. 추후 11월 21일 저녁에 실시한다는 연락이 왔다. 사실 걱정이 되었다. 이곳 지역 주민들은 '뻔뻔한 클래식'에 대해 잘 알지 못하기도 하거니와 과연 가수들의 공연도 아니고 클래식이라는 말에 거부감을 느끼진 않을까? 그래도 최대한 노력하자. 학부모회에도 홍보를 부탁하였고 당일 안내 등을 도와달라고 하였다. 주민들에게는 이장님을 통하여 다음과 같은 내용의 초대장을 발송하고 지역 곳곳에 안내 현수막도 내걸었다. 이장님들에게는 일일이 방문과 전화로 협조를 부탁하였다. 그동안 요가 교실, 1000 BOOK 문고 등 주민을 위한 학교의 노력을 잘 알기에 이장님들은 고맙다며 적극적으로 협조하였다.

계족산 황톳길(14.5km) 숲속음악회
'뻔뻔(fun fun)한 클래식' 지역민 초대
일시 : 2013. 11. 21(목) 19:00~20:00   장소 : 천북중학교   좌석신청 및 문의 : 천북중학교(641-9013)
천북중학교 학부모회

계족산 황톳길(14.5km) 숲속음악회가 천북중학교에서 개최됩니다

지역사회와 함께 하는 행복공감학교 천북중학교에서는 대전 계족산 황톳길(14.5km)에서 매주 토요일 개최되는 숲속음악회 '뻔뻔(fun fun)한 클래식' 공연을 유치하여 늦가을 한밤을 수놓고자 합니다.

'뻔뻔(fun fun)한 클래식' 공연은 맥키스 오페라단이 클래식과 뮤지컬, 연극, 개그 요소가 어우러져 모든 연령대가 함께 재미있고 편안하게 즐길 수 있는 음악회입니다.

희망을 하시는 분은 아래 내용을 참고하셔서 전화, 방문 등을 통해 11월 11일(월)까지 알려주시면 좌석번호를 배정해 통보해 드리겠습니다.

1. 일시 : 2013.11.21.(목) 19:00~20:00

2. 장소 : 천북중학교 체육관 지성관

3. 참가 신청

   지역민 : 2013.11.1.(금) ~ 11.11.(월) 까지 전화, 방문 등

4. 좌석번호 배정 : 신청 마감 후 11월 15일까지 안내

5. 기타 : 문의 → 천북중 교무실 641-9013

초대장을 받은 많은 주민이 호응하였다. 그러나 실제 전화나 방문을 통해 신청하는 지역 주민들은 그리 많지 않았다. 하지만 분위기로는 축제다. 아마도 좌석번호에 익숙하지 않은 것 같다.

인근 초등학교와 자매학교인 정심학교 학생들과 교직원들도 초대하였다. 드디어 11월 21일 늦가을 찾아온 추위도 천북면민을 막지 못했다. 저녁 7시 천북중학교 강당에서 개최된 맥키스 오페라 '찾아가는 음악회'에 300명 이상의 천북 주민이 찾아와 열광의 박수를 보냈다. 즐겁게 웃는 웃음소리가 시골 천북을 뜨겁게 달궜다.

매년 계족산 황톳길에서 숲속음악회를 열고 있는 맥키스 오페라 '뻔뻔한 클래식'이 굴로 유명한 어촌 마을 천북을 찾아 환상적인 공연을 펼친 것이다. 천북중학교에서 개최된 이번 공연은 천북 지역 주민과 학생들에게 영원히 잊지 못할 감동의 선물을 안겨 주었다. 정진옥

단장을 비롯한 6명의 단원이 1시간 내내 정성을 다하여 보여 준 클래식과 뮤지컬, 연극, 개그에 환호와 박수를 보내며 어우러져 즐거움을 만끽하였고 맥키스 오페라단은 4번의 앙코르 공연으로 화답하였다.

단원들과 주민들의 환상적인 호흡으로 예정된 1시간보다 20여 분이나 길게 공연이 되는 등 계족산 황톳길 14.5km보다 더 따뜻한 정을 이어 주었다. 주민들이 좋아하니 나는 상기되었다. 마지막 인사를 하라고 해서 마이크를 잡고 "문화적 소외지역인 천북에 공연을 허락해 주신 조웅래 회장님께 진심으로 감사합니다. 오늘 공연은 천북면민의 화합과 정을 이어 준 감동의 무대였습니다. 2014년도에도 꼭 유치하겠습니다."라고 말하였다.

주민들이 박수로 호응한다. 그날 맥키스 오페라단은 끝나고도 오랫동안 학생들, 주민들과 사진을 찍어야 했다. 나도 교직원들과 동참하였다. 학부모들이 특히 좋아했다. 교장 선생님이 이런 음악회를 유치하다니 정말 고맙고 자랑스럽다는 말을 거듭하면서 자신들도 안내와 질서 유지에 동참한 것을 기쁘게 받아들였다.

다음 날 지역 일간지 중도일보 사설에는 전날의 공연을 기업의 사회 환원으로 다루며 크게 칭찬하고 한겨레신문, 연합뉴스 등 굵직한 중앙 언론은 물론 지역 신문에서 크게 보도하였다. 천북중학교가 전국에 알려지는 계기가 되었고 주류회사 역시 크게 홍보되어 일석이조의 결실을 거두었다. 큰소리쳤지만 내년에 어떡하지? 에라, 그때는 그때다.

충남 100대 교육과정 우수학교 선정

혹 이 책을 읽으면서 내가 표창이나 홍보에 많이 매달리는 것 아니나는 생각을 하는 분도 있을 것이다. 내 생각은 이렇다. 우리가 잘하는 일은 적극적으로 알려서 공유하는 것이 충남교육, 나아가 우리나라 교육을 발전시키는 것이라고 생각한다.

그래서 나는 홍성고 교감 부임 이후 줄곧 직접 보도자료를 쓰고 각 언론사 기자들에게 보낸다. 교장이 되어서도 선생님들에게 선포하였다. "보도자료는 제가 쓸 것이니 혹 참고자료를 부탁드리면 그것만 주시면 됩니다." 이렇게. 선생님들은 대환영이었다. 업무를 맡은 선생님이 보도자료를 쓰는 것보다 관리자의 관점에서, 학교 경영 차원에서 보도자료를 쓰면 내용과 의도를 잘 파악할 수 있어 기자들에게 더 어필되리라는 것이 나의 일관된 소신이다.

그래서 연수원장이 된 지금도 우리 연수원의 홍보는 내가 전담하고 있다. 나는 보도자료를 쓴 후 기자들에게 메일을 일일이 보내면서 자료의 취지, 목적 등을 자세히 설명한다. 그러면 쉽게 기자들이 판단하리라 생각되어서이다. 다행히도 많은 기자가 고맙다는 메일로 답장을 해 주거나 전화를 주기도 한다. 그래서 나는 권한다. 기자들을 기피하지 말고 함께 상생하며 행복교육을 업그레이드시키라고.

100대 교육과정 우수학교 선정 공문이 도착했다. 선생님들은 아예 관심을 두지 않았다. 그도 그럴 것이 문턱이 너무 높아서 지레 겁먹고 아예 시도하지 않는 것이다. 일단 충남 초, 중, 고를 합쳐 100개 학교를 선정하여 우수학교 표창을 하는데 이중 최우수학교는 전국 100대

교육과정 우수학교 선정에 추천되어 응모 자격이 주어진다.

2013년 주제는 '교실 수업 혁신을 통한 인성교육 중심 수업'이었고 특히 눈에 띈 것은 학교 교육과정 자율권 확립을 위한 지역사회·단위 학교 중심의 창의적이고 특색 있는 학교 교육과정 운영 우수사례를 발굴·표창한다는 방침이었다. 천북중학교에 딱 적합하다고 생각했다. 천북중학교 사례를 알리면 다른 학교의 교육에도 많은 도움이 되리라 판단했다.

하지만 선정을 기대하기에는 만만치 않다. 올해 많은 창의적인 학교 교육과정을 운영하였다고 자부하지만, 시행착오를 겪고 있는 것 같았고 나 역시 초임 교장이라 미흡한 면이 많다고 생각했다. 천북중학교 사례를 알리면 다른 학교의 교육에도 많은 도움이 되리라 생각했다.

그러나 1000 BOOK 독서 프로그램을 수업에 적용하고 학생, 지역 주민을 위한 다양한 프로그램을 운영하지 않았던가? 이러한 사례를 공개하고 다른 학교의 우수사례도 공유하는 것이 바람직하지 않은가? 까짓것 선정이 안 되면 어때. 한 번 시도해 보자. 선생님들께 "전혀 부담 갖지 말자. 우리가 운영하는 프로그램을 진솔하게 글로 옮기자. 교장과 교무부장이 보고서를 작성하겠다. 선생님들은 선정 기준 세부항목을 보고 필요한 자료를 달라. 여러분들의 수업, 창의적 체험활동이 내가 판단하건대 아주 우수하다. 그리고 우리 이렇게 하면서 배우자." 라고 호소하였다. 선생님들은 공감하고 우수한 자료들을 많이 주었다. 나와 교무부장 선생님은 자료들을 잘 정리하여 학교 경영 관점에서 넓게 보고 글로 옮겼다 선생님들께 보고서 검토를 부탁하고 수정에 수정을 거듭하였다. 초안이 완성되었기에 교육과정 담당 장학사 출신이며 교육과정 전문가인 천안부성중학교 교장 선생님을 초청하여 컨설팅을 받았다. 거의 한 달간의 작업 끝에 〈꿈 너머 비전 OK! 행복 공감 1000 BOOK 교육 프로젝트〉라는 주제로 행복공감학교 운영, EBS 시범학교 운영, 지역민과 학생이 참여하는 1000 BOOK 독서콘서트, 보령정심학교와의 공동교육과정 운영, 끼를 살리는 맞춤형 진로지도, 지역사회 공감캠프 등 다양한 프로그램을 담은 보고서를 제출하였다.

사람 욕심은 끝이 없는가 보다. 내심 최우수학교가 되어 전국 우수학교 선정에 추천되기를 기대하였다. 결과는 충남 100대 교육과정 우수학교 선정이었다. 전국 우수학교 선정에 추천을 받지는 못하였지만 처음 제출한 우리 학교가 당당히 우수학교에 선정된 것이다. 그것도 소규모학교인 천북중학교가 말이다. 보령지역 중·고교 중 유일하게 선정이 된 것이다.

선생님들과 만세를 부르고 함께 손을 잡고 수고했다는 말과 함께 더욱 노력하여 내년을 기약하자고 하였다. 그날 저녁 천북면에 하나밖에 없는 치킨집 맥주와 치킨이 동이 났다는 안타까운 얘기가 전해진다.

천북중학교 상복 터졌다

100대 교육과정 표창에 이어 낭보가 날아왔다. 학부모회에서 응모한 교육부 주최 2013 학부모 학교 참여 우수사례 공모대회에서 장려상을 수상하는 쾌거를 이루었다. 전국 약 1만 1,000여 개 초·중·고

학교에서 200개 학부모회와 학교가 시도교육청의 추천을 받아 100개 교를 최종 선정한 이번 대회에 천북중학교는 '우리 아이 행복 수호천사 1000 BOOK 학부모 사랑의 기부'라는 주제로 응모해 당당히 선정된 것이다.

앞에서도 언급했듯이 천북중학교 학부모회는 학부모 대부분이 목축업으로 하루도 빠짐없이 소젖을 짜고 사료를 주는 일을 챙겨야 해서 자녀와 주말 체험의 기회가 없었지만 올해 학교의 다양한 프로그램에 적극적인 참여로 자녀와 소통하였다.

학부모들은 많은 시간이 드는 장거리 여행은 힘들지만 짬을 내어 야간을 활용한 축구·배드민턴 등 스포츠 재능기부, 정기고사 후 수고한 자녀들을 위한 요리기부, 학교 앞 공터를 활용한 텃밭 가꾸기 도우미, 천북면민 1000 BOOK 독서운동 등 감동적인 재능기부를 하였다.

이런 특색 있는 학부모 학교참여를 교육부가 인정한 것이다. 학부모 회장은 눈물을 글썽이며 앞으로 더욱 우리 자녀들을 위해 노력하겠다고 말하였다. 학부모들의 사기도 부쩍 올랐다. 상금 50만 원도 학생들 체험학습에 보태겠다고 하였다. 자녀를 사랑하는 부모의 마음이 이렇다. 돌이켜보면 학부모들의 아낌없는 학교 참여로 100대 교육과정 우수학교도 선정된 것이다.

이어서 또 낭보가 날아왔다. 1000 BOOK 독서운동이 인정을 받아 독서교육 으뜸학교에 선정이 되어 교육감 표창을 받는 쾌거를 이루었고 1학년 학생 2명이 시골 학교로는 드물게 영재교육산출물대회에서 금상을 수상하여 학교의 이상을 높였다.

한마디로 이 조그만 학교에 상복이 터진 것이다. 여기서 멈추지 않으리. 이 여세를 몰아 교육공동체 모두가 만족하는 학교를 만들 것이라 다짐을 한다. 벌써 2014년이 기대된다.

Merry Christmas! 1000 BOOK 행복 콘서트

2012년 연말 축제 명칭은 1000 BOOK 독서 콘서트였다. 명칭 그대로 독서와 관련한 프로그램이 많았다. 학생들의 시 외우기, 시화, 시와 관련한 노래부르기와 가족 시 외우기 등이 주를 이루었다. 처음 치른 축제지만 독서에 대한 중요성을 일깨우는 의미 있는 축제로 학부모, 지역민들의 호평을 받았다. 반면에 학생들은 시를 외우느라 고생을 하였다.

2013년 축제는 교육 가족 모두가 즐기는 축제를 치르고 싶었다. 기초미달 제로도 달성하지 않았던가? 선생님들은 학생들의 장기를 발표하는 자리가 풍성하면 좋겠다고 하였다. 학생들도 대찬성이었고 나도 대찬성. 사실 2012년에는 선생님들이 주도한 면이 많았다. 그러나 2013년은 학생들이 주도하고 사회도 학생이 보도록 하는 등 교사는 지원하는 역할만 하였다.

2013년 12월 23일 오후, 학부모를 초청하여 자녀들과 배드민턴, 탁구, 농구 등 스포츠 게임을 함께하고 2012년과 같이 전교생이 직접 자작시 또는 명시를 그림으로 옮긴 시화, 독서감상화, 개인 시집 등을 전시하여 큰 호응을 얻었다.

하지만 이것은 몸풀기였다. 이날의 하이라이트는 저녁 6시부터 8시

이제는 1000 BOOK 행복 콘서트

까지 개최된 '1000 BOOK 향기 가득 1000 BOOK 행복 콘서트'였다. 이름 그대로 향기 가득한 행복 콘서트였다. 시, 노래, 율동, 연극이 어우러진 가족과 함께 하는 '다정다감 시 외우기'는 물론, 지난해와 다르게 학생들의 꿈과 끼를 표현한 댄스, 엽기 코너, 노래자랑 등 '너의 끼를 보여줘' 코너에서는 학생, 학부모, 지역민 모두가 터뜨린 폭소로 강당이 들썩였고 참가자 모두의 가슴이 따뜻해지는 행복한 시간이 되었다.

그리고 마지막 비장의 무기. 충남 동아리 경연대회에서 대상을 차지한 인근 풀무농업고 밴드동아리의 초청공연에는 모두 한마음이 되어 함께 노래를 열창하고 공감하며 밤이 익어갔다. '뻔뻔(fun fun)한 클래식'을 경험한 학부모들과 주민들은 음악을 좋아하고 예술을 사랑하는 교장 선생님이 오셔서 즐거운 행사가 많아 좋다고 한다. 사실 나는 음치에 몸치인데. 그래도 음악을 좋아하고 예술을 사랑하는 것은 맞는 말인 것 같다. 2013년이 참으로 행복하게 저물어 갔다.

전국 100대 교육과정 우수학교가 되다!

동화 속 행복학교 발전기 2014.3.1.~2015.2.28.

즐거운 학교 분위기에 학생들은 공부하고 싶어 하고 학교폭력도 씻은 듯 사라졌다. 이제 학생들이 꿈과 끼를 발산하며 천북을 넘어 더 멀리 더 높게 날도록 경험의 폭을 넓혀주자. 미진한 통학버스 문제를 해결하고 학부모와 지역의 학교 프로그램 참여도 늘려 천북을 행복한 교육 특구의 모델이 되게 하자.

형식의 탈피 – 봉화산 정상 입학식

2014년 3월 행복공감학교 2년 차다. 학생들은 꿈을 꾸기 시작했고 학부모들의 학교 참여가 늘어났으며 지역사회는 전폭적인 신뢰를 보내고 있음을 느꼈다. 그래도 나는 끊임없이 고민한다. 물론 행복한 학교를 위해 열정을 쏟겠다는 초심은 변함이 없다.

3월 입학식에 대한 회의가 열렸다. 교무부장 선생님이 입학식을 위한 사무분장을 얘기하면서 검토를 부탁하였다. 순간 '이런 형식적인 입학식을 왜 하지?'라는 의문이 들었다. 솔직한 내 생각을 꺼냈다. "이번에 입학하는 16명은 이미 초등학교에서 우리 재학생들과 학교를 같이 다니고 형제자매도 있고 같은 마을에 살기도 해서 너무나 잘 알고 있는 사이인데 대면식이니 신입생 선서 등을 하는 것은 형식적인 것 같습니다. 방법을 달리해 봅시다."라는 제안을 하고, 이어서 우리 지역의 명산인 봉화산을 등반하여 정상에서 내가 사는 지역사회도 내려다 보고 입학 축하 프로그램과 나의 미래를 발표하는 시간을 갖자는 의견을 내었다.

일부 선생님이 안전 문제에 대해 염려했지만, 천북파출소에 부탁하여 학교에서 등산 초입까지 교통정리를 부탁하겠다고 하였더니 모두 찬성이었다.

2014년 3월 3일 전교생 54명의 천북중학교가 형식적인 입학식을 과감히 탈피하여 지역의 명산인 봉화산을 등반하는 입학기념 행사를 개최하였다. 학교사랑 지역사랑 미션을 수행하고 정상에서 선후배가 공감하는 행복한 학교생활을 토의하면서 큰 호응을 얻었다. 입학생 16명에게 뜻있는 추억을 만들어 주고 즐겁고 행복한 학교생활을 위해 전교생, 학부모, 교사가 함께하는 입학기념 행사를 개최한 것이다. 전교생을 행복공감학교의 앞 글자를 따서 행조, 복조, 공조, 감조로 편성하였는데 등산로 중간에 위치한 미션 장소에서 5단계의 애국심, 애향심, 애교심을 고취하는 다양한 퀴즈와 활동을 차례대로 수행하여야만 봉화산 정상에 다다를 수 있었다.

예를 들어 '전교생의 수(54)+소치올림픽 총 메달의 수(8)+우리나라가 독립한 해(1945)+천북면 이장님 수는 얼마인가?' 등의 미션을 수행하도록 하였다. 각 단계에서 미션을 수행하지 못하면 전 단계로 다시 가서 미션을 수행하고 오는 과정을 거쳤다. 학생들은 조별로 지혜를 모아 미션을 완수하고자 선후배 할 것 없이 최선을 다하였다.

또한, 정상에서는 보물찾기를 통해 학생들을 위한 학용품, 책 등을 선물하여 학생들의 흥미를 더하고 행복한 학교생활을 위한 좋은 방안

봉화산 정상에서의 입학 기념

을 토의 발표하여 미션 수행 점수와 합산하여 우수한 조에는 푸짐한 상품을 수여하였다. 입학생은 물론 재학생에게도 즐거운 추억으로 남을 게 분명했다.

　아울러 재학생들은 학교에서 준비한 선물을 입학생에게 나누어주고 전교생 54명이 2014학년도 학교생활과 장래 희망과 포부 등을 발표하는 시간을 가졌다. 마지막으로 2014학년도를 학교폭력 없는 행복한 학교, 전국 최고의 명문 중학교 발전 원년으로 비전을 선포하고 하산 길에는 2013년과 같이 학생들이 만든 시화를 전시하여 봉화산을 갤러리로 조성하여 천북면민과 등산객들을 위한 문화의 공간으로 제공하였다.

　봉화산 등산으로 심신을 단련하고 지역을 알고 선후배 공감을 통한 행복한 학교 실현을 위해 행사를 기획하였는데 모두 좋아하고 만족하여 기뻤다. 이 봉화산 정상에서의 입학식은 내가 공모가 끝날 때까지 3년간 계속되었다.

천북파출소에서는 경찰차로 앞장을 서서 호위하고 10여 미터 간격으로 경찰관이 함께하며 차량을 통제해 주는 등 안전을 위하여 애써주었다. 참으로 고마운 일이다. 매달 열리는 천북면발전협의회에 참석해서 입학식의 개요를 설명하고 파출소장님께 감사 인사를 했더니 참석한 회원님들의 박수가 쏟아졌다. 지금 돌이켜 보니 학교와 파출소가 진정한 마을교육공동체였다는 생각이 든다.

계속되는 기적 - 2년 연속 발명 진흥 최우수학교 선정

기적은 계속된다. 지난해 충청남도 학생과학발명품경진대회에서 많은 학생이 발명품을 출품하여 발명 진흥 최우수학교로 선정된 천북중학교가 2014년에는 당당히 입상자 수도 증가하며 2년 연속 발명 진흥 최우수학교로 선정이 된 것이다.

2013년에 동상 1명으로 최우수학교가 되어 허전하였는데 2014년에는 당당히 은상 2명, 동상 2명이 입상을 한 것이다. 그리고 마찬가지로 교원 수 대비 계획서 최다 출품 학교로 선정이 되어 도내 중학교로는 유일하게 교육감이 수여하는 학교 표창을 받은 것이다. 특히 이번 입상은 모든 교원이 발명지도에 나서 4명의 학생이 도 대회에서 입상하였다는 점에서 쾌거라고 할 수 있다.

2014년에는 기술 선생님이 자원하여 총괄 지도를 하였다. 이 선생님은 휴대용 학생 명찰 발명으로 특허까지 있는 발명에 관심이 많은 분이었다. 또한, 선생님들에게 발명은 창의력을 키우는 데 딱 맞다고 하며 모든 선생님에게 발명 노하우를 알려주는 발명전도사였다. 노하우를 전수받은 선생님들이 이 선생님과 힘을 합쳐 학생들을 고루 지도하였다. 그동안 지도교사 혼자 일일이 챙겨야 하는 어려움이 사라진 것이다.

그래서 학생들은 효율적으로 지도를 받을 수 있었다. 주목할 것은 입상 학생 모두가 2학년 학생들로 2학년 학생 16명의 25%가 도 대회에서 입상하는 기적을 만들어 낸 것이다. 교무부장 선생님인 이ㅇ용 체육 선생님의 지도로 음ㅇ수 학생이 '물주는 시간 확인 화분'을 출품해 은상, 신규 2년 차인 백ㅇ하 역사 선생님의 지도로 이ㅇ제 학생이 '합체 분리 책상 의자'를 출품하여 역시 은상을 수상하고, 총괄 지도를 한 김ㅇ만 기술 선생님이 지도한 복ㅇ제 학생, 엄ㅇ순 국어 선생님이 지도한 배ㅇ찬 학생이 동상을 수상하였다.

학생들은 이 소식을 듣고 만세를 부르며 함께 기뻐하였다. 이번 쾌거로 우리 시골 촌놈도 하면 된다는 확실한 믿음을 심어주었다. 지도를 총괄한 김ㅇ만 기술 선생님은 "전교생이 발명왕이라는 자부심으로 발명교실을 운영하였다. 아이들이 즐겁게 참여하고 있고 선생님들이 적극적으로 도움을 주셔서 큰 성과를 거두었다. 내년에는 금상을 수상하여 전국대회 입상을 하겠다."라는 포부를 나타내기도 하였다.

천북중학교 덕분으로 보령교육지원청도 역시 2년 연속 발명 진흥 우수교육지원청으로 선정되는 경겸사를 맞았다. 며칠 후 지난해처럼 보령교육장님이 보낸 전교생과 선생님들을 위한 감사를 겸한 축하의 떡이 편지와 함께 학교에 배달되었다.

"선생님들의 열정 어린 지도로 전교생이 이룬
쾌거에 축하와 감사를 드립니다. 천북중 최고!"

음악이 흐르는 교정 – 음악 선생님을 모시자

2012년 천북중학교에 부임하여 나는 무척이나 놀란 일이 있다. 시골 소규모 중학교이다 보니 음악 선생님이 없다는 것이다. 그러다 보니 일주일에 한 번 보령시에 있는 다른 학교 선생님이 순회를 와서 몇 시간 지도하고 가면 그만이었다. 그렇다고 방과후학교 프로그램에 음악 관련 프로그램이 있는 것도 아니었다. 그렇지 않아도 조용한 이 시골에 적막만이 흐를 뿐이었다. 너무도 삭막하다는 생각이 들었다. 소규모 학교라서 차별당하는 느낌이었다.

그래서 2013년에는 1인 3악기 프로그램을 개발하여 방과 후에 학생들이 선택하여 연주하도록 하였다. 학생들이 신났다. 이제 학교 곳곳에서 오카리나, 기타, 리코더 소리가 들리기 시작하였다. 여기서 만족할 수는 없었다. 공모 교장을 응모하면서 나는 전교생이 함께하는 합창단을 꿈꾸었다.

이런 모든 것을 충족하기 위해서는 학생들을 체계적으로 지도할 선생님이 꼭 필요했다. 정원외 기간제교사를 확보해야 한다. 나는 이러한 필요성을 담은 계획서를 작성하여 보령교육지원청, 도 교육청 교원

인사과를 찾아가 당위성을 역설하였다. 작은 학교에도 희망을 달라고 호소하였다. 전교생 합창단뿐만 아니라 적막한 천북 지역을 음악이 흐르는 지역으로 만들겠다고 하였다. 나의 간절한 호소가 통하였다.

2014년, 정원외 기간제로 음악 교사 배치가 결정되었다. 선생님들도 만세를 불렀다. 아무래도 교사가 한 명 더 배치되면 업무와 학생지도가 나뉘게 되어 부담이 감소하는 면에서 그런 것 같았다. 선생님들은 교장 선생님의 추진력이 대단하다고 입을 모았다.

2013년 겨울방학 기간에 기간제 음악 선생님 공고를 내고 채용과정을 거쳐 인근 중학교에서 근무하던 신영광 선생님이 채용되었다. 많은 선생님이 열심히 하시는 분이라며 잘되었다는 평이었다. 우리 천북중학교에도 음악 선생님이 배치된 것이다.

선생님은 너무나 열정이 넘쳤다. 나를 보는 것 같았다. 1인 3악기는 물론 합창단도 창단하였다. 음악 시간, 점심시간, 방과 후 시간 등에 고운 선율이 퍼지기 시작했다. 더 나아가 선생님은 그룹사운드도 추진하였다. 학교에서는 행복공감학교 예산을 활용하여 악기 구입 예산을 지원하였다. 선생님은 교실과 복도에 단원 모집 공고를 내 20여 명이 지원하여 구색이 갖추어졌다. 이들 중에는 공부에 관심이 없는 학생, 수업 시간에 산만한 학생도 있었고 공부도 잘하는 학생들도 있었다. 선생님은 이 학생들에게 온 열정을 쏟으셨다. 밤에도 음악실에서 뿜어 나오는 소리로 천북 지역이 들썩거렸다.

마침 대전일보에서 보령교육청을 통하여 나에게 교단일기를 써 달라는 제안이 왔다. 나는 나보다 더 훌륭한 분이 있다며 신영광 선생님을 추천하였다. 2014년 7월 30일 자에 선생님의 교단일기가 실렸다. 너무나 흐뭇하고 감동적으로 다가왔다.

한 명도 포기하지 않는 교장 선생님

하루 평균 등하교 시간만 3시간, 세 번의 환승, 교통비 1만 5000원, 평균 수면시간 5시간을 이겨내며 천북중학교에 등교하는 학생이 있었다. 복O제 학생. 2013년 충남 계룡시 소재 중학교에서 천북중학교로 전학을 왔다. 하지만 집안 문제로 몇 달이 채 되지 않아 청양읍 소재지에서도 멀리 떨어진 칠갑산이 있는 청양군 대치면에서 통학을 해야 했다. 학생 어머니는 암 투병 중이었다.

그래서인지 복O제 학생은 어린 나이에 철이 들고 성숙한 면이 있었다. 이 학생이 천북중학교에 등교하기 위해서는 대치면에서 청양읍 버스터미널까지 부모님 승용차로, 청양읍 버스터미널에서 광천까지는 직행 버스로, 광천에서는 시내버스로 갈아타야 한다. 왕복 3시간이다. 나는 이 학생이 이사한 사실을 알고 전학을 권유했다. 하지만 학교, 친구, 선생님, 교장 선생님까지 모두 다 맘에 들어 천북중학교를 떠날 수 없다고 한다.

그냥 둘 수는 없었다. 한 명도 포기하지 않는다는 것이 나의 교육 철학이다. 나는 정말 이 학생이 걱정되고 안타까웠다. 나는 결정을 내렸다. 광천에서는 나의 승용차로 태워주기로 하였다. 나는 평소보다 20여 분 일찍 나와 광천읍 버스터미널에서 기다려 이 학생을 태우고 등교하였다. 차 안에서 몇 마디 주고받다 보면 어느새 잠이 드는 모습을 보고 너무나 가슴이 아팠다. 그래서 가끔 퇴근길에도 이 학생의 집인 청양군 대치면까지 태워주기도 하고 지역에 호소하여 장학금을 받도록 주선하는 등 배려하였다. 이 학생은 특히 많은 책을 읽고 친구와의 토론에 강한 편이었으며 교복도 항상 단정히 입고 다녔고 친구들과도 잘 어울리는 모범생이었다.

졸업식 날 이 학생의 어머니는 나를 찾아와 "교장 선생님 덕분으로 우리 아들이 학교를 졸업했어요."라며 감사를 표시했고 "아들이 공부도 열심히 하고 학교도 잘 다녀 제 병도 다 나았어요."라며 기쁨의 눈물을 흘렸다. 참으로 고마운 일이다. 이 학생은 공주에 있는 마이스터고에 진학했고 지금도 학생의 어머니와는 자주 통화를 하며 안부를 묻고 있다. 나는 한 명의 학생도 포기하지 않는 교장이다.

담임선생님 삭발 사건

천북중학교 선생님들은 아이들을 사랑하고 이해해 주는 선생님들이었다. 사랑과 이해에 열정을 더한 선생님들이었다. 나는 그러한 동료들과 함께 학교를 가꾸었던 구성원의 일원이었다는 것을 자랑스럽게 생각한다. 이번에도 한 예를 들어보겠다.

2014년 5월로 기억된다. 학생들은 천북중학교에 입학하고 재학 중인 것을 자랑스럽게 생각하는 분위기로 바뀌고 있었다. 특히 2013년 학업성취도 평가에서 기초학력 미달 제로를 달성한 학생들은 공부 잘하는 학교 학생이라는 자부심으로 2014년에도 열심히 공부하여 기초학력 미달이 없도록 서로 노력하지며 격려하고 있었다.

그런데 이것이 화근이 되었다. 비장한 각오를 다졌는지 2학년 학생들이 자체적으로 수업 시간에 졸거나 다른 것을 하면 머리를 깎아주는 규정을 만든 것이다. 이것은 담임선생님도 모르게 결정되었다. 어느 날 수업 시간에 바로 앞에서 소개한 복ㅇ제 학생이 졸자 쉬는 시간에 자는 이 학생의 머리를 가위로 일부 자른 것이다. 이 녀석들은 왕복 3시간의 어려움을 이겨내며 통학하는 친구를 자신들이 정한 규정을 어겼다며 행동에 옮긴 것이다. 아이들 웃는 소리에 잠을 깬 복ㅇ제 학생은 뒤늦게 이 사실을 알고 창피해서인지 학교를 나와 집으로 가는 일이 발생하였다. 담임선생님이 이 사실을 알고 복ㅇ제 학생의 부모님께 자초지종 전화를 드렸지만, 부모님의 노여움은 가시지 않았다. 말도 안 되는 규정이다. 주동한 학생들을 징계하라는 것이다. 단 학교폭력으로는 해결하지 말고 사과는 물론 선도를 위한 봉사 활동 징계를 내려달라고 하였다. 나도 참 난감하였다. 복ㅇ제 학생을 제외한 2학년 학생 대부분은 우리가 정한 약속이고 복ㅇ제 학생도 찬성했기 때문에 사과할 수 없다고 하였다. 나는 당장 선도위원회를 열고자 하였으나 학생부장 선생님을 비롯한 많은 선생님이 다른 학교로 순회를 가서 다음 날 아침에 선도위원회를 열 것을 지시하였다. 이 기회에 이런 얼토당토않은 규정을 만들어서 행복한 학교 분위기를 저해한 녀석들을 단단히 혼내주고자 생각하였다. 한편으로는 평소 학력 신장을 강조한 내가 무척이나 부끄러웠다.

그런데 다음 날 아침. 담임 선생님이 삭발하고 나타난 것이다. 참고로 이 선생님은 앞에서 얘기한 발명 지도를 헌신적으로 해 주신 선생님이다. 선생님은 "교장 선생님, 학급 운영을 잘못해서 죄송합니다. 이 모든 것은 저의 책임입니다. 선도위원회 소집을 미뤄주시고 저에게 맡겨 주십시오."라고 하지 않는가? 나는 고민하였다. 이 상황에서는 어떻게 해야 하나. 원칙은 선도위원회를 여는 것이다. 그러나 그것이 능사는 아니다. 선생님을 믿기로 하였다. 삭발하고 나타난 선생님을 보고 반 학생들은 무척 놀라는 눈치였다. 선생님은 "이 모든 것이 나의 잘못이다. 물론 나도 모르게 잘못된 규정을 정한 여러분도 잘못이 크다. 지금 모두 운동장으로 나간다." 한 달 동안 선생님과 학생들은 매일 아침 운동장을 돌면서 단합을 하자는 구호를 외쳤다. 학생들은 즐겁게 따라가는 것 같았다. 이미 서로 이해하고 끈끈한 정으로 맺어 있었다. 머리를 자른 학생들도 잘못을 뉘우쳤고, 복O제 학생 역시 미안해 어쩔 줄 몰랐으며, 복O제 학생 부모님도 너그러이 이해하셨다. 좋은 결말이었다. 아이들에게 학력을 강조한 나도 잘못이 있다며 평소 배운 대로 실력을 발휘하면 된다고 아이들을 다독였다. 삭발한 선생님은 삭발이 좋았던지 그 이후 항상 머리를 짧게 하고 다닌다. 지금도 가끔, 나의 교직 생활에서 잘못하는 부분이 없었는지를 돌아보는 계기가 되었던 그 선생님을 만나는데 소주 한잔하면서 여전히 많이 배운다.

夜! 꿈·끼로 행복의 별을 찾는 1000 BOOK 밤샘 캠프

국어 교사인 교무부장 선생님이 거대한 계획을 세웠다. 1000 BOOK 독서운동을 활성화하기 위한 목적으로 독서캠프를 여는 계획이다. 그것도 밤샘 독서캠프이다. 학생, 학부모, 지역민, 교사 등 교육공동체가 모두 참여하는 프로그램을 통하여 화합하는 지역, 책 읽는 천북 지역 문화를 조성하자는 것이다.

나는 이 프로그램을 통해 책의 소중함을 알고 지역민과 유대강화는 물론 나아가 지역민의 삶의 질을 높이는 데도 도움이 된다는 생각으로 환영하였다. 물론 이 캠프는 2014년 교육과정 운영 계획 중 독서교육의 일환이기도 하지만 첫 시도라 긴장이 되기도 하였다. 캠프 장소는 학교를 벗어나 매년 굴축제가 열리는 장소로 외부인도 많이 이용하는 장은리 돌꽃펜션을 이용하기로 하였다.

펜션 사장님은 지역 인사로 고맙다며 싼값으로 2개의 동을 1박 2일 임대해 주셨지만 사실 걱정이 되었다. 농사철에 학부모와 지역민이 과연 참여할까? 걱정이 앞섰지만 처음 시작이니 우리 학생들과 교사들로만 캠프를 열어도 즐겁고 유익하겠다는 생각에 계획대로 추진하기로 하였다. 아울러 책만 읽어서는 재미가 없기에 저녁 식사 후에는 그룹사운드 창단 공연, 합창단 창단 공연, 1학년 학생들의 리코더 공연, 장기자랑, 자유발언, 교사 찬조 공연 등을 하기로 하였다.

그룹사운드나 합창단은 이제 시작 단계인데 발표를 다음 기회로 미루자는 일부 선생님들의 의견도 있었지만, 대부분 선생님과 학생들이 경험을 쌓는 데 좋은 기회라며 찬성하여 다음과 같이 세부 운영 계획을 수립하여 5월 23일 금요일과 24일 토요일 아침까지 '꿈·끼로 행복의 별을 찾는 1000 BOOK 밤샘 캠프'가 열렸다.

시간	프로그램	내용
16:30~17:00	도착 및 숙소 배정	- 모둠별 숙소 배정 및 짐 정리
17:00~18:00	1부. 독서 첫발 내딛기	- 책!책!책! 책을 읽자 (구호 외치며 독서 삼매 시작)
18:00~19:00	저녁식사 및 휴식	모둠 구성
19:00~20:30	작은 발표회	- HAPPYBAND부 창단 공연 - 고운소리반 합창공연 - 리무보 댄스동아리 공연 - 리코더 공연(1학년) - 자유발언대 - 장기자랑 - 교사 찬조공연 등
20:30~21:00	휴식 및 짬 퀴즈	
21:00~23:30	2부. 독서 즐기기	- 책!책!책! 꿈을 꾸자. (구호 외치며 미래 상상)
23:30~24:00	밤참 및 휴식	
24:00~01:30	3부. 독서 삼매	- 책!책!책! 보물도 얻자. (구호 외치며 책에 빠진다.)
01:30~02:30	행운퀴즈 및 휴식	
02:30~04:30	4부. 독서 홀릭	- 책!책!책! 책이 길이다. (구호 외치며 책의 소중함 인식)
04:30~05:00	휴식 및 스트레칭	- 서로 안마해주고 마사지, 스트레칭하며 휴식
05:00~06:30	독서 후 토론활동 및 독서삼매 캠프 소감 발표하기	- 모둠별 주제 찾아 토론하기 및 모둠별 1명씩 소감 발표하기
06:30~07:30	아침 산책 및 휴식	- 해안산책로 산책 및 봉사 활동
07:30~09:00	아침식사, 정리, 귀가	

학부모와 지역민이 적게 오리라는 예상은 빗나갔다. 학부모와 지역민들이 대거 참여하는 축제가 되었다. 초청하지도 않은 지역 인사들도 격려차 와서 내빈 소개를 하여야 했다. 어림잡아 60명 이상은 되었을

1000 BOOK 밤샘 캠프

것으로 생각된다. 처음 개최되는 행사라 궁금하기도 하고 우리 아이가 발표한다는 기대를 안은 학부모들이 많이 참여하였다. 전교생들에게 줄 치킨, 과자 등을 사 오는 부모들도 있었다.

또한 학부모들은 2부 독서 즐기기까지 학생들과 함께 책을 읽으며 즐거워하였다. 특히 저녁 식사 후 열린 작은 발표회에 대한 반응은 폭발적이었다. 불과 창단한 지 두 달도 되지 않은 학생들의 합창과 그룹사운드 공연을 보고 앙코르를 외치고 박수를 치며 기뻐하였다. 우리 아이들이 이렇게 잘하다니 믿기지 않는 표정이었다. 공연한 학생들도 관중석의 학부모와 지역민도 대만족이었다. 우리 천북중학교 학생들의 하모니에 지역이 하나가 되었다.

특히 그룹사운드 공연을 보고 학부모와 지역민들이 우리도 배울 수 있게 해 달라는 요청을 하였다. 이렇게 해서 6월부터 학생, 학부모, 지역민이 참여하는 그룹사운드가 탄생하게 되었다. 이 그룹사운드는 곧 감동의 전국 무대에 오르게 된다. 뒤에서 자세히 얘기하겠다. 충남교육청에서도 이 사실을 알고 취재를 와서 충남교육뉴스에 크게 소개되기도 하였다. 다시 밤샘 독서캠프장으로 돌아가자 학생들과 선생님들은 다음 날인 토요일 아침까지 독서삼매경에 빠지기도 하고 즐거운 대화를 나누기도 하는 등 추억을 쌓았다. 학교에서는 독서삼매캠프상, 짬 퀴즈상, 행운상, 완독상, 우수모둠상 등으로 학생들에게 도서상품권과 장학금으로 적립하도록 하는 시상을 하여 대부분 학생이 상의 주인이 되었다.

부산대 학생들의 뜻밖의 제안과 동강 래프팅, 이효석문학관

2012년 겨울에 시작된 부산대학교의 지식봉사 캠프가 벌써 4회째를 맞았다. 지난 겨울방학 부산대학교에서 진행된 캠프에 이어 2014년 여름은 부산대학교 학생들이 천북중학교를 찾아 7박 8일간 캠프를 진행한다. 부산대학교 학생처 직원 한 명과 대표 학생 2명이 사전답사를 위하여 천북중학교를 찾았다.

그런데 대학생들이 뜻밖의 제안을 하였다. 학교에서 떨어진 펜션이 좋기는 하지만 거리가 멀고 버스를 타려면 펜션에서 한참을 걸어야 해서 아침 일찍 나와야 하고, 버스 또한 많지 않아 불편하니 학교 강당에서 텐트를 치고 숙식을 하겠다는 것이다. 숙박비를 아껴 중학생들에게 더 맛있는 간식을 제공하고 질 좋은 재료를 구매하여 캠프를 알차게 꾸미겠다고 한다.

대학생들의 순수한 뜻은 알겠지만, 교장 혼자서 독단적으로 결정할 수 없는 일이다. 특히 당시 2월에 부산외국어대학교 학생들이 경주 마우나리조트에서 신입생 환영회 행사를 하던 중 체육관 붕괴로 10명이 사망하는 사고도 있었기에 더욱더 그러했다. 행정실장, 선생님들, 대학생 대표가 참석하여 논의하였다.

허용하자, 허용할 수 없다는 의견이 팽팽하였다. 난감하였다. 결정은 내가 하여야 한다. 대학생들을 믿기로 하였다. 학교 급식실 사용은 허용하지 않고 가사실에서 취사만을 허용하고 매일 근무조 선생님이 안전을 확인하도록 하고 이를 위반할 시 사용을 금지하도록 하였다. 행정실장과 선생님들도 찬성하였다.

체육관 숙식으로 대학생들은 더 많은 시간을 중학생들과 함께할 수 있었고 우리 선생님들과 행정실 직원이 더욱 관심을 갖는 계기도 되었다. 나 역시 아침 일찍 출근하여 강당을 점검하고 저녁 늦게까지 열리는 캠프가 끝나고 대학생들이 식사하는 것을 보고서야 퇴근하였다.

나중에 들은 얘기지만 지식봉사가 펼쳐지는 다른 중학교에서는 이러한 숙식을 거절하였다며 많은 대학생이 천북중학교를 희망한다는 얘기를 들었다. 대학생들은 여느 때와 다름없이 헌신적으로 학생들을 지도하고 학생들은 친형, 친누나, 친오빠, 친언니처럼 따랐다.

2014년 여름 캠프는 특별했다. 부산대학교와 천북중학교는 협의를 통하여 캠프 기간을 7월 22일부터 7월 29일까지로 정하고 28일, 29일 양일간은 대학생들과 중학생들이 강원도 영월 동강에서 짜릿

영월 동강 래프팅

한 래프팅으로 여름을 만끽하고 1000 BOOK 독서콘서트의 일환으로 평창 이효석문학관을 찾아 작가의 생애를 조명하는 산교육을 펼치도록 하였다.

대학생들과 중학생들은 2014년 여름을 평생 잊지 못할 추억의 동행 행사로 기억할 것이다. 이러한 열린 과정들이 부산대학교 학생들이 천북중학교를 많이 희망하는 요인이 되었다고 생각된다. 나와 부산대 학생처 직원들과의 정도 더욱더 깊어졌다.

명량대첩에 버금가는 쾌거 – 충남음악경연대회 은상

음악이 흐르는 아름다운 교정. 천북중학교는 신영광 선생님의 각고의 노력으로 학생들은 리코더, 오카리나, 기타 등 1인 3악기는 물론이고 희망하는 학생들은 그룹사운드에 가입하여 점심시간, 저녁시간이면 음악실에서 연습하는 학생들의 고운 선율이 천북면을 타고 흘러갔다.

여기에 만족하지 않고 신영광 선생님은 인근에 있는 광천중학교와 광천여자중학교가 통합되어 악기가 남는다는 소식을 듣고 부탁을 하여 리코더를 빌려왔다. 희망하는 30여 명의 아이들과 고운 소리를 만들기 위해 라면을 끓여 먹기도 하며 밤늦도록 심지어는 주말도 반납하고 헌신했다.

선생님은 아이들을 이끌고 충남 학생음악경연대회에 참가하였다. 학교에서는 전교생의 절반 이상이 참가하는 이 대회를 위해 재량활동 시간으로 긴급 교육과정을 편성해서 전교생과 전교직원이 응원에 참여하고 오는 길에 독립기념관과 현충사를 들러 역사체험도 하기로 하였다.

천안 학생문화원, 처음 접하는 큰 무대이지만 우리 학생들은 자신감으로 똘똘 뭉쳐 기적을 만들고 있었다. 학생들도 선생님들도 감격해 눈물을 흘렸다. 입상에 상관없이 이보다 더한 행복이 있으랴. 연주를 마친 학생들과 응원한 학생들 모두 자신감이 넘치는 것을 알 수 있었다.

혹자는 아이들이 많은 프로그램에 참여하느라 힘들지 않냐고도 얘기한다. 하지만 자발적으로 그동안 하지 못했던 새로운 영역에 도전하는 아이들의 즐거움을 모르고 하는 말이라고 생각한다. 자신 있게 얘기한다. 우리 천북중학교 학생들은 학교를 믿고 감사하며 매사에 즐겁게 프로그램에 참여하였다고. 음악경연대회가 끝난 며칠 후, 우리 학교가 충남 음악경연대회에서 은상을 수상했다는 공문이 왔다. 소식을 전한 신영광 선생님의 상기된 목소리가 퇴근 도중에 감동의 눈물을 흘리게 하였다.

백방으로 노력하여 모셔온 신영광 선생님, 전교생 합창단, 그룹사운드 창단, 가슴 졸이며 응원해 준 전교생과 선생님들. 어렵고도 즐거웠던 일들이 주마등처럼 스쳐 갔다. 선생님의 탁월한 리더십, 순수한 아이들의 즐거운 참여가 진짜 기적을 만들었다고 생각했다. 30명만의 쾌거가 아닌 우리 천북중학교의 쾌거이다.

지난 발명대회 최우수에 이어 올해 두 번째 찾아온 기적이다. 아니 이번 사건(?)은 개교 이래 명량대첩에 버금가는 역사적인 쾌거이다. 그동안 작은 칭찬 하나 못 해준 내가 정말 미안하다는 생각이 들었다.

집에 돌아와서도 흥분이 되어 잠을 이루지 못했다. 12시가 다 되어 내일이 열리려는 순간이 왔지만 도저히 못 참고 키득키득 웃으며 혼자서 자축 맥주 한잔하였다. 고맙습니다. 신영광 선생님, 그리고 가족처럼 도와주시는 모든 교직원, 특히 이놈들아, 왜 은상이나 타서 나 술 먹게 하니? 우리 체육대회 날 삼겹살 파티 한번 할까? 기적은 또 다른 기적을 만든다.

경로당 찾아 고운 소리 연주

천북중학교에 부임한 뒤 매년 학생들에게 경로효친을 몸소 실천하도록 명절 전에 학생들을 이끌고 기여 내 경로당을 찾아 봉사하도록

경로당 찾아 고운 소리 연주

하였다.

2014년 9월 7일 사전에 어르신 중 대표인 분들에게 우리 학생들이 인사하러 가니 어르신들이 많으면 좋겠다고 하였다. 추석을 앞두고 학생들과 천북면 하만리 소재 경로당을 찾았다. 미리 부탁을 드려서인지 평소보다 두 배 이상 많은 어르신 30여 명이 우리를 기다리고 있었다.

그동안 경로당을 찾아 방 청소에만 머물렀던 아이들이 바뀌었다. 도대회 은상에 빛나는 아름다운 리코더 연주를 해드렸다. 어르신들은 박수를 치며 좋아한다. 학생들은 더욱더 신이나 어깨도 주물러 드린다.

또한, 천북중학교 특색 사업인 1000 BOOK 독서운동의 일환으로 어르신들이 읽기 편한 책들을 책꽂이에 넣어 선물하고 정성껏 준비한 떡과 양말도 선물하였다. 학부모회에서는 식사도 대접하였다. 식사하시면서 어르신들이 교장인 나에게 연신 고맙다고 인사를 한다. 우리 아이들 덕택에 내가 칭찬을 듣는다. 천북중학교 학생들은 보물이요 천사다.

천북중 새내기 교사 3명 또 일냈다
– EBS 교육방송연구대회 전국대회 진출에 입상까지

2013년에 EBS 시범학교에 지정된 천북중학교는 다양한 EBS 콘텐츠를 활용하여 학력 증진은 물론 학생들의 인성 함양에 크게 기여하였다. 2013년에 학업성취도평가에서 기초미달 제로를 달성하여 그동안 공부 못하는 학교라는 불명예를 씻는 데에도 EBS 시범학교 프로젝트의 힘이 크게 작용하였다.

평소 EBS 콘텐츠 활용을 통한 수업 공개, 토론학습, 프로젝트 수업 등을 꾸준히 실천한 것이 학생들의 학력 향상은 물론 선생님들의 수업 능력 향상에도 크게 기여하였다.

나는 선생님들이 EBS 콘텐츠를 활발하게 활용하는 모습을 보면서 '우리 학교가 시범학교이니 아이들에게 맞는 콘텐츠를 선생님들이 개발하여 적용하는 것도 필요하지 않을까?' 생각했다.

아울러 '학생들과 함께 개발하고 활용하면 효과가 극대화되지 않을까?' 생각했다. 특히 내가 전문직으로 연구정보원에서 연구사 재직 시 EBS 교육방송대회 업무를 본 적이 있어서 우리 선생님들이 응모하면 나도 적극적으로 도와줄 수 있겠다고 생각하였다. 선생님들께 조심스레 내 생각을 내비쳤다. 선생님들은 공감하면서도 걱정을 많이 하였다. 생소한 콘텐츠 개발에 대한 거부감이 있었다.

그러나 시범학교 선생님이라는 책임감으로 선생님 전원이 처음이니 부담 없이 서로 자료를 공유하면서 개발하기로 의견을 모았다. 나도 개발에 참여하기로 하였다. 선생님들은 EBS 학생 영상동아리를 조직해 학생들과 함께 작품 제작에 열을 올렸다. 주말을 이용하여 학생들과 영상을 찍으러 다니기도 하였고 학교에서는 찍은 영상을 공유하면서 작품을 만들어 갔다. 학생들은 영상의 주인공이 되었고 영화 주연이라도 된 것처럼 기뻐하였다.

나를 포함한 10명은 제22회 전국 교육방송연구대회 예선인 도 대회에 자신들이 개발한 클립형 영상자료를 출품하였다. 시범학교 교사로 작품을 출품했다는 데에 만족하였다. 그런데 뜻밖에도 세 명의 선생님이 입상하는 기염을 토하였다. 입상자 모두 교육경력 5년 이하 선생님들이었다. 역시 젊은 선생님들의 컴퓨터 활용능력이 뛰어나다는 것을 실감하였다. 젊음은 멋지다. 교육경력 5년 차 기술 선생님, 4년 차 수학 선생님, 2년 차 역사 선생님, 세 분이 도 대회 3등급으로 입상을 하고 전국대회에도 출품되는 쾌거도 이루었다.

전국대회 클립형 영상부문은 충남도에서 13명이 선정되어 출품하는 데 이중 천북중학교 교사가 3명이 포함되는 경사를 맞게 되었다. 기술 선생님은 '백야 김좌진 장군 생가를 찾아서', 수학 선생님은 '학생이 제작하는 수학교육방송', 역사 선생님은 '경복궁의 숨은 보물, 현판을 찾아서'라는 주제로 입상을 하였다. 세 분 모두 교직 생활에서 처음으로 입상을 경험하여 기뻐하였고 동료 선생님들도 축하를 아끼지 않

교육방송연구대회 입상 새내기 선생님들과 기념

있다.

입상한 선생님들은 연구정보원에서 맺어주는 전문가의 컨설팅을 받으며 작품을 업그레이드하여 전국대회에 출품하였다. 놀라지 마시라. 세 분 중 수학 선생님이 첫 출품인데도 전국대회 3등급을 수상하는 쾌거를 올렸다. 전국대회 3등급은 도 대회 1등급과 같은 연구가산점을 받아 도 대회 1등급을 한 것과 같은 결과이기 때문에 칭찬받아 마땅하다.

나는 선생님이 입상하리라 사전에 예감을 하였다. 추석 전날 학교를 둘러보러 갔다가 선생님이 집에도 가지 않고 교무실에서 컴퓨터와 씨름하는 것을 보고 틀림없이 전국대회에서 좋은 성적을 올릴 것이라 기대했던 것이다. 수업에도 활용하고 연구대회 입상으로 연구 점수도 얼고 일거양득이다. EBS에서도 시범학교 선생님들이 이렇게 직접 콘텐츠 활용뿐만 아니라 개발에 나서고 대회에 입상한 결과를 나중에 알고 시범학교를 제대로 운영하는 훌륭한 학교라며 중간보고회 때 관계자들이 고마워하였다. 학생들의 기적에 이어 선생님들까지 입상하는 소식을 듣고 학부모들은 천북중학교는 우수한 선생님들이 근무하고 있다고 자랑하며 기뻐하였다.

보령시 중학생 학교스포츠클럽 주말 리그 우승 쾌거

또 하나의 기적이 일어났다. 전교생 54명의 천북중학교가 보령시 중학생 학교스포츠클럽 주말 리그에서 당당히 우승을 차지한 것이다. 보령교육지원청은 인성교육을 실천하는 학교스포츠클럽대회의 운영 모델을 정착하고 학교 간 교환경기를 통하여 나눔과 배려의 정신을 함양하고자 보령교육장기 중학생 학교스포츠클럽 주말리그 대회를 개최하였고 2014년 제2회째를 맞았다.

천북중학교는 2013년 보령시 생활체육대회 축구 리그에서 선수로 맹활약하고 있는 체육 선생님이 부임하여 학생들의 축구 열기에 불을 붙였다. 축구라면 점심도 거르고 운동장에서 공을 차던 학생들이 체육 선생님의 체계적인 지도로 급성장하는 모습이 보였다.

더구나 앞에서 소개한 학부모와 지역민으로 구성된 천북면체육회 축구동아리 회원들과 야간에는 친선 축구 경기를 통해 경기력도 크게 향상되었다. 또한, 보령교육지원청에서 공모한 우수 스포츠클럽에도 천북중학교가 선정되어 그동안 대회에서 꼴찌를 주로 하던 수모에서 벗어날 절호의 기회를 맞았다. 중학생 학교스포츠클럽 주말 리그 축구는 학교 수준을 고려하여 대규모 학교인 대천중과 대명중으로 이루어진 사랑리그와 중규모·소규모 학교 6개교로 이루어진 희망리그로 구분하여 주말을 활용하여 리그로 진행이 되었다.

천북중학교는 당연히 희망리그에 속했고 학교 규모로 보면 다섯 번째 작은 학교에 해당하였다. 그러기에 그동안 꼴찌를 하는 것은 당연했을 것이다. 절치부심한 학생들은 체육 선생님의 헌신적인 지도로 첫 경기에서 ㅇㅇ중학교를 2대1로 격파하고 두 번째 경기에서는 △△중학교를 점수가 기억나지 않지만 대파하고 승승장구하여 5전 4승 1무로 리그 1위를 차지하는 쾌거를 이룬 것이다. 또 하나의 기적이 탄생한 것이다.

축구 우승으로 천북면은 축제의 장으로 변했다. 학부모회와 천북면 체육회에서는 전교생에게 삼겹살 파티를 열어주었다. 학생들은 우리 학교는 공부도 잘하고 축구도 잘한다며 사기가 가히 하늘을 찔렀다.

제16대 김지철 교육감 체제 출범 – 숙원이던 통학버스 해결

앞부분에서 나의 발전기금을 시작으로 동문들의 지원을 받아 통학버스를 운영하였다고 하였다. 하지만 이 발전기금을 통학버스에 대부분 투자하는 것은 학교 발전에도 어려움이 있고 근본적인 대책은 아니었다.

2014년 7월 김지철 교육감님이 당선되어 제16대 김지철 교육감 체제가 정시으로 출범하였다. 오직 학생을 위하는 교육 철학이 나와 비숫하신 교육감님께서 충남교육의 수장이 되어서 마치 내가 당선된 것처럼 기뻤다. 과거 전교조 충남지부장으로 금산지부를 방문하여 강의하셨을 때가 첫 만남으로 기억된다. 이후 당진중학교에서 연구부장으로 근무할 때 교육감님 따님과 함께 근무한 인연이 있고 2012년 천북중학교 교장으로 부임했을 때도 당시 도의원을 하시면서 축하 전화와 방문을 해 주실 정도로 친분이 있는 분이었다.

나는 교육감님이 6월 선거에서 당선되자마자 교육감님께 천북중학교 통학버스 사정을 메일로 보냈다. 역시 교육감님은 나를 실망하게 하지 않았다. 인수위원회에 지시하고 인수위원회에서는 보령교육지원청에 조속한 해결을 촉구하였다. 보령교육지원청에서는 즉각 실태 파악에 나섰다. 결론은 천북초등학교 버스를 공동 활용하면 된다는 것이었다.

하지만 이 방안은 내가 부임하기 오래전에 한 번 시행했었는데 중학생들이 초등학생들에게 욕을 하거나 자리 양보를 강요하는 등으로 학부모 반대로 폐지한 적이 있는 안이었다. 나는 보령교육지원청의 방안을 듣고 현재 천북중학교 학생들은 후배들인 천북초 학생들을 따뜻하게 대해주면 주었지 과거와 같은 막무가내식 학생들이 아니기에 좋은 방안으로 추진해 보고자 하였다.

보령교육지원청, 천북초 · 천북중 교직원, 학부모로 구성된 협의회가 열렸고 나는 천북초 · 천북중학교 학생 동승을 호소하였다. 천북초 교장 선생님도 이해해 주셨고 참석한 초등학교 학부모들도 나의 호소에 귀를 기울여 주셨다.

드디어 2014년 7월 1일부터 천북초 · 천북중 학생들이 통학버스를 공동 활용하게 되었다. 단 천북중학교에서 안전 지도 계획과 지도를 하고 사고 시 천북중학교장이 책임을 지는 조건이었다. 또한, 교육지원청에서는 공동 활용 학교에는 유류비 지원, 운영비 증액 등을 적극적으로 지원하기로 하였다.

지금 생각하면 나의 천북중 교장 재임 시절 업적 중 가장 큰 것으로 생각된다. 적극적으로 지원해 주신 김지철 교육감님, 인수위원회, 보령교육지원청, 천북초등학교 교장 선생님께 감사드린다.

천북면 음악회의 탄생

천북면 지역민은 중학교에서 2013년 뻔뻔한 클래식을 개최하고 보령시립합창단 공연, 플루트 초청 공연 등 다양한 지역민을 위한 음악 공연을 추진하고 학교에서도 전교생 합창단, 그룹사운드 창단 등을 하자 음악에 많은 관심을 갖게 되었으며 음악이 지역을 화합시킨다는 것을 깨닫게 되었다.

특히 천북면 '들꽃마당 시온교회'에서 농촌 목회를 하는 김영진 목사님은 천북중학교에서의 음악 공연을 천북면 음악회로 발전시키고자 노력을 하였다. 목사님은 수년째 승합차를 직접 몰고 마을의 초등학교 아이들을 등 · 하교시키고, 지역민들에게 농업 성공사례를 견학시키기 위해 수고하고, 교회에서 아이들을 모아 음악 교실도 열고, 어르신들에게 컴퓨터도 가르쳐 드리고 영화 교실도 여는 등 지역민을 위해 봉사하는 훌륭한 분이다.

목사님은 면장님을 비롯한 천북면체육회, 이장협의회, 청장년회 등 임원단과도 협의하고 최종적으로 나를 찾아와 취지를 설명하고 강당 활용을 부탁하였다. 나는 너무 좋다며 승낙을 하였다. 나로서는 너무나 기쁜 일이다. 우리 천북중학교가 천북면 음악회의 씨앗을 뿌렸기에 가슴이 벅차올랐다. 마을 곳곳에 음악회를 알리는 현수막이 펄럭이고 음악회 팸플릿이 지역민들에게 전달되었다.

드디어 2014년 9월 12일 저녁, 제1회 천북면 음악회가 천북중학교에서 개최되었다. 천북 지역은 물론 인근 오천면, 홍성 지역에서도 소문을 듣고 참여하여 어림잡아 500여 명이 체육관을 꽉 채웠다. 충청 지역에서 왕성하게 활동하고 있는 해밀팝스 오케스트라를 초청하여 약 1시간 반 음악회가 진행되었다.

오케스트라이지만 대중적인 곡들이 연주되었고 노래까지 곁들여져서 지역민들은 크게 호응하였다. 특히 고무적인 것은 7번째 순서로 천북중학교 학생들과 낙동초등학교 학생들이 함께하는 순서가 있었다. 관객들은 학생들의 고운 하모니에 힘찬 박수를 보내 주며 자랑스러워하였다.

천북중학교 학생들의 실질적인 첫 공연이었다. 보령에서 잘하기로 소문난 낙동초등학교 학생들에 비하면 여러모로 부족한 점이 많지만, 지역민들은 박수로 격려해 준 것이다. 학교가 지역민들과 어우러져서 더불어 상생하는 행복한 공동체. 천북중학교가 가히 모델이라고 자부한다. 지역민을 하나 되게 하는 천북면 음악회는 지금까지도 계속 이어지고 있다.

2015년 제2회 천북면 음악회

교육감배 스포츠클럽대회 플로어볼 우승

또 기적이 일어났다. 천북중학교가 9월 14일 천안업성고 체육관에서 개최된 교육감배 학교스포츠클럽대회 플로어볼 경기 남중부 결승에서 서산 ○○중학교를 무려 6대1로 꺾고 우승을 차지하는 돌풍을 일으키며 전국대회에 진출하는 쾌거를 이루었다. 여중부 또한 3위에 입상하는 겹경사를 누렸다.

플로어볼은 실내 하키형 뉴스포츠로 최근 각광을 받는 생활체육 종목이기도 하다. 하지만 당시 플로어볼이 무엇인지 사실 축구선수 출신인 체육 선생님도 경기 규칙이나 방법을 자세히 알지 못할 정도였다. 이런 소규모 학교에서 축구도 힘든데 플로어볼까지? 하지만 사연을 알고 나면 고개를 끄덕일 것이다.

천북중학교에 진학하는 초등학교는 천북초등학교와 낙동초등학교이다. 그런데 2014년 입학생들은 양교에서 모두 체육 시간과 동아리 활동으로 플로어볼을 배웠다. 그런데 중학교에 오니 그 재미있는 플로어볼을 할 수 없게 된 것이다.

플로어볼은 강당에서 전천후로 할 수 있는 종목이라 남학생, 여학생 모두 즐길 수 있는 스포츠인데 중학교에서 맥을 끊어 놓았으니 학생들은 단단히 화가 났다. 체육 선생님에게 왜 플로어볼을 하지 않냐며 항의도 하고 나에게도 플로어볼을 할 수 있도록 해달라고 건의도 하였다. 체육 선생님께 방법을 강구해 보도록 하였다. 학생부장이기도 한 체육 선생님은 플로어볼이 위험한 종목도 아니고 체력 강화에도 좋고 협동심을 키울 수 있는 스포츠라고 하면서 축구와 병행하여 지도해 보겠다고 하였다.

처음에는 초등학교 스포츠클럽 강사를 초빙하여 경기 운영과 규칙을 익히며 초등학생들과 친선 경기도 하는 등으로 체육 선생님도 서서히 플로어볼에 대한 전문 지식을 쌓게 되었다. 학생들은 공부에 축구에 플로어볼까지. 바쁘면서도 플로어볼을 하게 되었다는 사실에 만족해 했다. 1학년 학생들은 2, 3학년 선배들에게 경기 방법과 요령을 알려주고 2, 3학년 학생들도 기꺼이 배우며 함께 즐기게 되어 오히려 플로어볼이 축구보다 더 인기 있는 종목이 되었다.

특히 플로어볼은 좁은 체육관에서 쉼 없이 움직여야 하는 스포츠로 체력 소모가 많아 교대 선수가 많이 필요해서 전교생이 참여하는 스포츠가 되었다. 천북중학교 교기로 플로어볼이 떠오르고 있었다. 학생들은 점심시간에는 축구를, 방과후와 야간에는 플로어볼을 하는 편이었다. 조용하던 시골 중학교가 축구, 플로어볼, 악기 연주 등으로 활기차게 변해 갔다.

어느 날 체육 선생님이 아이들이 스포츠클럽대회에 참가하고 싶어 하지만 주변에는 마땅한 연습 상대가 없어서 걱정이라는 얘기를 하였다. 물론 초등학교 학생들과 연습경기를 하지만 그것으로는 되지 않는다며 걱정을 하였다. 사실 전교생 50명에 남자부와 여자부로 나뉘고 스포츠를 그다지 좋아하지 않는 일부 학생들도 있어 천북중학교 학생들이 편을 나누어 경기하는 것도 어려운 일이다. 축구처럼 지역사회 어른들과 시합을 할 수도 없는 일. 나와 체육 선생님이 걱정하고 있을 때 어떤 선생님이 제안을 하였다.

우리 선생님들과 행정실 남자 직원들이 상대가 되어주자는 것. 좋은 아이디어라 생각했다. 선생님들이 순회를 가지 않는 월요일 체육 시간을 활용하기로 하고 여자 선생님들의 양해를 구하여 한 달간 임시시간표를 운영하였다. 월요일 4교시. 학생들과 선생님들의 플로어볼 경기가 열리는 날. 응원전도 뜨겁다. 학생들은 선생님 편 학생 편으로 나뉘어 응원하고 학생들과 행정실 직원을 포함한 선생님들은 몸을 부딪치며 사제동행 스포츠로 플로어볼을 즐겼다. 학생들의 실력도 급성장하고 사제의 정은 더욱더 깊어지는 계기가 되었다.

연습경기에 선생님들이 참여하면서 그야말로 학생들은 우리 학교 선생님들이 최고라며 엄지를 들어올렸고, 선생님들은 힘들지만 운동도 되고 제자들을 돕게 되어 매우 기쁘다고 하였다.

이렇게 실력을 쌓은 학생들이 도대회에 참가하여 남학생은 8강, 4강에서 각각 천안, 아산의 대규모 학교스포츠클럽을 격파하고 결승에서도 상대 팀을 대파한 것이다. 특히 대부분 경기가 1학년 학생이 주축이 되어 승리한 것이라 더욱 의미가 있었다. 1학년 박○민 학생은 결승에서 해트트릭을 기록하기도 하였다. 또한, 여학생들은 8강에서는 이겼으나 결승에 실패해 3위에 만족해야 했음에도 이 또한 대단한 결과다. 왜냐하면, 그 당시 천북중학교의 남학생은 30명이 넘었고 여학생은 20명도 되지 않은 비율이어서 여학생들 대부분이 후보 선수도 없이 뛰어야 하는 악조건이었기 때문에 3위도 기적이라 할 수 있다. 남자 우승, 여자 3위라는 또 하나의 기적에 천북이 환호했다. 지역민들은 천북중학교를 명문 학교라며 자랑스러워하였다.

특히 사제가 함께 땀을 흘리며 이루어 낸 쾌거이기에 경기가 끝난 후 학생들은 선생님들을 안고 눈물을 쏟아냈다. 선생님들도 함께 울었다. 천북중학교 개교 이래 처음으로 전국대회 진출을 하게 된 남학생들은 강훈련에 들어갔다. 선생님들도 기꺼이 상대가 되어 주었다. 학부모들은 치킨, 피자, 아이스크림으로 응원을 하였는데, 치킨집을 하는 천북중학교 동문 여사장님은 수시로 치킨을 싸 들고 학교로 찾아와 학생들의 사기는 더욱 충천하였다.

드디어 전국대회가 인천에서 열렸다. 나도 학생들을 인솔하여 2박 3일을 학생들과 함께 보냈다. 나는 여기까지 온 것만도 기적이니 다치지 말고 최선을 다하자고 하였다. 하지만 학생들은 우승이라도 할 것처럼 눈이 반짝반짝 빛났다. 학부모들도 먼 길을 찾아와 응원하였다.

2014 플로어볼 대회 첫 참가 기념

최선을 다하였지만 8강에 만족해야 하였다. 8강이 어딘가? 우리 학생들은 물론 선생님들에게는 잊지 못할 추억거리가 되었다. 학생들은 졸업 후 어른이 되어서도 이 감격을 얘기할 것이다.

『장항선』 시인과 떠나는 기차 문학기행

현재 나는 연수원장으로 작가와 함께 하는 독서 연수를 추진하고 있다. 책을 읽고 작가와 만나 체험하며 강의도 듣고 질문도 하는 연수 형태로 2018년 100% 만족을 기록한 24개의 과정 중 독서 연수가 7개의 과정을 차지할 정도로 인기가 높다.

나는 천북중학교 교장을 할 때도 1000 BOOK 독서콘서트의 일환으로 학생들과 저자의 만남을 추진하였다. 그 중 『장항선』 시인과 떠

나는 기차 문학기행'이 학생, 학부모로부터 큰 호응을 받아 얘기하고
자 한다. 나는 경상도 촌놈이지만 이제는 장항선을 사랑하는 충청인이
되었다. 우리 학생들은 장항선을 잘 알지 못한다. 이제는 익산까지 이
어져 장항선이라고 불러야 하는 것이 맞는지 가끔 의심의 생각도 들지
만 그래도 장항선이 나는 너무나 친근하다.

홍성에 사는 나는 서울에 갈 일이 있으면 꼭 장항선을 탄다. 차창 밖
으로 펼치는 자연과 사람 냄새가 포근하기만 하다. 내가 살던 시골 봉
화 춘양을 통과하는 영동선이 그리워서일까? 나는 학생들에게도 장항
선의 추억을 남기고 싶었다. 충청인의 애환이 담긴 장항선을 직접 타
고 느끼며 충청인의 자부심을 키우고 작가와 직접 만나 대화를 통해
폭넓은 시각에서 문학을 바라보도록 하고자 기차 문학기행을 추진하
였다.

또 다른 이유도 있었다. 『장항선』이란 시집을 펴낸 시인이 내가 도교
육청 장학사일 때 함께 근무하며 소주를 마시며 그가 읊는 구수한 얘
기에 기분 좋게 취하고 함께 어깨동무하며 서대전역 주변을 배회하기
도 했던 절친 이심훈 교장이었기 때문이기도 하였다. 이심훈 교장은
이후 도교육청 과장을 거쳐 아산교육장을 역임한 유능한 교육자이자
행정가이기도 하다.

이심훈 교장은 술자리에서 자신이 서울에서 지인들을 만나고 용산
역에서 기차를 타면 가끔 종착역인 장항역까지 가기도 하였다며 장항
선 각 역을 대상으로 시를 지었다고 자랑삼아 얘기하는 것을 들은 적
이 있어서 우리 학생들에게 장항선 열차를 타고 시인의 얘기를 들으면

『장항선』 시인의 열차 안 특강

서 충청인의 자부심을 심으면 제격이라고 생각하였다.

　천북중학교는 2014년 10월 4일 토요일에 학생, 학부모, 교사 등 50여 명이 참가해 작가와 공감하는 즐거운 시간을 보냈다. 참가자들은 사전에 시인의 시집『장항선』을 읽고 실제로 작품의 배경, 시인의 생각 등을 실제로 느끼고 배우는 기회를 갖고자 장항선 열차에 몸과 마음을 실은 것이다. 대천역에서 기념사진을 찍고 장항역을 향해 기차가 출발하였다. 열차 안에는 다른 많은 승객이 있었다. 나는 일일이 기차 문학기행의 취지를 설명하고 양해를 구하였다. 승객들은 모두 좋은 프로그램이라며 우리도 들을 수 있어서 좋다며 기꺼이 특강을 허락해 주었다.

　시인의 특강과 대화가 이어졌다. 이심훈 시인은 우리 고장 장항선

각 역과 관련하여 얽힌 충청인들의 애잔한 삶의 풍경을 고스란히 담은 작품을 통해 단선으로 인한 잦은 연착, 느린 속도 등에 숙달된 충청인의 느림의 미학이 삶의 양식이라는 작가의 생각 등을 설명하고 참가학생, 학부모와의 대화의 시간을 가졌다. 학생들은 대천역, 남포역, 웅천역, 주산역 등 보령지역 역에 얽힌 시의 내용에 대해 많은 질문을 했으며 특히 지금은 정차하지 않는 간이역에 대해서도 기차가 서지 않는 이유, 시인과의 사연 등에도 큰 관심을 나타내었다.

또한, 시인과 참가자들은 장항역에 내려서 인근 국립생태원을 함께 관람하며 아름다운 자연과 시에 관해서도 토론하고 고려말 대학자 가정 이곡과 목은 이색 두 분을 배향하기 위해 세운 문헌서원에 가서 참배하고 나라 사랑에 대해서도 깊은 이야기를 나누는 등 알찬 하루를 만끽하였다.

1000 BOOK SONG 탄생

천북중학교의 1000 BOOK 독서운동은 학생들의 인문학 감성 발달에 기여하고 지역사회의 호응도 컸다. 이 기회에 학생들에게 천북중학교 학생이자 독서하는 학생으로서의 자부심을 노래로 표현해 주는 것이 좋겠다고 생각하였다. 간결하면서도 의미 있으며 신나는 노래가 필요한 것은 당연한 일.

나는 고민하여 작사를 했다. 내가 홍성교육청 장학사일 때 관내 초등학교 교감 선생님이었고 당시 태안에서 교장으로 수고하시는 이홍재 교장 선생님께 부탁하여 1000 BOOK SONG이 탄생하게 되었다.

학생들이 흥겹게 따라 부르도록 학생들 목소리가 들어간 노래 파일도 필요하다고 생각되어 노래를 녹음하고 싶은 희망 학생들을 모집하였더니 15명 정도가 되었다.

2014년 어느 날 방과 후, 학생들을 데리고 충남교육연구정보원 미디어센터에 가서 몇 번의 녹음을 시도한 끝에 노래가 완성되었다. 다음 날 방송을 통하여 노래를 틀었다. 학생들 반응이 폭발적이었다. 그래서 선생님들과 협의를 거쳐 수업 시작과 끝 종을 1000 BOOK SONG으로 대체하였다. 학생들은 수시로 1000 BOOK SONG을 흥얼거린다. 교장실 옆에 있는 1학년 교실에서는 내가 들으라고 하는 건지 고래고래 목청을 높이기도 한다. 천북송의 가사는 다음과 같다.

1000 BOOK (짝짝짝) 1000 BOOK (짝짝짝)

행복 공감 천북중학교

입학에서 성인까지 매년 50권 20년에 1,000권

어렵지 않아요. 독서하며 꿈 키우고 독서하며 사랑해요

독서하는 천북가족 매일 행복합니다.

종횡무진 수학동아리 축제에 오르다

앞에서 수학 선생님이 교육방송연구대회에 첫 출품인데도 전국대회 3등급을 수상하는 쾌거를 올렸다고 했다. 이 수학 선생님을 만난 것은 나에게도 행운이었다. 항상 아이들과 함께 하는 수학, 즐거운 수학을 위해 고민하는 분이다. 당시 교직 5년 차였는데 수업은 물론 업무에서

교육감님 질문에도 척척 답변

도 똑소리가 나게 잘했다.

학생들에게도 인기가 많았다. 그래서 선생님이 운영하는 수학동아리에는 수학을 좋아하는 아이들이 많이 가입해서 선생님과 교육방송 콘텐츠를 만들기도 하고 실용적인 수학 자료를 만들기도 하는 등 왕성한 활동을 하였다. 선생님은 교내 활동에 그치지 않고 학생들에게 특별한 경험을 하게 하고 수학을 널리 알리고자 6월 창의과학재단이 개최한 전국 무한 수학축제에 아이들을 데리고 참가하여 부스를 운영하기도 하였다. 사실 전국 무한 수학축제는 계획서를 받아 심사하여 부스 운영 학교를 선정하는데 당당히 천북중학교가 선정된 것이다.

대전에서 개최된 무한 수학축제에 많은 학생, 학부모가 천북중학교 부스를 찾았다. 우리 학생들은 배운 실력을 발휘하여 친절하게 활동을 안내하여 큰 호평을 받았다. 자신감을 얻은 선생님과 아이들은 10월 3일, 4일 황금연휴에 이번에는 충남수학교과연구회가 주관하는 충남 수학축제에도 당당히 선정되어 많은 고객을 맞아 아름다운 수학 알리기에 심혈을 기울였다.

공주 백제체육관에서 개최된 충남 수학축제에 김지철 교육감님도 천북중학교 부스를 방문하여 선생님과 아이들을 격려하였다. 동아리 학생들이 교육감님 질문에 얼마나 또박또박 말을 잘하던지. 교육감님은 대단하고 고맙다며 칭찬을 아끼지 않으셨다. 참으로 고맙고 고마운 일이다. 천북중학교 수학동아리는 이후에도 충남 수학축제 참가 단골 학교가 되었다.

천북중, 캄보디아 해외 교육 봉사

천북중학교 3학년 학생들이 2014년 10월 초에 3박 5일간 캄보디아 체험 및 교육봉사를 다녀왔다. 우리 학생들이 자랑스럽게 해냈다. 시골 작은 학교 촌놈들이지만 큰일을 하고 온 것이다.

2013년 3월 학부모총회에서 일장 연설을 하였다. 이제는 세계로 비상해야 한다. 우리나라가 얼마나 좋은지는 해외를 나가봐야 한다. 부모님들은 전적으로 동감하였다. 나는 해외 교육 봉사를 제안하면서 순전히 우리 힘으로 가자고 역설했다. 시청, 보령화력 등의 지원 없이 지금부터 여행경비를 적립하여 자긍심을 갖고 해외를 가자고 하였다.

그래서 2013년부터 전교생이 장학자유적금에 가입하도록 하고 매달 2만 원씩 적립하도록 하였다. 그동안 학교에서 주던 문화상품권은 해당 금액만큼 장학적금에 입금시켰다. 부모님들이 환영했다. 그동안 학교에서 주는 상품권으로 게임만 했는데 저금하는 습관도 키우고 해외 체험 부담도 덜게 되었다며 고마워하였다.

노력하는 학생들이라면 승자와 패자를 가리지 않고 칭찬하고 상을 주었다. 교내 축구대회에서 승자는 1만 원, 열심히 노력한 패자도 5천 원. 이런 식으로 아이들 장학적금에 불입하여 주었다. 어려운 학생들은 지역에 호소하여 장학금을 받을 수 있도록 주선하였다. 티끌 모아 태산. 이렇게 모은 돈으로 캄보디아 해외체험과 교육 봉사를 하도록 하였다.

학생들은 캄보디아 한 초등학교를 방문하였다. 말이 초등학교지 6살부터 18살까지 학생들이 배우는 그런 학교였다. 그러니 천북중학교 학생들의 형이나 누나뻘 학생들도 있었다. 캄보디아에 가기 전 동아리 활동 시간을 이용하여 만들고 일일이 포장한 선물을 25명의 학생에게 나누어 주었다. 그리고 함께 축구를 하려고 축구공도 사 갔지만 그 초등학교에는 운동장이 없어 축구공만 선물해 주어야 했다.

너무 안타까웠다. 학생들은 넓은 천북중학교 운동장이 좋아 보이긴 처음이고 마음껏 공을 차는 우리는 너무나 행복하고 감사하다고 하였다. 캄보디아에 보내길 잘했다. 학생들은 초등학교 아이들과 함께 즐거운 게임도 하고 수학 구조물 만들기도 같이 하였다. 출국 전 연습한 페이스 페인팅으로 아이들 얼굴을 고양이로 만들어 주기도 하였다.

7살 난 아이를 5시간이나 안아 줬다며 지금도 팔이 아프지만 그 아이가 지금도 눈앞에서 아른거린다고 한 녀석이 해외체험 봉사를 다녀

페이스 페인팅 봉사

와서 즐겁게 하소연한다. 수학 구조물 만들기를 너무 잘하는 머리 좋은 녀석이 있었는데 한국에 데려오고 싶었다고도 한다. 당연히 헤어질 때 모두 울음바다가 되었다.

열심히 공부해서 봉사하는 사람이 되어 아이들을 꼭 만나겠다고 하는 녀석들도 있고 우리나라가 좋고 부모님, 선생님을 사랑한다는 말이 연일 계속되었다. 이 체험은 즐겁게 공부하고 학교생활을 더 잘하는 계기가 되었다. 교장이 인솔하였냐구요? 나는 수고한 선생님들에게 기회를 주고자 양보하였다. 캄보디아는 퇴임 후 나도 한번 가봐야겠다. 캄보디아 해외 체험 교육 봉사는 2015년에도 계속되었다.

천북중-비인중 우정의 스포츠 교류

지난해 원산도에 있는 섬 학교인 원의중학교와 스포츠 교류를 하였다고 앞에서 밝혔다. 그런데 2014년이 되어 원의중학교는 학생들이 급격히 줄어들어 천북중학교와 스포츠 교류를 하는 것이 사실상 어렵게 되었다. 원의중학교는 2016년 5월에 정식으로 폐교가 되었다. 나는 우리 아이들이 즐거워하는 우정의 스포츠 교류를 계속 이어 주고 싶었다.

교장 동기인 서천에 소재한 비인중학교 민경희 교장 선생님이 떠올랐다. 민 교장 선생님은 같은 연배에 교육 철학도 비슷하고 보령이 생활근거지라 절친이었다. 우리는 교원대학교에서 교장 자격 연수를 받으면서 나중에 교장이 되어 학생들 교류를 통해 우정을 쌓고 서로 정보를 공유하여 장점을 본받아 최고의 인성을 가진 아이들로 키우고자 약속을 한 사이였다.

또한, 천북중학교 전교생이 54명, 비인중학교 전교생이 51명이라 비슷한 처지의 소규모 학교여서 멋진 교류가 될 것 같았다. 나의 교류 제의에 흔쾌히 민 교장 선생님이 동의하였다. 일사천리로 교류가 이루어졌다.

드디어 2014년 10월 17일 비인중학교에서 우정의 스포츠 교류가 이루어졌다. 천북중학교 54명의 전교생은 설렘을 안고 비인중학교를 찾았다. 숲속 아름다운 학교 비인중학교는 우리 아이들을 환영하는 인파(?)로 가득했다. 양교 교장들의 인사와 전교생들의 인사로 학생들이 좌우향우 마주 보며 인사가 이어졌다. 천북중학교에서 선물로 준비한

비인중학교와 첫 우정의 스포츠 교류

축구공 전달식 행사도 가졌다. 교육감배 스포츠클럽대회에서 플라잉 디스크 분야에서 남·여 동반 우승을 차지한 비인중학교 학생들의 디스크 잡기, 다양한 디스크 던지기, 얼티미트 경기 방법 소개와 시범도 이어졌다.

다양한 던지기 시범을 보며 우리 학생들이 환호성과 탄성을 질렀다. 많은 학생이 시범을 따라 하며 즐거운 시간을 보냈다. 천북중학교도 플라잉디스크를 도입해야 하겠다는 생각이 들었다. 이어진 이 날의 최고 메인 경기인 축구 경기에서는 천북중학교가 승리하였다. 학생들은 최선을 다해 경기에 임하고 페어플레이로 상대 팀을 배려하고 질서 있게 응원을 하는 등 진한 우정을 나누었다. 경기가 끝난 후 학생들은 민 교장 선생님이 제공하신 그 유명한 군산 이O당 빵과 음료수를 먹으며 학교생활, 학습방법 등을 토론하는 시간도 가졌다.

아이들은 모두 헤어짐을 아쉬워하였다. 양 교장은 고민하여 결정하였다. 11월에는 비인중학교가 천북중학교를 방문하여 스포츠 교류를 이어가기로 하였으며 매년 경기의 승패보다 스포츠맨십과 우정을 키우는 기회를 지속해서 추진하기로 하였다. 11월 비인중학교 학생들이 우리 학교를 방문하면 유명한 천북산 1등급 돼지로 삼겹살 파티를 열어 줘야겠다고 생각했다.

소원을 날려봐

2014년 한참 유행하던 걸그룹 소녀시대가 소원을 말했다면 천북중학교 학생들은 소원을 하늘 높이 하나님께 더 가까이 날렸다. 그동안을 돌이켜 본다. 다양한 체험을 통해 따뜻한 인재를 키운다며 서울로 부산으로 캄보디아로 아이들에게 나를 따르라고 외쳤다.

그런데 정작 가까이 있는 우리 천북 농촌은 소홀하였다. 깊이 반성한다. 2014년 10월 24일 금요일 방과 후에 학생들과 교직원들은 천북면 소재 '쌈지돈 친환경 체험 마을'을 찾았다. 상추 쌈, 배추 쌈, 호박잎 쌈 등 우리에게 쌈 채소와 쌈밥은 참 익숙하고 정겨운 음식이다. 그 쌈채소의 말에서 이름을 따 농촌체험마을로 유명해진 곳이 쌈지돈 친환경 체험 마을이다. 기름진 황토에서 맛과 영양이 풍부한 배추 등 채소류 농사를 많이 짓는 마을이라 하여 쌈지촌이라 하고 돼지도 많이 키워서 그 말을 살짝 변형해 쌈지돈 체험 마을이라 부르는 바로 그곳이다.

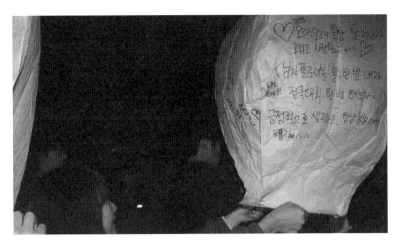

소원을 담아 풍등 제작

    파란 하늘과 넓은 들판, 아름다운 동산, 넉넉한 인심이 우리를 반겨 주었다. 우리 아이들과 선생님들은 주민들의 시범으로 직접 EM 비누를 만들고 고소한 두부도 만들었다. 체험만큼 신나는 게 있을까? 직접 만든 두부, 김치, 수육으로 저녁밥이 한 상 차려졌다. 우리 콩 우리 배추 우리 고기 우리 쌀이다. 말이 필요 없다. 학생들 배가 불룩불룩.

    그러나 이날의 백미는 소원이다. 학생들과 선생님도 나도 풍등에 소원을 적었다. 우리 아이들은 플로어볼 전국대회 우승도 빠짐없이 적었다. 그리고 미래도 사랑도 꿈도 효도도 빼곡 적었다. 불을 붙였다. 저마다의 소원이 날아가고 어둠을 확 밝힌다. 저 하늘은 이제 우리 차지이다. 모두 만세를 불렀다. 우리 엄마 아프지 말라고 눈물을 흘리는 여학생도 있었다. 아이들은 멋진 추억을 안고 왔다. 아! 어리석은 교장은 반성한다. 파랑새가 이곳 가까운 곳에 있는 것도 몰랐다니.

애들아 내년에는 더 예쁜 파랑새를 함께 찾자꾸나. 소원과 추억을 담는데 도와주신 쌈지돈 박동규 위원장님을 비롯한 지역 주민 모두에게 감사를 드린다. 학교가 지역이고 지역이 학교다.

동화 속 행복학교의 탄생 – 전국 100대 교육과정 우수학교

2012년 8월 공모 교장으로 부임하여 2013년에 그 싹을 틔우고 2014년에는 결실을 보는 것도 있었으며 더 좋은 수확을 위해 노력하는 프로그램도 있었다. 특히 지역민들과 소통하려고 하는 학교의 모습에 많은 호응도 받았다.

나는 2013년 충남 100대 교육과정 우수학교 표창에 만족하지 않고 2014년에 전국 100대 교육과정 우수학교에 도전해 보기로 하였다. 지금은 100대 교육과정 우수학교 표창이 없어졌지만, 당시 전국에서 100대 교육과정 우수학교가 된다는 것은 사실 하늘의 별 따기였다.

중학교만도 아니고 초·중·고를 통틀어 100개교에만 해당이 되니 상을 탈 확률은 1%도 되지 않았다.

그러나 나는 우리 천북중학교의 우수 사례를 알리고 다른 학교의 우수사례도 배우기 위해서는 100대 교육과정 우수학교로 진입하면 좋겠다는 생각을 늘 가졌다. 왜냐하면, 우수학교가 모여서 사례발표를 할 때 우리 선생님들이 참가해 정보를 공유하면 더 행복한 학교 운영에 많은 도움이 될 것으로 판단했기 때문이다. 그래서 우리 학교는 2013년 충남 100대 교육과정 우수학교 진입을 경험 삼아 2014년 3월부터 꾸준히 준비하였다.

　과거 우수학교 사례도 모으고 직접 학교를 방문하여 사례를 듣기도 하였다. 이런 노력 덕분인지 2014 충남 100대 교육과정 최우수학교에 선정되는 영광을 안았다. 드디어 전국 100대 교육과정 우수학교에 도전하게 된 것이다. 사실 전교생이 100명도 되지 않는 소규모 학교라 선정에 상당히 불리하리라 생각도 했지만 선생님들과 나는 도교육청 컨설팅을 받는 등 준비에 만전을 기하였다. 특히 수업 부문이 많은 비중을 차지했는데 선생님들은 충남 최우수학교라는 자부심으로 보고서 작성에 심혈을 기울였다.

　꿈과 끼를 키우는 자율학교 교육과정, 학생이 중심이 되는 1000 BOOK 행복공감 교육과정, 인성 교육 및 학생들의 부담을 덜어주는 교육과정, 학생·학부모·교원 등 교육공동체가 행복한 교육과정, 자유학기제를 실천하는 최고의 학교를 기본으로 보고서를 완성하였다.

　전국 100대 교육과정 우수학교 선정은 전국에서 200학교의 보고서를 추천받아 보고서 심사를 통해 150학교로 압축하고 학교 현장 실사를 통해 다시 120개교로 압축하고 이 학교를 대상으로 심사위원들의 발표와 토론을 통해 100개교를 선정하는 복잡한 단계였다.

　천북중학교는 당당하게 보고서 심사를 통과하였다. 나와 선생님들은 초조하게 실사를 기다렸다. 드디어 11월 초로 기억되는 실사를 받는 날, 두 분의 여자 심사위원들이 오셨다. 실사가 끝난 후 알았지만 한 분은 인천에서 오신 고등학교 교장 선생님이었고 또 한 분은 경기도에서 중학교 교감을 하시는 분이었다. 모두 전문직 출신이었다. 이

분들은 교장실에서 간단한 인사와 차를 마시고 실사장에서 오전 내내 보고서 내용과 일치하는가를 살펴보았다. 교장인 나는 아예 접근이 허락되지 않았다. 관련 서류는 물론 학생, 교사와의 직접 면담, 학부모와의 전화 면담을 통해서도 확인을 하였다.

실사는 거의 12시가 다 되어 끝났다. 나는 수고하셨다며 학교 주차장까지 따라갔다. 두 분도 역시 그동안 수고하셨다며 인사를 건넨다. 그런데 경기도에서 오신 교감 선생님이 악수하는 나의 손을 꼭 잡고 눈물을 글썽이며 "참 행복한 학교입니다. 마치 동화 속 행복학교 같습니다. 부럽습니다."라고 하지 않는가? 그 말을 듣고 생각해 보니 정말 천북중학교는 동화 속 행복학교라는 생각이 들었다. 나는 격하게 수긍을 하였다.

그 이후 나는 천북중학교를 자랑할 때 이 동화 속 행복학교라는 말을 꼭 써먹는다. 참 듣기 좋은 말이다. 그 이후 내가 자주 사용하니 학생도 학부모도 선생님도 그 말을 사용한다. 우리 학교는 동화 속 행복학교라고. 11월 말 천북중학교는 전국 100대 교육과정 최우수학교에 선정이 되었다.

교감이 없는 유일한 소규모 학교이다. 상금 300만 원은 덤이었다. 선생님들과 나는 쾌재를 불렀다. 이를 계기로 천북중학교는 전국이 알아주는 명품학교가 되었다. 시상식 날 교육부장관님으로부터 상을 받은 나는 주르륵 눈물이 흘렀다. 동화 속 행복학교 천북중학교 교장이라는 것이 그렇게 행복할 수 없었다. '나는 행복한 교육자다!' 속으로 크게 외쳤다.

다시 찾아온 뻔뻔한 클래식

2013년 나는 '뻔뻔한 클래식' 행사 말미에 다시 한번 초청하겠다고 큰소리를 쳐서 지역민들의 호응을 받았다. 말은 그렇게 했으나 두 번까지는 사실 힘들 것으로 생각했다. 하지만 덜컥 약속했으니 성사가 안 되더라도 시도를 해 보아야 하지 않겠는가? 장문의 편지를 써서 맥키스컴퍼니에 보냈다. 천북 지역민들이 간절히 뻔뻔한 클래식을 또 원하고 있다는 애절한 편지였다.

일주일 후 관계자가 학교를 찾아왔다. 미안하지만 지금까지 두 번 연속으로 공연을 한 적이 없다. 형평의 원칙에 어긋난다. 이해해달라는 말이었다. 그러면서 회장님께서 우리 천북중 학생들을 위해 긴요하게 쓰라며 상당한 금액의 상품권을 주셨다고 하였다. 이미 예상된 일. 나는 고맙다고 했다. 지역민들에게 잘 말씀드리겠다고 하였다.

하지만 회장님의 따뜻한 정을 항상 느끼고 고마워하자는 생각으로 늘 회장님의 페이스북을 방문하여 댓글을 다는 등 인연을 계속 유지하였다. 그러다 어느 날 회장님이 페이스북에 자서전 형식의 책을 썼다는 내용을 올린 것을 보았다. 나는 대충 그분의 경력을 인터넷 등을 통해 알고 있었지만 더 잘 알고 싶어서 책을 주문하였다. 그분의 어머님에 대한 그리움, 고생한 이야기, 늘 창의적이고 역발상으로 성공한 이야기가 나의 심금을 울렸다.

또한, 책에는 우리 천북중학교에서의 '뻔뻔한 클래식'에 대한 소감도 2쪽에 걸쳐 소개되어 있어 나는 너무나 흐뭇하고 고마웠다. 우리 학생들에게도 매우 유익하리라 생각해서 내가 읽은 소감을 선생님들에게

다시 찾아온 뻔뻔한 클래식

얘기하니 구매하여 학생들에게 읽히면 좋겠다고 하였다. 20권의 책을
사서 지역민도 읽을 수 있도록 천북문고에도 전시하고 학교도서관에
는 특별코너를 만들어서 학생들이 읽도록 하였다.

　학생들의 반응도 무척 좋아서 대부분 학생이 책을 읽었다. 나는 이
러한 일들을 자랑하며 회장님 페이스북에도 댓글로 소식을 전하였다.
그뿐이 아니다. 전교생이 맥키스컴퍼니 공장을 견학하게 하고 황톳길
도 걷게 하는 등 고마움을 잊지 않고 학생들에게도 고생하여 창출한
부를 사회에 환원하는 회장님의 훌륭함을 배우자는 얘기도 수시로 하
였다. 공장 견학, 황톳길 걷기 등 이 모든 행사 역시 회장님 페이스북
에 올려 회장님으로부터 고맙다는 응답도 받았다.

　그러던 중 11월 말에 맥키스컴퍼니 관계자가 나에게 전화를 하였

다. "교장 선생님 11월이면 거의 뻔뻔한 클래식 행사가 끝나는데 우리 회장님께서 추운 날씨지만 12월 초에 천북중학교에서 공연을 해보라고 하시는데 생각이 어떠신지요?" 나는 너무나 기뻤다. 추우면 어떤가? 우리 지역민들의 따스한 온기로 녹이면 되지, 이렇게 생각하고 특히 지역민들과 약속을 지킬 수 있어서 고맙고 또 고마웠다.

이렇게 해서 12월 9일 화요일, 천북중학교에서 제2회 뻔뻔한 클래식 힐링음악회가 열렸다. 14.5km 계족산 황톳길을 수놓고 있는 그 유명한 맥키스 오페라단이 지난해에 이어 천북중학교를 다시 찾은 것이다. 한 번 오기도 어려운데 맹추위의 기승에도 또다시 찾아온 것이다. 추운 날씨였으나 천북면민 400명 이상이 찾아와 열광하며 음악회를 즐겼다.

정진옥 단장님을 비롯한 6명의 단원이 1시간 내내 정성을 다하여 보여 준 클래식과 뮤지컬, 연극, 개그에 학생들과 주민들은 환호와 박수를 보내며 어우러져 즐거움을 만끽하였고 맥키스 오페라단은 앙코르 공연으로 화답하였다. 회장님도 방문하여 감사의 인사를 하였다. 문화적 소외 지역인 우리 천북 지역에 공연을 두 번이나 허락해 주신 회장님께 진심으로 감사를 드린다.

행사가 끝난 후 학부모 회장님이 운영하는 천북 굴 식당으로 가서 회장님, 단원들과 천북 별미인 굴찜을 먹으며 정을 나누었다. 회장님과 나는 나이 차가 그리 나지 않아 친구가 되기로 하였다. 모두 이렇게 맛있는 굴찜은 처음 먹는다고 하였다. 회장님은 대전으로 가는 차 안에서 오늘 정말 멋진 날이었고 감동적이었다는 글을 페이스북에 올렸다. 뻔뻔한 클래식이 지역민을 화합시키고 감동으로 겨울을 녹였다.

천북중학교는 지역민과 함께하는 지역 속의 학교로 나아가고자 다양한 프로젝트를 실시하였는데 이 맥키스 공연은 지금도 나에게 벅찬 기쁨으로 남아 있다. 학교가 지역이고 지역이 학교이다.

천북 촌놈들 상경기 – 아시아나 항공사 초청 드림페스티벌

2014년 12월 17일 아시아나 항공사에서 우리 천북중학교 전교생을 서울로 초청하였다. 초청한 사연은 이렇다.

2014년 자유학기제가 시작되면서 교육부에서 자유학기제 월간지인 〈꿈이음〉을 창간하였다. 창간호에 들어갈 우수사례로 천북중학교를 취재하고 싶다는 연락이 왔다. 10월 10일로 기억되는데 그분들이 학교에 도착했을 때 캄보디아 해외 교육봉사를 마친 3학년 학생들이 탄 버스가 막 들어오고 나는 건양대학교에서 열리는 충남과학축전에 참가하기 위해 출발하려는 1학년 학생들을 향해 일장 연설을 하고 있었다. 이렇게 소규모학교가 바쁜 활동을 하는 모습을 보고 두 분의 기자들은 재미있어했다. 교장실에서 이런저런 얘기를 하면서 우리는 금방 친해졌다.

그중 한 분의 기자가 작은 학교이지만 살아 움직이는 모습이 감동이라며 12월에 아시아나 항공사에서 드림페스티벌 프로그램이 있는데 혹시 참가하고 싶으시면 연락을 달라는 얘기를 하였다. 나는 즉석에서 오케이를 하고 아시아나 항공사 관계자와 연락하여 참가가 결정된 것이다.

계속하는 얘기지만 열정을 다하고 최선을 다하면 이렇게 도움을 주는 분들이 항상 있다는 것을 지금도 확신한다. 3학년은 고입 시험이 목전이라 안타깝게도 1, 2학년 학생들만 가야 했다. 말로만 듣던 대형 항공사에서 우리를 초청했다니 학생들은 들떠있었다. 드디어 '2014 아시아나 드림페스티벌'이 서울 국립극장에서 열렸다.

이날 행사에는 서울, 경기, 인천 지역의 중·고등학생 650여 명이 참석했는데 천북중학교는 소규모 학교로 전국에서 유일하게 특별히 초청된 것이었다. '드림페스티벌'은 서울문화재단의 후원을 받아 아시아나가 시작한 교육 기부 프로그램인 것을 페스티벌 현장에서 뒤늦게 알았다.

이날 우리 학생들은 장애인 대상의 오디션 프로그램에서 선발된 '더블라인드'와 '시선밴드'의 토크 콘서트 형식의 공연과 함께 '꿈꾸라 청소년'이라는 주제로 박ㅇ희 아시아나 승무원의 강연과, 세상을 바꾸는 시간 15분에서 감동을 선사한 문화기획자 최ㅇ현 씨의 '어제 상상하고 오늘 기획하며 내일 실행하라'는 특별강연을 듣고 마음껏 꿈꾸고 즐기는 시간이 되었다. 초청해 준 아시아나 항공에도 감사를 드린다.

촌놈들 하루만 서울에 올라갔다 내려오기에는 너무 아까워 저녁에는 예전에 관람했던 연극 '라이어1' 후속편 중 하나인 '라이어3'을 보면서 기절할 정도로 실컷 웃었다. 그 다음 날 18일에는 나라 사랑을 새기기 위해 용산에 있는 전쟁기념관을 방문하여 전쟁 없는 평화를 갈구하였다.

그리고 마지막으로 우리 아이들이 좋아하는 연예기획사 큐브엔디

테인먼트를 방문하여 아이돌이 연습하는 스튜디오도 둘러보고 관계자들의 안내를 받으며 즐거운 시간을 보냈다. 아이들이 좋아하는 큐브엔터테인먼트는 천북중학교 학생부장인 이기용 선생님의 제자가 근무하여 방문이 성사되었다. 게다가 점심까지 융숭하게 대접받고 왔으니 학생들에게 황금의 1박 2일이 되었다. 학생들은 내년에 또 가자고 졸라댄다. 그래. 어디든 못가랴. 너희들과 함께라면. 즐겁고 행복한 학생중심 천북&천복중학교가 바로 우리 학교다.

시와 역사가 만나는 졸업 선물 인문학 콘서트

2015년 2월. 졸업하는 3학년 학생들 23명. 2012년 9월 초빙 교장으로 부임하여 이놈들과 2년 6개월을 같이 생활하며 무척 정들었다. 공부하자고 하면 공부하고 놀러 가자면 놀러 가고 봉사하자면 봉사하고 묵묵히 따라 주고 늘 웃음을 주던 아이들이 이제 더 큰 미래 더 큰 세상으로 나간다고 생각하니 섭섭하기도 하고 대견하기도 하다.

이놈들에게 졸업선물로 무엇을 해 줄까 고민하다가 졸업 하루 전날, 인문학 콘서트를 추진하였다. 요즘 가장 많은 사랑을 받고 있는 시집 중 하나인 『풀꽃』의 저자 나태주 시인과 『팔만대장경도 모르면 빨래판이다』의 저자 전병철 역사 선생님을 초청해 강연, 질의응답, 사인회를 개최하였다.

사전에 두 분의 저서를 구매하여 학생들이 미리 읽도록 하여 궁금한 사항은 질문하도록 하였다. 1000 BOOK 독서운동에 앞장서는 우리 아이들은 2월 4일 하루종일 귀를 쫑긋하고 입은 벙긋하며 행복을

작가 초청 인문학 콘서트

만끽하였다. 바쁘시고 요즘 몸이 안 좋다고 하시면서도 이곳 시골까지
기꺼이 오셔서 '시 감상 인문학으로 말하다'라는 주제의 강연을 해 주
신 나태주 시인님, '역사 아는 게 아니라 느끼는 것이다'라는 주제로 쉽
게 역사를 풀어 주신 전병철 선생님께 깊은 감사를 드린다.

　더구나 이날 행사는 보령시에서 지원하는 교육경비 사업으로 추진
되어 학부모, 지역민도 초대하여 더욱 의미가 있었다. 아이들은 고등
학교 진학 후에도 천북(1000 BOOK)중학교 출신답게 더 많은 고전을
읽어 인문학적 소양을 높이겠다고 포부를 키웠고 두 분의 사인을 받으
며 모두 행복해하였다. 새 학년도에는 더욱 아이들이 행복한 학교를
만들겠다고 다짐하였다.

감동의 향연

– 1000 BOOK 독서운동을 격려하는 잇따른 도서 기증

새 학기를 앞둔 2월 말. 정체를 알 수 없는 택배물이 학교에 도착하였다. 확인 결과 그 정체는 77권의 교양 도서였다. 럭키 7, 7이다. 혹 잘못 배달이 되었는지 의아하여 발송지인 한국출판문화산업진흥원에 알아본 결과 국민 독서문화향상의 일환으로 우리 학교가 전개하고 있는 1000 BOOK 독서운동을 지원하기 위해 2014년 세종 도서 교양부문 선정도서를 보내주었다는 답변이다. 너무나 감동적이다.

우리 천북중학교 1000 BOOK 독서운동이 전국에 알려지고 이렇게 지원까지 받게 되니 더없이 기뻤다. 2013년도에도 수원 기독교한국침례회 중앙교회에서 글로벌리더 양육을 위한 장학사업 일환으로 46권의 양서를 보내 준 적이 있다.

그때에도 역시 소규모 학교인 천북중학교가 알찬 독서운동을 전개하여 감동이라며 보낸다는 연락이 있었다. 국립어린이청소년도서관에서도 82권의 양서를 보내 역시 알차게 활용하였는데 또 이렇게 천북중학교를 선택해 도서를 기증해 주니 감사와 함께 뿌듯한 자부심을 느꼈다.

이제 지원받은 책들을 1000 BOOK 문고에도 비치하고 이장님들에게도 알려 대출도 해 줄 계획이다. 좋은 일에는 더 좋은 일이 다가온다는 말이 가슴에 와닿는다. 세상이 온통 행복으로 가득하다.

행복교육 네트워크의 아름다운 동행

동화 속 행복학교 심화기 2015.3.1.~2016.2.29.

천북중학교의 향기가 전국으로 퍼지고 있다. 이제는 선생님들이 이끌어 가는 학교문화가 아니라 학생들이 자발적으로 계획하고 참여하는 학교문화가 되어야 한다. 아울러 인접학교와 협력적 학교문화를 만들고 학부모, 동문, 지역민도 자발적으로 학교 교육에 참여하는 분위기를 만들어 학교가 마을이고 마을이 학교가 되게 하자.

해외체험 지원에 동문들과 학부모가 나섰다

앞에서도 잠깐 얘기하였지만 천북중학교에 입학하면 매달 용돈을 아껴 장학적금에 가입하여 2만 원씩 3학년 1학기까지 불입한다. 그리고 학교에서는 학교 행사 시 활동이 우수한 학생들에게 상품권 대신 해당 금액을 적금 통장에 불입해 주고 이 돈을 모아 해외체험 및 해외 초등학교를 방문하여 봉사 활동을 전개한다. 2014년에는 만기 적금 통장을 쪼개고 발전기금을 지원받아 3학년 22명의 학생이 캄보디아를 다녀올 수 있었다.

학생들은 캄보디아 초등학교를 방문하여 선물 전달, 학생들이 평소 준비한 페이스 페인팅, 열쇠고리 만들기, 폴라로이드 사진 찍기, 댄스 동아리 공연 등 행복한 봉사 활동을 전개하였다. 해외를 다녀온 학생들이 눈빛이 달라지며 열심히 공부하는 모습을 보고 부모님들과 동문들이 나섰다.

전교생 장학금 수여식

    현재 보령시의원인 박상모 당시 동문회장이 제안하고 학부모도 찬성하여 총동창회와 학부모회에서 십시일반 정성을 모아 전교생 51명 전원에게 각 10만 원씩 해외체험 지원을 위한 뜻깊은 장학금을 조성하였다. 또한 동창회에서는 앞으로 매년 전교생 해외체험을 위한 장학금을 기탁하겠다고 한다.

    2014년에 체험이 어려운 몇 명의 학생들을 위해 지역에 호소하여 장학금 형태로 지원을 받아 무사히 갔다 온 일이 있어서 여간 고마운 일이 아니다. 이러면 정말 당당하게 순전히 우리 교육 가족의 힘으로 학생들이 해외체험을 할 수 있게 된 것이다. 2015년 3월 24일. 장학금 수여식 날 동창회원, 학부모, 천북초와 낙동초 교장 선생님, 정심학교 교장 선생님, 파출소장님도 참석하셔서 축하해 주었다. 천북중학교는 마을이 축복해주는 동화 속 행복한 학교이다. 정말 뿌듯하였다.

수여식 날 우리 학생들을 대표하여 학생회장이 나중에 백배 이상으로 보답하겠다는 감사의 글을 낭독하였고, 박상모 동창회장은 올곧게 자라 지역 인재가 되어 배려하고 봉사하는 후배들이 될 것을 당부하였다. 이렇게 도와주시니 우리 학생들이 더 많은 준비를 해서 알찬 활동을 해야 하겠다.

나는 인사말에서 감사의 말은 물론 천북초, 낙동초, 천북중학교 이세 명의 교장들이 똘똘 뭉쳐 천북을 행복 교육 특구 천복으로 만들어 가겠다는 포부를 밝혀 박수를 받았다.

행복한 추억을 쌓는 1000 BOOK 생일파티

1000 BOOK 독서운동에서 하나 빼놓은 게 있다. 매달 마지막 주 금요일 천북중학교에서 울려 퍼지는 아름다운 향기가 천북면을 수놓는다. 학생들은 그날을 위해 즐겁게 준비한다. 그날은 바로 1000 BOOK 생일파티가 열리는 날이다.

생일을 맞는 학생, 교직원은 평소 꼭 읽고 싶었던 책을 말한다. 학교에서는 정성을 다하여 그 책을 선물한다. 아이들과 교직원들이 부르는 생일 축하 노래가 이어지고 주인공들은 생일 촛불을 끄고 케이크를 함께 자른다. 천북중학교 학생답게 한 달 동안 읽은 책에 대한 독후감도 발표하고 학교에 대한 건의 사항도 얘기한다.

그리고 학생들이 기다리는 축제가 시작된다. 친구들이 정성껏 준비한 생일 축하 공연이 이어지는 것이다. 1인 3악기 프로젝트에서 갈고

추억을 쌓는 1000 BOOK 생일파티

닦은 기타, 오카리나, 리코더에서 고운 선율이 흐르고 광란(?)의 댄스 파티까지 이어진다. 1년에 두세 번은 그룹사운드 공연도 펼쳐진다. 아이들은 환호한다. 이날이 무척 기다려진다고 한다. 축제가 끝나면 준비한 케이크를 함께 나누어 먹는다.

　가끔 부모님들이 축하 삼계탕을 끓여 주시고 떡도 보내 주시기도 한다. 도란도란 이야기꽃을 피우며 사랑하는 친구들, 존경하는 선생님들은 하나가 된다. 졸업한 학생들이 찾아와 중학교 시절 중 가장 행복했다고 얘기하는 '1000 BOOK 생일파티', 그날이 그립다.

우리 학생들이 대박을 터트렸다
– 보령화력본부장배 장학퀴즈대회 장원, 3위 등

2015년 4월 15일 제2회 보령화력본부장배 장학퀴즈대회가 열렸다. 보령화력 주변 지역 3개 중학교 학생 모두 150여 명이 참가하여 성폭력 예방 특강도 듣고 노래, 댄스 등 장기자랑도 발표하는 즐거운 자리이다.

더구나 보령화력에서 아이들이 좋아하는 돈가스 특식을 제공하는 등 마치 어린이날과 같이 아이들이 행복해하는 날이기도 하다. 하지만 오늘의 하이라이트는 장학퀴즈대회. 총 4라운드에 걸쳐 진행된 장학퀴즈에 전교생 중 47명이 참여하여 지혜를 모았다. 아! 오늘의 감동이여! 우리 학교는 15명을 선발하는 4라운드에 무려 10명이 진출하여 장원을 예감케 했다.

가슴이 뛰었다. '하나님! 최선을 다하게 해 주세요!', 기도하였다. 정말 놀라운 일이 다가왔다. 3명을 선발하는 최종라운드에 그것도 우리 학교 2학년 학생 2명이 진출한 것이다. 긴장이 흐르는 가운데 보령화력본부장님과 3개교 학교장이 제공하는 문제를 해결하기 위해 모두 최선을 다하였다.

심훈의 시 「그날이 오면」이 생각난다. 삼각산이 일어나 더덩실 춤이라도 추고 한강물이 뒤집혀 용솟음칠 그날. 드디어 그날이 오고 그 시간이 왔다. 우리 김ㅇ기 학생이 장원을 차지한 것이다. 함께 한 민ㅇ빈 학생도 3위를 차지하였다. 친구, 선생님들이 환호하며 뛰쳐나와 끌어안으며 한호하고 축제의 장이 되었다.

최종 우승에 환호하는 아이들

그동안 행복공감학교를 운영하며 아이들에게 자신감을 불어 넣고자 힘썼는데 아이들이 해냈다. 눈물이 났다. 최종 우승자인 김ㅇ기 학생은 장학금 30만 원과 트로피, 3위를 한 민ㅇ빈 학생은 장학금 10만 원과 트로피를 수여 받았으며 3라운드에 진출한 14명의 학생도 5만 원의 장학금을 받았다.

해외체험 부담이 한결 가벼워졌다. 행복한 자리를 마련해 준 보령화력에 감사한다. 모두 최선을 다했다며 아이들도 서로 축하해 주며 헤어졌다. 이 소문은 메아리가 되어 천북 모든 마을로 퍼졌다. 면장님, 이장님들이 축하 전화를 보내왔다.

그리고 얼마 뒤 천북초등학교가 보령화력본부장배 축구대회에서 우승을 하였다는 소식이 들려왔다. 연이은 쾌거에 천북이 들썩거렸다.

만나는 지역민마다 천북중학교가 우리 천북의 보물이라고 한다. 학교가 마을이고 마을이 학교다.

키 작은 교장을 위한 학생의 감동적인 발명

나는 키가 작은 교장이다. 저 멀리 시골 경북 봉화에서 어렵게 자라서인지 겨우 160cm가 될까 말까이다. 어릴 때는 부모님을 원망하기도 하고 열등감도 있었지만 잘 극복하여 행복한 교장으로 지냈다.

천북중학교 국어 선생님도 그리 큰 키는 아니다. 하지만 당차고 멋지다. 앞에서도 얘기하였지만 지금은 승진하여 보령에서 중학교 교감으로 재직하고 있다. 2014년 교무부장 선생님으로 고생도 많이 하고 천북중학교를 명품학교로 만드는 데 일조하였다.

키가 작다 보니 가끔 학교 문단속을 해야 하는데 우리는 애를 먹는다. 특히 혼자 근무하다 외부인의 침입을 고려하여 현관 출입문을 잠글 때, 그리고 잠근 문을 열고 퇴근하기 위해서는 우유 박스 위에 올라가 잠금장치를 사용해야 한다.

이러한 사정을 안타깝게 여긴 우리 학생이 선생님들을 도울 방법을 고민하였다. 그리고 드디어 '키가 작아도 상관없는 잠금장치'를 발명하여 제37회 충청남도 학생과학발명품경진대회에 출품하여 당당히 우수상을 수상하였다. 너무나 감동적이었다. 이제 우유 박스가 필요 없게 되었다. 천북중학교는 4명의 학생이 제37회 대회에서 특상 1명, 우수상 1명, 장려상 2명을 배출하여 도내 중학교에서 가장 많은 입상자를 배출하였다.

3년 연속 최우수 성과이다. 그동안 전교생이 발명왕이라는 자부심과 슬로건으로 특허청 산하 국제지식재산연수원에 입교하여 2박 3일 발명체험과정을 수료하고 전국대회 입상 지도교사를 초빙하여 지도를 받는 등 아이들에게 체계적인 프로그램을 적용한 것이 큰 도움이 되었다.

또한, 전교원이 발명 지도교사로 참여하여 함께 고민하고 연구한 덕분이기도 하다. 행복은 가까이에 있다. 천북 교육 가족은 모두 동화 속 행복학교 주인공들이다.

경찰대학교 부설 천북중학교

나는 천북중 교장으로 재직하며 지역 명사를 초청하여 특강을 개최하여 학생들과 지역민들로부터 큰 호응을 받았다. 관내 농협조합장, 목사, 파출소장 등을 초청해 학생들로 하여금 지역에 대한 자부심을 심어 주고 진로에도 도움이 되도록 하였다.

2015년 5월은 특별하다. 당시 충남경찰청장님이 보령 웅천 출신이란 얘기를 듣고 지역 명사 특강에 초대하고자 심혈을 기울였다. 처음에는 중학교에서 강의한 적이 없어서 어렵다는 회신이 왔다. 하지만 포기하지 않고 학생만을 위한 것이 아닌 지역 주민도 초청하여 강연을 개최하겠노라고 하였다.

우여곡절 끝에 김양제 충남지방경찰청 청장님이 2015년 5월 22일, 고향인 농촌 지역 학생들에게 꿈과 희망을 전해주고 지역민들과 행복한 대화를 갖고자 천북중학교를 찾았다. 이날 강연에는 학생뿐만 아

지역민과 함께하는 충남경찰청장 특강

니라 학부모, 지역민 등 200여 명이 참석하여 성공한 출향인 김양제 청장님을 축하했으며 끝까지 강의를 경청하는 등 축제 분위기를 연출했다.

김양제 청장님은 학생들에게 "중·고교 6년 동안 최선을 다해 노력과 투자를 한다면 100세 인생을 보장받는다.", "관심 있는 분야에 매진하면 그것이 곧 직업이 되어 인생이 행복할 것이다."라고 말하는 등 학생들에게는 희망의 메시지를 전달하였고 또한 학부모와 지역민들에게도 "쓸모없는 선수는 없다. 끝까지 선수를 포기하지 않고 살리는 게 감독이다."라며, 당시 한화야구단 김성근 감독의 선수기용을 예를 들어 강연하며 학부모, 지역민, 학교가 학생들의 성장 발전을 위해 노력할 것을 역설하였다.

강연이 끝난 후 학생들과 학부모의 질문에도 친절히 응답하고 일일이 악수와 인사를 나누고 기념 촬영까지 응하는 등 배려하는 모습이 인상적이었다. 이곳 시골에 찾아와 주옥같은 특강으로 우리 아이들과 지역민들에게 많은 감명을 준 청장님 덕에, 나 또한 앞으로도 지역 명사를 초청해 꿈과 희망을 주는 천북 인재 육성에 힘쓰겠다고 다짐하였다.

경찰청장님이 다녀간 뒤 천북중학교 학생들 상당수는 또 경찰이 되겠다고 한다. '경찰대학교 부설 천북중학교', 정말로 기대된다.

시가 있는 1000 BOOK 등굣길

나는 페이스북을 하면서 존경하는 분들의 교육에 대한 열정을 많이 배운다. 2015년 내가 무척이나 존경하는 천안오성고 김성련 교장 선생님께서 페이스북에 올리신 전광판을 활용한 유명 詩 소개와 수목 표찰에서 아이디어를 얻어 천북의 명소인 천북중학교 은행나무 등굣길에 시가 있는 등굣길을 꾸몄다.

김성련 교장 선생님은 서천교육지원청 교육장을 거쳐 퇴직하시고도 강연을 다니시어 페이스북 활동도 왕성하게 하고 계신다. 시가 있는 등굣길을 꾸민 것은 1000 BOOK 독서운동의 일환이기도 하다. 나는 김성련 교장 선생님께 부탁하여 오성고에서 활용하는 주옥같은 명시를 받아 수목 표찰 형식으로 은행나무에 장식하였다. 도움 주신 교장 선생님께 진심으로 감사를 드린다.

아이들이 즐거운 마음으로 행복하게 등교하며 하루 일과를 시작하

시가 있는 등굣길

도록 도와주는 방법을 고민하다 천안오성고와 우리 학교 특색사업인 1000 BOOK 독서운동을 결합하여 이 방법을 구상하였는데 아이들이 아주 좋아한다.

시가 있는 등굣길 이후 시 외우기 열풍이 불었다. 부모님도 가세하여 교실 앞까지 아이들을 태워주던 일부 부모님들도 시가 시작되는 곳 앞에 자녀를 내려 주며 함께 읽기도 한다. 지역에도 소문이 나서 지역민들도 야간에 운동하러 학교에 올 때 읽어 보고 칭찬을 한다.

너무나 아름다운 시라고 하면서 마음이 맑아진다고 모두들 좋아하신다. 비용은 동문회에서 부담하여 더욱 의미가 있다. 아침마다 혼자 혹은 삼삼오오 시를 보며 의미를 새기는 천북중학교 학생들에게 학교폭력은 발붙일 곳이 없다.

여수 행복학교 박람회를 녹이다

아빠와 아들, 딸과 엄마, 형제자매, 지역민이 함께 어우러진 천북중학교 그룹사운드 '1000 BOOK 밴드'가 2015년 7월 16일부터 18일까지 여수세계박람회장에서 개최된 2015 대한민국 행복학교 박람회에 초청되어 메인 무대에 서는 감격을 누렸다.

천북중학교는 2014년 전국 100대 교육과정 우수학교 선정에 이어 2015년에는 당당히 행복학교 박람회 출품 학교로 선정이 되고 학교운영 우수사례인 1000 BOOK 밴드도 초청되어 공연하는 혜택을 누린 것이다.

앞에서도 일부 언급했지만 2014년에 학생들에게는 꿈과 끼를 키우고 학부모 포함 지역민들에게는 배움과 취미 생활을 함께 제공하기 위한 목적으로 조직된 그룹사운드 '1000 BOOK 밴드'는 매주 월요일, 금요일 야간을 활용하여 음악교사의 지도로 실력을 쌓아왔는데 전국 무대에 서게 된 것이다. 학부모들의 적극적인 참여와 학생들의 꿈이 어우러진 밴드는 천북중학교 생일 축하 파티 공연을 시작으로 2014년 연말에는 1000 BOOK 행복 콘서트에도 선보여 박수갈채를 받기도 하였다.

실력을 인정받은 밴드는 드디어 6월 17일 대한민국 행복학교 박람회 메인 무대 단독 공연에 서게 된 것이다. 이날 공연에는 교육부차관을 지낸 당시 박춘란 충남교육청 부교육감님이 끝까지 박수와 흥으로 자리를 함께하며 격려해 주었고 1,000여 명의 관객들이 연주에 맞춰 함께 노래하고 어깨를 들썩거리며 환호하였다.

1000 BOOK 밴드 공연

　천북중학교는 보령화력발전소의 지원으로 버스 두 대를 대절하여 전교생과 학부모들의 참가를 도왔다. 오후 3시 30분부터 40여 분간 '젊은 그대', '빙글빙글', '나성에 가면' 등 8곡을 연주하며 환상의 하모니를 선사한 학부모와 학생들은 해냈다는 벅찬 심정으로 서로 껴안고 감동의 눈물을 흘려 관객들의 눈시울을 자아냈다.

　전국 각지에서 박람회장을 찾은 관객들은 이구동성으로 "전교생 51명의 학교가 이리도 행복한 공연을 펼치다니 역시 천북중학교는 동화 속 행복한 학교이다. 부럽다."라는 반응을 보였다.

　더운 날씨 속에서도 음악을 통해 학부모와 학생들이 소통하고 관객들과 하나가 된 정말 의미 있는 시간이었다. 공연이 끝난 뒤 학부모들이 우리 촌놈들이 이런 큰 무대에 설 수 있게 해 주어서 고맙다고 인사를 한다. 동화를 만드는 행복학교 천북중학교 이야기는 항상 진행형이다.

천북 지역을 수놓은 아름다운 하모니 비바플루트 앙상블

교장 공모 당시 상황에서 소개했듯이 나는 학생들뿐만 아니라 지역민을 위한 문화 혜택을 주기 위해 노력하였다. 그래서 어렵사리 그 유명한 계족산 '뻔뻔한 클래식' 공연을 두 번이나 유치하고, 보령시립합창단 초청연주회 유치 등으로 지역민의 호응을 얻어 천북면 음악회를 탄생시키는 일등공신 역할을 하였다.

그것만이 아니다. 지역민과 학생이 함께 하는 그룹사운드를 창단하여 천북중학교 강당을 활용한 공연으로 지역민의 직접 참여도 이끌어 내었다.

2015년 8월 28일 금요일에는 천북중학교 강당에서 '찾아가는 비바플루트 앙상블 연주회'가 성황리에 개최되었다. 이 연주회는 보령지역의 플루트를 좋아하고 플루트에 대한 사랑과 열정을 나누고자 하는 음악인들이 모여 10여 년간 아름다운 공연을 펼치고 있는 최고 인기 연주회이다.

이 비바플루트 앙상블이 문화가 소외된 천북 지역에 아름다운 하모니를 선사하고자 찾아왔다. 김다혜 리더의 해설과 아름다운 어울림은 플루트에 문외한인 나를 비롯한 우리 학생들, 지역민들에게도 지친 마음과 몸을 달래주고 위로해주는 감동을 주었다. 중간중간 한국무용과 현대무용도 곁들여 특별함이 더했다.

이날 연주회를 위하여 단원들이 여름을 반납하고 생업을 마치고 저녁 내내 연습을 하였다고 한다. 너무나 감사하다. 우리 학생들의 문화적 감수성 함양과 음악적 소양을 키워 감성 인재로 보답하겠다고 다짐을 한다.

한여름 밤의 멋진 천북 플루트 페스티벌은 가을에도 계속되고 천북지역은 플루트를 매개로 따뜻한 인간미가 넘치는 아름다운 공간이 될 것이다. 수고해 주신 김다혜 리더님과 단원 모두와 관계자분들께 감사드린다.

보령시의회에서 개최된 학생회 대토론회

천북 지역은 행정구역상으로는 보령시에 속하지만 지리적으로 홍성에 훨씬 가까워 어떻게 보면 보령시민도 홍성군민도 아닌 상태로 지역민들은 생활하고 있다고 앞에서도 소개하였다.

그러기에 학생들도 보령시민으로서의 애향심과 자부심이 덜한 면이 있다. 학생들에게 보령시민으로서의 자부심을 심어주고 풀뿌리 민주주의에 대한 살아있는 교육을 전개하고자 2015년 9월 8일 국어, 사회 등 융합 수업으로 보령시청, 보령시의회 체험을 실시하였다.

수업과 자료를 통해 사전 지식을 충분히 습득하도록 하였다. 때마침 보령시청에서는 천북 사진전을 개최하고 있어서 더 의미가 있었다. 시청 로비에 전시된 사진 중에는 천북중 학생들의 어릴 때의 귀여운 모습들이 꽤 있어서 학생들은 자신이나 친구의 모습을 보고 즐겁게 그때를 회상하며 웃기도 하였다.

시의회 방문 학생 대토론회

시청을 둘러보고 시의회 회의장을 우리 학생들이 점령(?)하였다. 보령시의회에 대한 간단한 소개와 최은순 시의원님의 인사가 이어지고 우리 학생들은 사전에 준비한 각본대로 의원님들의 좌석에 앉았다.

모두 처음 해보는 경험에 신기해하며 즐거워하였다. 오늘은 내가 보령시의회 의장이고 의원이다. 우리 학생들은 학교 발전을 위한 대토론회를 개최하였다.

5분 자유발언도 하고 의원이 되어 질의도 하고 시장이 되어 답변도 하는 등 민주주의의 가치를 배우는 즐거운 시간을 보냈다. 이렇게 민주주의를 경험한 우리 학생들은 민주시민역량을 키워 자랑스러운 보령시민, 세계로 나아가는 글로벌 인재가 될 것이다.

울지마 쫄지마 너희들은 최고야

아이들이 흐느낀다. 목천고 강당은 울음바다로 변했다. 전교생 51명 천북중학교 학생들. 이 학생들에게 학교는 최고의 무대이다. 메르스로 하루 휴업했을 때 건방진 녀석들이 왜 학교 못 오게 하냐고 나에게 카톡과 문자로 항의를 하는 통에 두 손 두 발 다 들은 적도 있다.

이 녀석들이 플로어볼에 푹 빠졌다. 2014년에는 남학생들이 충남대회에서 우승하고 여학생들은 3위까지 했으니 플로어볼은 아이들의 전부요 현재이자 미래이며 하나가 되게 하는 신비한 묘약이다.

2015년 9월 12일 교육감배 스포츠클럽 플로어볼대회에 천북호는 지난해보다 더 높인 남녀 동반 우승이라는 거창한 목표를 안고 출항하였다. 이순신 장군이 12척의 배로 승리를 일구어냈듯이 〈천북 학익진 전법〉으로 무장하였다. 여자부가 준결승에서 논산 대표인 금ㅇ중학교를 만났다. 최선을 다하고 사력을 다했지만 결과는 2대1로 분패. 금ㅇ중학교 여자부는 이날 우승을 차지하였다.

여학생들이 대성통곡을 한다. 나도 눈물이 났다. 지난해는 3위에 만족하는 눈물이었다면 올해의 눈물은 정말 아쉽고 분해서 우는 눈물이다. 나는 우리 학생들이 그만큼 성장하였다고 생각하였다. 항상 시골학생으로 열등감에 빠져 있던 아이들이 이제는 넓은 물에서 경쟁도 알게 되고 하고자 하는 의욕이 넘치는 것으로 이해하였다.

남학생들이 여학생들을 웃게 해 주고자 이를 악물었다. 힘겹게 두학교를 이기고 대망의 결승에 올랐다. 준우승 확보. 이것만으로도 쾌거이긴 하다. 그렇지만 학생들은 만족하지 않고 진의를 불태웠다. 친안○○중학교와 맞붙은 결승전. 선생님들도 카톡방을 개설하여 실시간으로 응원과 기도를 하고 여학생들도 목이 터져라 체육관을 울렸다.

환호와 긴장의 연속이었지만 천북중학교는 준우승에 머물렀다. 남자 2위, 여자 3위. 많은 관중이 갈채를 보내고 격려하였지만 학생들은 부둥켜안고 서럽게 울고 또 울었다.

우리 학생들은 오늘의 소중한 경험을 두고두고 영원한 추억을 안고 멋진 미래도 다질 것이다. 아! 이날도 우리는 돌아오는 길에 지난해에 이어 홍성 작은 식당을 통째로 접수하였다. 삼겹살을 해치우며 아이들의 공통된 화제는 2016년 플로어볼 대회 남녀동반 우승이라고 한다. 아! 그때 나는 초빙이 끝나 어디에 있을까? 슬프고 아름다운 행복한 하루가 나를 꿈꾸게 한다. 지금 2016년 얘기를 해야겠다. 나는 9월 1일 자로 홍성여고 교장으로 옮기고 천북중학교 남학생들은 충남 우승을 거머쥐었고 전국대회 준우승까지 하는 기염을 토했다. 멋진 녀석들.

우정이 꽃피는 대한민국 방과후학교 박람회

천북중학교는 2015년에는 여수 행복학교 박람회 참가에 이어 일산 킨텍스에서 열린 대한민국 방과후학교 박람회에도 참가하는 겹경사를 누렸다.

천북중학교에서 이루어지는 다양한 방과후학교 프로그램이 인정을 받아 전국대회 장려상을 수상했는데, 방과후학교 박람회에까지 초청된 것이다. 행복학교 박람회 부스를 운영한 경험이 있어서 그리 큰 어

대한민국 방과후학교 박람회에서 보령시 홍보

려움이 없이 천북중학교는 킨텍스에 부스를 차리고 학교와 프로그램 소개에 열을 올렸다. 그중에 천북중학교 부스에는 다음과 같은 우정의 꽃이 활짝 피었다.

#1.

"야, 인마 나 일산 와 있다.", "그래, 무슨 일이고?", "응 우리 학교가 상 타서 여기 킨텍스에 부스 차렸다 아이가." 앞에서 말했듯이 나는 경상북도 봉화군 춘양면 출신이다. 아직도 우리 시골은 산에서 내려오는 물을 그냥 마셔도 끄떡없는 그야말로 청정지역이다. 우리나라 유명한 목조 건물은 춘양목인 금강송을 사용하는 것은 익히 알려진 사실. 강에서는 미역 감고 산에서는 전쟁놀이하던 그 친구들이 이제는 뿔뿔이

흩어져 전국 각지에서 서로를 그린다.

하지만 뭐가 그리 바쁜지 평소에 만난다는 것은 하늘의 별 따기. 특히 나는 홀로 충청도에 살고 있어 친구들을 향한 그리움은 더욱더 깊다. 나의 전화에 친구들이 자기 일처럼 기뻐한다.

전화로 축하해 주기도 하고 일산에서 서울에서 경기도 광주에서 친구들이 한걸음에 달려와 축하를 해준다. 선생님들과 학생들을 음료수로 격려해 주고 친구인 나를 유명한 한식집에 데려가 식사를 대접한다.

중학교를 졸업한 지 50년이 훨씬 넘었지만 그 시절 얘기로 웃음꽃을 피우고 추억을 공유한다. 2015년 대한민국 방과후학교 박람회는 우정이 꽃피고 행복이 충만하다.

#2.

전교생 51명의 천북중학교가 대한민국 방과후학교 우수학교로 선정되어 교육부장관 표창을 수상하고 부스를 운영하고 있다는 기쁜 소식에 천북중학교 동문들은 박수와 사랑을 보냈다.

대견하고 자랑스럽다며 저 멀리 목포에서 축하 전화를 해 주는 동문. 화환과 화분을 보내 축하해 주는 동문. 모두 고맙다. 특히 1회, 7회, 9회 동문들은 우정을 뽐내며 삼삼오오 함께 부스를 방문하여 축하해 주고 격려하여 주었다.

페이스북에도 나를 링크하여 기쁨을 함께해 주기도 하였다. 대한민국 방과후학교 박람회를 통하여 우리 천북중학교 동문들의 우정도 깊어만 간다. 아마 나와 친구들처럼 부스를 방문한 후 함께 추억을 나누고 공유하며 소주 한잔 하며 기분 좋은 하루를 보냈을 것이다. 우정이 꽃피고 행복이 충만한 2015년 대한민국 방과후학교 박람회이다.

보령댐을 찾아 단비를 간절히 기원하다

2015년에 42년 만의 최악의 가뭄으로 보령댐의 저수율이 20%로 떨어져 보령을 비롯한 충남 서북부 주민들은 단수 등 어려움을 겪고 밭작물이 자라지 못하는 등 땅 위의 모든 만물이 목이 말라 있었다.

천북 지역도 예외는 아니다. 하지만 학생들은 실감하지 못한다. 물론 학교에서는 물 아껴 쓰기 캠페인을 하고 학부모에게도 가정통신문을 보내는 등 홍보를 하고 있지만, 百聞이 不如一見. 아이들이 직접 안타까움을 느껴보고 단비를 기원하는 행사를 기획하였다.

보통 중간고사가 끝나는 날 오후는 수업을 하거나 학교에서 행사 등을 하지만 천북중학교 학습공동체에서는 10월 중간고사 마지막 날 교과와 창의적 체험활동이 어우러진 융합 수업으로 보령댐 탐방과 단비를 기원하는 메아리를 하늘에 전달하기로 하였다.

수자원공사 보령댐 관리사무소의 협조를 얻어 보령댐 위에서 2, 3학년 학생들과 나를 포함한 선생님들은 각각 비를 소망하는 글과 그림을 작성하여 기우제를 지내듯 기도하였다. 우선 학교장인 내가 축문을 낭독하듯 소망의 글을 낭독하고 불을 붙여 하늘로 띄웠다.

이어서 아이들이 큰소리로 각자의 소망을 담을 글과 그림을 흔들며 간절히 하늘을 향해 외쳤다. 학생들은 버스를 타고 오면 비닷이 드리

보령댐에 물을 채워주세요

난 수위를 보고, 댐에서도 얕은 수위를 가까이서 확인하며 비를 소망
하는 이 행사의 목적을 점차 깨닫는 것 같았다.

목마른 자만이 참다운 물맛을 알듯이 가뭄이 있고서야 비의 고마움
을 우리는 안다. 학생들에게 우리는 자랑스러운 보령시민이라고 했다.
우리의 댐 보령댐으로 충남 서부지역 주민들이 이 물을 먹으며 행복한
삶을 살고 있다고 강조하였다. 그래서 자부심을 느끼고 미래를 빛내는
자랑스러운 보령시민이 되라고 힘주어 말했다.

하나님, 우리 천북중학교 교육 가족의 간절한 소원을 들어주세요.
가뭄으로 인한 갈증이 완전히 해갈되고 사랑에 목마른 사람들의 마음
도 후련하게 적셔주길 소원합니다.

귀한 손님을 위한 바비큐 파티

2015년 10월 19일. 아침부터 학부모, 선생님들은 바빴다. 축산단지인 이곳 천북에 귀한 손님이 지난해에 이어 또 찾아오기 때문이다. 천북산 1등급 돼지를 잡아서 아침부터 바비큐 파티를 위한 준비를 한다. 도대체 어떤 귀한 손님일까? 바로 천북중학교 자매결연학교인 서천 비인중학교 전교생 42명이 오는 날이다.

1학기는 비인중학교에서, 2학기는 천북중학교에서 우정의 교류를 시작한 지 벌써 네 번째이다. 아이들은 금방 사귄다. 이제 만나면 이름을 부르면서 포옹하고 반가워하며 이날을 손꼽아 기다리고 있다. 1학기 때 비인중학교에서는 축구 경기 중 비인중 어떤 여학생이 나에게 와서 저기 축구하는 저 학생 전화번호를 알려달라고 조른 적도 있다.

그만큼 나 역시 비인중학교 아이들과도 친해졌다는 증거다. 오후 2시에 강당에서 환영을 위한 행사로 축제는 시작되었다. 여수 행복학교 박람회 메인 무대에 서서 앙코르 공연까지 펼쳤던 우리 아이들 그룹사운드 1000 BOOK의 환상적 연주와 댄스 공연으로 환영 파티는 시작되었다.

학생들과 선생님들은 환호하며 어깨를 들썩이고 박수를 친다. 이보다 더 즐거운 시간이 있을까? 운동장에서 이어진 축구는 이 녀석들이 이제는 페어플레이에서 나아가 서로 한 골씩만 주고받는 양보의 미덕도 발휘하며 내년에 승부를 내자고 의미심장한 눈빛을 교환한다. 아마도 이것은 내년에도 꼭 이 행사를 해야만 한다는 즐거운 압력으로 들린다.

비인중-천북중 함께하니 더 행복해요

　뭐니 뭐니 해도 이날의 하이라이트는 바비큐 파티다. 학생들은 자연스레 서로 섞이어 학교생활, 그동안의 안부를 묻는 등 행복한 대화에 시간 가는 줄 모른다.

　천북중학교 학부모회가 제공한 돼지 한 마리가 금방 동이 났다. 학생들은 맛있다고 감사하다고 고마움을 표시한다. 작별의 시간이 오자 학생들은 아쉬워하며 버스가 보이지 않을 때까지 서로 손을 흔들며 내년에 보자고 한다. 2016년에는 양교가 융합 수업, 팀티칭 등으로 알찬 계획을 수립하여 교육과정 속 온종일 프로그램으로 운영하는 것을 검토하기로 하였다.

　2016년에는 보령과 서천에서 우리 아이들의 행복한 함성의 메아리가 더 크게 울려 퍼질 것이다. 수고하신 민경희 교장 선생님을 비롯한 양교 교직원, 학부모들께 진심으로 감사드린다. 마을 속 행복학교 비인증, 천북중이다.

경찰의 날 파출소 방문

2015년 10월 21일은 특별한 날. 둘이 하나가 되는 부부의 날? 아니, 위풍당당 70주년 경찰의 날이다. 천북파출소 박일순 소장님은 너무나 훌륭한 경찰이다.

서울에서 근무하시다 승진하여 이곳 보령으로 발령이 나서 가족의 품을 떠나 천북 지역민들과 인연을 맺었다. 파출소에서 생활하시며 늘 주민들을 위해 몸을 아끼지 않으신다.

3월 2일 천북중학교가 봉화산에서 입학식을 치른다고 하자 등산로 입구까지 경찰차를 동원하여 안내와 교통 통제로 안전한 입학식을 치를 수 있도록 도움을 주기도 하였다.

봄에 천북에서 조그만 산불이 났을 때 몸을 사리지 않고 제일 앞장서서 산 중턱 화재 장소로 올라가 진압을 하여 주민들의 신망은 하늘을 찌른다. 친절과 미소가 몸에 밴 이분이 경찰이 맞나 의심이 들 정도이다. 파출소장님과 함께 하는 우리 천북파출소 경찰관님들 역시 늘 힘든 기색도 없이 학교를 둘러보고 학생들과 친구가 되기도 한다. 덕분에 천북중학교는 3년째 학교폭력의 그림자도 찾아볼 수 없는 동화 속 행복학교가 되었다.

10월 21일 천북중학교 학생회 간부들 10여 명이 경찰의 날을 축하하고 고마움을 조금이나마 표시하고자 생일 케이크, 떡, 음료수를 들

경찰의 날 천북파출소 방문

고 파출소를 찾았다. 안타깝게도 파출소장님을 비롯한 많은 경찰관이 경찰의 날 행사에 참석하셔서 근무 중이신 한 분의 경찰관만 만날 수 있었다.

그래도 우리 학생회 임원 일동은 "감사합니다. 사랑합니다. 경찰의 날 축하드립니다."를 함께 외쳤고 학생회장은 감사의 글을 낭독하였다. 경찰관님의 눈시울이 붉어졌다. 연신 고맙다를 외치며 아이들을 끌어안아 주었다.

그리고 경찰이 되어 항상 주민의 편에 서서 조국에 충성하고 있어 자부심을 느낀다며 우리 학생들에게도 사랑과 나눔과 배려로 미래를 키워나가라는 당부의 말도 잊지 않으셨다. 우리 학생들은 그 어떤 명사보다도 훌륭한 특강을 들었다.

마을 속에서 학교와 파출소가 하나가 된 멋진 경찰의 날이다. 오후에 출장 중이라 무음이었던 핸드폰을 나중에 열어 보니 파출소장님으로부터 세 번이나 부재중 전화가 왔었다.

전화를 드렸더니 오늘 너무 행복하다고 하신다. 파출소 가족들이 한데 모여 멋진 생일 파티와 떡으로 자축하며 이구동성으로 경찰관이 되어 가장 보람되고 행복한 하루를 보냈다고 한다.

소장님! 우리 학생들도 오늘 너무나 행복해했답니다. 앞으로도 우리 아이들 사랑해 주시고 지켜주세요. 소장님을 비롯한 경찰관들이 함께 하니 늘 행복한 천북 아니 천복(天福)입니다. 사랑합니다.

천북면 이장님들 천북중 체험학습을 위해 500만 원 쾌척

천북면은 28개리가 합쳐진 삼면이 바다로 둘러싸인 한반도의 축소판이다. 이장님들의 모임인 이장협의회는 천북면 경로잔치, 면민체육대회 등을 주관하거나 후원하면서 마을 화합을 다지고 있다.

조ㅇ구 이장협의회 회장님과 박ㅇ진 사무국장님을 비롯해 모든 이장님이 마을 속 학교 천북중학교를 사랑한다. 이분들이 일을 냈다.

지역 인재 육성을 통한 마을 속 학교 가꾸기를 위해 보령화력의 발전소 주변 지역 지원금 중에서 500만 원을 천북중학교 역사 체험학습 기금으로 내놓은 것이다. 마을 길 포장, 경로당 보수 등 현안 사업이 많음에도 불구하고 우리 지역 훌륭한 인재를 배출하는 것이 진정한 마을 발전이라는 총의로 마을 속 학교 천북중학교에 기금을 쾌척한 것이다.

천북중학교는 이러한 숭고한 뜻에 대한 보답으로 자유학기제의 연계하여 2015년 10월 28일부터 30일까지 수원화성, 춘천 애니메이션 박물관, 로봇체험관, 김유정 문학촌 등 2박 3일 체험학습 실시하였다. 학생들의 올바른 역사의식 고취와 인문학을 통한 정서 함양에 크게 보탬이 되도록 하였다.

학생들은 우리 마을 이장님들 덕분에 꿈이 생기고 학교와 지역을 더욱 사랑하는 마음이 충만하게 되었다. 오늘도 감사하는 마음을 담아 이장님들과 힘을 합해 마을과 하나 되는 동화 속 행복학교 천북중학교를 만들겠다고 또 다짐한다.

천북중학교 아름다운 가을 느끼시고 힐링하세요

천북중학교의 가을은 천북 8경에서도 상위권에 속한다. 공식적으로 천북에서는 8경을 정하지 않았지만 많은 사람은 1경 내지 2경일 거라고 얘기한다. 안면도로 떨어지는 석양 낙조와 아름다운 경쟁을 하는 것이다.

그러나 천북중학교의 진짜 아름다운 경치는 늦가을 등굣길 은행나무의 잎이 수명을 다할 때이다. 많은 사람이 지나가다가 황금빛 은행나무가 펼치는 환상의 가을 풍경에 반해 기념 촬영을 하며 기뻐한다.

하지만 차가 지나갈 때가 문제다. 낙엽이 바퀴가 내뿜는 힘에 억눌려 밖으로 밀리면서 가운데 시멘트가 모습을 드러내면 한숨이 절로 난다. 그래서 동화를 만드는 천북중학교, 나 유병대 교장은 결단하였다. 내가 쓰고도 민망하다. 늦가을 아름다운 경치를 위해 차량을 전면 통제하기로 하였다.

천북중학교에서 아름다운 가을을 느끼세요

현수막을 내걸었다. 놀랍게도 천북중학교는 가을 랜드가 되었다. 어르신들이 승합차에서 내려서 동심을 즐기고 할머니와 아들로 여겨지는 행복한 가족이 함께 낙엽을 밟고 손주 녀석은 신나 낙엽을 하늘로 뿌리며 콩콩콩. 여기가 낙원이다. 수능으로 일찍 귀가한 졸업생들도 연신 셔터를 눌러댄다. 나는 틈나면 관광객(?)들을 위해 동화를 만드는 학교의 교장이라며 학교 안내 해설사가 된다.

은행나무에 걸린 아름다운 시, 천북 풍광을 감상하고 통일 연못에 뛰노는 비단 잉어를 보고 우리 학교 전경을 보며 정말 동화 속 학교 같다며 감탄한다. 그리고 고마움을 표시한다. 따끈한 커피도 있다니 더 좋아한다. 천북중학교를 방문하는 분들은 힐링과 함께 동화 속 주인공이 될 것이다.

천북 행복교육 네트워크 아름다운 동행

천북에는 동화를 만드는 행복학교 천북중학교와 천북초, 낙동초 3 개교가 마을 속 행복학교를 만들어 가고 있다.

세 학교 교장들은 모두 초빙 교장이다. 왜냐구요? 민망한 얘기를 또 해야 하나? 천북중학교 유병대 공모 교장이 열정적으로 학교 운영을 하는 것을 보고 천북초, 낙동초 학부모와 지역민들이 우리도 공모하겠 다고 해서 모두 교장을 초빙하게 된 것이다.

우리 세 명의 교장들이 힘을 모아 천북 마실 행복교육의 닻을 올렸 다. 2015년 5월 교직원, 학부모, 지역민 60여 명이 천북중학교에서 천 북 행복교육 삼각 네트워크에 시동을 걸었다.

초 · 중 연계 프로그램 개발 및 교육과정 운영, 공동 학부모 교육, 교 사 학습공동체 공동 연수 등의 실시와 정보를 공유하기로 하고 실천에 옮겼다. 초등학교 버스 활용 체험학습, 통학, 충남교육연수원이 주관 하는 학교폭력 예방을 위한 방문형 연수의 뜨거운 열기와 토론, 친선 배구대회, 공동 흡연 예방 교육, 음악회 공동 개최 등 서로 배려하며 윈윈하고 있다.

특히 2015년 11월 23일에는 진한 감동이 있었다. 천북중학교가 주 관하고 한국문화복지재단 청소년 문화사업단이 후원하는 〈브라스밴 드 코리아〉를 초청하여 음악회를 열었다. 세 학교 교직원, 학생, 학부 모, 지역민이 강당을 가득 메웠다. 또한 천북중학교의 자매결연학교인 보령정심학교 교직원, 학생들도 참여하여 아름다운 동행이 되었다.

첫 곡인 영화 라스트 모히칸 OST인 'The Gael'을 시작으로 30여 명

배구 시합에 앞서 삼각 네트워크 교직원 기념 촬영

의 정상급 연주자들이 펼친 장쾌한 관악에 모두 1시간 동안 환호와 갈
채를 보내며 행복을 만끽했다. 또한, 전완표 지휘자님의 재미있는 해
설이 있어 더욱더 좋았다.

그런데 콘서트가 막을 내릴 즈음 지휘자님이 네 학교 교원 모두를
불러내 앞에 세웠다. 우리는 어리둥절하였다. 그리고 청중을 향해 "이
분들이 있어서 여러분이 행복한 것입니다. 항상 감사하게 생각하고 학
생들은 열심히 공부하고 부모님들은 관심과 사랑을 가져야 합니다."
라고 일장 연설을 한 뒤 함께 손을 잡고 만남을 부를 것을 제안하였다.
200여 명의 청중은 함께 손을 잡고 뜨거운 가슴으로 "우리 만남은 우
연이 아니야~"를 브라스밴드의 연주에 맞춰 열창하였다. 모두 눈시울
을 적시며 행복에 빠져들었다. 아! 영원히 그날을 잊지 못할 것이다.

천북이 교육 특구 맞죠? 그렇죠? 나는 행복한 천북중학교 교장이다.

스포츠로 소통하고 공감하는 경찰관은 내 친구

매주 월요일은 스포츠클럽 활동이 펼쳐지는 날이다. 학생들이 가장 기다리는 날이기도 하다. 2015년 11월 30일 월요일에 보령경찰서 천북파출소 박일순 소장님과 경찰관 5명이 재능기부를 하러 학교를 방문하였다.

재능기부라기보다 학생들과 친구가 되기 위해서다. 박일순 파출소 장님은 '미소 · 친절, 경찰관은 내 친구'라는 주제로 학생, 학부모를 대상으로 특강을 하였다.

'미래는 꿈꾸는 자의 것이다. 긍정적인 자세로 최선을 다하면 꿈은 이루어진다.' 등 꿈과 희망을 가꾸는 소통을 강조하며 열강에 열강. 17년간 보디빌더를 하며 다진 몸짱의 비결과 보디빌더대회 입상 일화를 처음 공개하며 목표를 향한 도전도 강조하였다. 이후 학교폭력 예방에 관한 안내, 경찰관 봉급, 경찰관이 되려면 어떤 과정을 거치는가 등을 학생들과 대화하며 화기애애한 장면을 연출하였다.

뭐니 뭐니 해도 이날의 하이라이트는 강의가 끝난 후 학생들과의 스포츠 활동이었다. 교직원, 학생들과 함께 탁구, 배드민턴, 족구 등을 하며 오랜만에 흠뻑 땀에 젖어 행복하고도 즐거운 시간을 보냈다. 평소 다가가기 어려운 경찰관들이 오늘은 이웃 아저씨처럼, 형처럼, 누나처럼 정겹고 다정하다. 오늘도 동화 속 행복학교 천북중학교 학생들은 경찰관은 내 친구라는 동화를 만들고 있다. 이렇게 든든한 경찰관들이 있기에 천북중학교에 학교폭력이 발붙일 곳은 없다.

회복적 생활교육을 만나다

지금은 회복적 생활교육이 대세로 자리 잡고 있지만 2015년 당시에는 매우 생소하였다. 어떻게 학생들에게 책임감과 상호 존중을 가르칠 수 있을까?

우리 선생님들이 고민하고 해결하고자 하는 숙제이다. 그동안 억압과 통제의 생활지도에서 벗어나 연결과 배움으로 관계를 회복하려는 회복적 생활교육이 이러한 숙제를 해결해 줄 수 있을 것으로 생각되어 천북중학교 학습공동체 초청 연수로 전문가 정동혁 선생님을 모셨다. 이미 지난 3개교 방문형 연수에서 회복적 생활교육에 대한 이론을 이수하고 관련 책을 열심히 독파한 터라 학교 현장에서 어떻게 적용할 것인가에 대해 많은 것이 기대되었다.

2시간 동안 원형으로 둘러앉아 아이들 교육에 대한 어려움과 고민을 스스럼없이 토로하고 논의하는 자리가 되었다. 또한, 대화로 소통하는 회복적 생활교육에 대해 많은 것을 배웠다.

나는 학습공동체에 속해 있지 않지만 선생님들의 배려로 끼워주어 좋은 강의를 들을 수 있었다. 무엇보다 우리 선생님들의 행복 교육에 대한 열망을 확인할 수 있었다.

고맙습니다. 사랑합니다. 우리 선생님들의 노력으로 천북중학교는 동화 속 행복학교가 되었습니다.

어르신들의 감동의 X-mas 선물

거꾸로 행복! 어르신들의 감동의 X-mas 선물

"교장 선생님이슈? 나, 하만리 경로당 총무인데 학생들 숫자랑 선생님들 숫자 좀 알려주슈", "아, 예 총무님 무슨 일이세요?", "우리 노인들이 그동안 학생들에게 받기만 하고 미안해서 크리스마스를 맞아 조그만 선물 좀 하려고."

천북중학교 학생들은 학교가 속해 있는 하만1리 경로당을 찾아 수시로 함께 책 읽기, 노래 부르기, 악기 연주, 안마해 드리기 등 봉사를 실천한다. 40여 명의 어르신은 학생들을 손자, 손녀처럼 이뻐하고 학교 발전을 위해 좋은 말씀을 해 주시며 힘을 보태 주신다.

나도 어르신들로부터 무척 인기다. "수고하시는 교장 선생님, 소주 한잔합시다." 하시기도 한다. 그런데 크리스마스를 맞아 2015년 12월

21일 어르신들이 우리 학교 전교생을 경로당에 초청하여 양말을 선물해 주셨다. 물론 우리 교직원 모두에게도 선물해 주셨다.

어르신들은 그동안 아껴 모은 돈으로 양말을 구매하고 주말에 경로당에 모여 일일이 하나씩 정성을 다하여 예쁘게 포장까지 해 주셨다. 학생들은 이 세상에서 가장 행복한 선물을 받았다며 이번 겨울 어르신들이 주신 양말로 따뜻하게 보내고 장차 훌륭한 천북 인재가 되어 보답하겠다고 다짐한다.

그리고 즉석에서 그동안 갈고닦은 연주 솜씨를 뽐낸다. 모두 하나가 되어 박수를 친다. 학부모회에서는 어르신들에게 식사를 제공하였다. 나 역시 교직 생활 중 이렇게 감동의 선물을 받아 본 적이 없다. 어르신들의 고마움을 깊이 새겨 더욱 행복한 동화를 만들기 위해 노력하겠다는 다짐이다.

보령시 미소·친절·청결 운동 우수 기관 표창 자축

2015년 12월 30일 보령시 유공 시민 표창식에서 김동일 보령시장님으로부터 뜻깊은 기관 표창을 받았다.

보령시가 미소가 있는 친절한 시민상 정립과 청결한 도시로 시민이 행복한 희망찬 새 보령 건설을 위해 야심차게 추진하고 있는 〈미소·친절·청결〉 운동 추진 우수 기관으로 천북중학교가 선정되어 상을 받은 것이다.

앞에서도 얘기했듯이, 천북면은 보령시 최북단으로 대천해수욕장이 있는 보령 시내보다 오히려 홍성 지역이 가깝고 교통도 편리하여 지역 정서도 홍성에 우호적인 면이 있다. 그러다 보니 애향심도 조금은 부족하고 화합에도 걸림돌이 되기도 한다. 그래서 2015년에 보령시 〈미소 · 친절 · 청결〉 운동과 연계하여 마을 속 행복학교 천북중학교가 주관하여 지역민과 학생들을 위한 다양한 행사와 프로그램을 기획하여 보령시민으로서 자부심을 심기 위한 작은 노력을 한 결실로 수상하여 더욱 의미가 크다.

여수 행복학교 박람회 참가 시에는 보령시가 제공한 머드 티를 입고 머드 축제를 홍보하고, 일산 방과후학교 박람회에서는 학교에서 직접 제작한 미소 · 친절 · 청결 티를 입고 보령을 홍보하기도 하였다. 천북중학교에서 개최된 음악회와 축제에서도 지역민들에게 이 운동을 소개하고 홍보하기도 하였다.

또한, 우리 지역 미소 · 친절로 성공한 지역 명사를 초청 특강을 통해 보령 인재의 자부심을 느끼고 보령의 역사, 문화, 사회, 예술 등 다양한 분야에 대한 배경지식을 넓히고 지역에 대한 소중함과 애향심, 자긍심을 고취하기 위하여 보령 8경 탐방 프로젝트를 실시하고 행사 후 청결 활동도 병행하였다.

이제 천북 지역민들은 자랑스러운 보령시민이라고 자신 있게 얘기한다. 천북중학교의 〈미소 · 친절 · 청결 운동, 보령시민 자부심 심기 프로젝트〉로 학생들과 지역민들은 보령에 대해 더 많은 것을 알게 되고 사랑하게 되었다고 말한다. 더불어 지식이 늘고 문화의 질이 높아졌다고 자랑한다. 천북은 오늘도 지역민 모두 함께 아름다운 행복 동화를 만들고 있다. 천북은 天福이다.

세상에서 가장 맛있는 컵라면의 행복

학교는 바빴다. 2016년 1월 20일까지 부산대와의 지식봉사 캠프, 교과 캠프, 홍주고 학생들과의 만남, 쏙쏙 캠프 등 다양한 캠프의 연속. 그러나 1월 21일부터의 학교는 삭막하기만 하다. 나도 출장, 연가, 근무지외 연수 등으로 학교를 잠시 떠났다가 27일 출근하였다. 아이들이 없는 학교는 앙꼬 없는 찐빵이다. 아이들이 기다려진다.

밀린 업무를 처리하는 중에 교실에서 흥겨운 음악 소리가 들린다. 직감으로 우리 아이들이란 것을 알 수 있다. 다섯 명의 1, 2학년 아이들이 졸업식 날 선배들을 축하해 주기 위한 깜짝 댄스를 선보인다며 교실 책상을 뒤로하고 연습에 연습을 거듭한다. 아이들은 28일에도 29일에도 추위를 무릅쓰고 학교를 찾아 겨울을 녹이는 땀을 듬뿍 흘린다. 학교가 활기를 찾았다. 아이들은 땀을 식히며 컵라면으로 점심을 때운다. 그래도 얼굴 가득 행복이 넘실넘실. 세상에 가장 맛있는 컵라면이다.

친구와 후배들을 언니처럼 잘 보살피는 2학년 진○, 공부도 1등, 음악도 체육도 최고! 못하는 게 없는 1학년 슬○, 광천이 학구지만 천북중학교를 사랑해 입학한 고마운 1학년 주○, 집이 학교와 많이 떨어져 아침 첫 버스를 타고 왔을 1학년 미○, 모든 일에 열심이고 적극적인 착한 현○. 너무나 고맙다. 내 안에 너희들이 있단다. 졸업식 끝나고 교장 선생님이 수고한 너희들을 위해 맛있는 자장면 사줄게. 사랑해. 멋진 작품 기대한다.

내일이 기다려지는 학교 캠프에서 동화 만들기

천북중학교 학생들은 2월 말이 되어도 동화 만들기를 멈추지 않는다. 2014년부터 시작된 〈내일이 기다려지는 학교〉 캠프에 전교생이 한 명도 빠지지 않고 참여한다.

물론 신입생을 포함해서다. 희망자만 참여하라고 해도 아이들은 아침 일찍 등교하여 프로그램에 대한 기대로 설렌다. 이 캠프는 아이들에게 부담 없이 학교생활을 즐기고 신학년도를 계획하기 위해 선생님들의 개입 없이 서울에서 교육, 문화, 예술 전문가들을 초청해 활동 위주의 프로그램을 진행한다.

2016년에는 '자신의 미래 그리기 CF' 제작을 주제로 22, 23일 1박 2일간 신ㅇ철 CF 감독, 조ㅇ희 시나리오 작가, 김ㅇ현 SBS 웃찾사 개그맨 등을 초청하여 총 6개 조로 나뉘어 이론 수업 및 역할 분담을 통해 촬영을 진행했고, 편집을 거쳐 발표회를 가졌다.

대상을 차지한 조에는 푸짐한 상품도 주어진다. 신입생, 재학생 모두 한마음이 된다. 이 캠프를 통해 보령을 사랑하고 학교에 대한 자부심은 최고조로 이른다.

캠프가 끝난 다음 날 24일에는 선생님들과 함께하는 서울 롯데월드 견학. 아이들과 선생님들은 함께 즐기며 새 학년도 동화 만들기 계획을 세운다. 2016학년도에도 천북중학교 아이들은 기적을 연출하며 대박을 터트릴 준비가 되어 있다.

천북중학교를 떠나는 슬픔과 아쉬움

동화 속 행복학교 완성기 2016.3.1.~2016.8.31.

공모 교장으로 열정을 바친 천북중학교. 가지 말라는 학생들의 고발(?)도 이어지고 지역민들도 진한 아쉬움을 얘기한다. 이제 선생님과 학생들이 척척 동화 속 행복학교를 잘 만들어 가고 있고 학부모, 지역민들도 학교에 무한한 애정을 쏟으며 천북중학교는 우리 학교라고 말한다. 지속 가능한 동화를 쓰기 위해 끝까지 최선을 다하자.

통일 염원 3·1절 태극기 인증샷

2016년 3월 1일, 뜻깊은 3·1절이다. 우리 선조들이 대한독립만세를 목이 터져라 외쳤던 그날이다. 그러나 아직도 완전한 독립이 되지 못하고 같은 민족끼리 서로 으르렁대는 분단의 아픔이 서글프기만 하다. 다행히 현 정부가 들어서서 화해와 번영을 위한 분위기가 무르익는 것 같기도 하지만.

2016년 천북중학교 교무부장 선생님이 〈내일이 기다려지는 캠프〉 기간을 활용하여 게기(揭旗) 교육을 하면서 태극기를 달도록 권장했는데 착한 학생들이 카톡방에 다양한 인증샷을 올렸다. 태극기를 달려고 하는 의지도 대단하여 웃음이 나왔다. 지붕에도 처마에도 장독대에도 시골 안방 입구에도 다양한 장소에 태극기가 펄럭인다. 깃대가 없어서 나뭇가지를 활용한 톡톡 튀는 아이디어도 있다. 방학임에도 우리 아이들의 나라 사랑이 대단하고 대견하다. 아이들 소원대로 빨리 완전하독립이 이루어지길 간절히 기도한다.

　다음날인 개학식 겸 입학식에는 아이들 모두에게 칭찬을 해주고 '우리의 소원은 통일' 노래를 목 놓아 함께 부르련다. 아울러 잊지 않고 3·1 정신을 아이들에게 일깨워 준 교무부장 선생님과 담당 선생님께도 감사의 인사를 꼭 하련다.

라면이 이래도 되나? 잡탕라면 탄생 일화

　천북중학교 학생들은 토요일에도 행복 동화를 만든다. 학생들 성화에 토요 스포츠를 2016년에는 3월 첫 주인 3월 5일부터 시작해야만 했다.

　3월 중순부터 시작할 예정이었지만 토요일도 행복 동화를 만들어야 한다는 강력한 아이들의 요구에 체육 선생님은 두 손을 들어야만 했다. 아이들은 선후배와 함께하는 축구, 족구, 배드민턴, 탁구 등을 하면서 우정과 건강을 스스로 챙긴다.

　가끔 탁구를 잘하는 학부모가 방문하여 아이들과 게임도 하며 재능기부를 하기도 한다. 아! 그런데 이 녀석들이 집에 갈 생각이 전혀 없다. 달래고 윽박(?)지르며 오후에는 집에 가서 부모님 일손도 돕고 공부도 하라고 하지만 막무가내이다. 점심을 거르고 운동을 하겠다고 비장한 결의를 한다.

　아이들에게 점심을 제공하는 것도 한계가 있다. 나는 고민에 빠졌다. 흥부네처럼 박이라도 타고 싶은 심정이다. 운영위원회에서 이러한 사실을 털어놓자 운영위원인 학부모회장님이 아이들에게 점심을 제공하는 것은 학교 예산으로 감당하기 어렵고, 중요한 것은 아이들이 당당히 자기 힘으로 끼니를 해결해야 하는 것이라며 등교할 때 라면을 1개씩 들고 오도록 하면 좋겠다는 제안을 하였다. 역시 머리를 맞대면 통한다.

모두 굿 아이디어라고 의견을 모았다. 토요일 하루 정도는 아이들이 라면을 먹는 것도 나쁘지 않다며 대찬성이었다. 이후 천북중학교 학생들은 토요일이면 한 손에는 라면, 한 손에는 행복을 들고 등교한다. 신라면, 열라면, 김치라면, 진라면, 쇠고기라면 등등. 이 라면들은 12시경이면 체육 선생님과 몇몇 학생들에 의해 큰 냄비 속으로 쏙. 이렇게 잡탕라면이 탄생했다. 세상에서 가장 맛있는 라면일 것이다.

많은 양에다가 각양각색의 라면을 섞어 질은 떨어질지라도 학생들은 엄지 척이다. 한번은 교장인 내가 한 박스를 선물하여 학생들로부터 박수를 받고 함께 먹었더니, 정말 최고였다. 평일에는 교무부장으로 헌신하시고 주말에는 쉬지도 못하고 아이들 스포츠 지도에 라면까지 끓이는 이기용 체육 선생님. 그분은 2015년 충남 체육대상 수상자이다. 그럴 만하쥬?

어른들이 배워야 하는 신나고 즐거운 선거 축제 문화

2016년 3학년 학생이 14명에 불과한 천북중학교에 선거 바람이 불었다. 그 바람은 좋은 바람 고마운 바람이다. 총선보다 빨리 시작된 학생회장 선거(부회장 2명은 러닝메이트)에 무려 3명이나 입후보하였다.

내가 부임하여 4년째이지만 이렇게 많은 후보가 회장이 되겠다며 등록을 한 적이 없다. 아마도 2015년에 보령시의회를 방문하여 풀뿌리 민주주의를 체험하고 미래 역량을 키워 리더가 되자는 교육이 주효한 것 같다.

3월 14일 후보자 등록 후 공약을 발표하는 시간을 가졌다. 도서관에서 진행된 이 날 발표회에 각 후보는 혼쭐이 났다. 공약을 듣고 유권자들이 쏟아내는 질문에 답변하느라 진땀을 흘려야 했다. 답변이 어설프거나 궁한 후보에게 표를 주지 않겠다는 결의에 찬 유권자의 모습을 보니 교장인 나도 긴장이 되었다.

좀 더 의견을 수렴하여 공약을 정리하고 더 고민하여 후보자 간 토론을 하고 싶다는 건의가 있어 4일간의 기회를 주었다. 선거 벽보가 동화 속 행복학교를 상징한다.

기호1번

3S(School, Student, Smile)를 위해 사랑과 우정은 더하고(+) 왕따 폭력은 빼고(−) 기쁨 재미는 곱하고(×) 외로움 어려움은 나누는(÷) 학생회가 되겠습니다.

기호2번

공부, 운동, 취미활동 모두 으뜸가는 학교, 최고보다 최선을 다하는 즐거운 학교, 학생들의 의견을 존중하는 학교, 사랑이 넘치는 학교를 만들겠습니다.

선거 축제 문화 우리가 만들어요

기호3번은 사행시를 걸었다.

기 기호 3번을 뽑아주시면 저희는

호 호수같이 넓고 맑은 마음과

삼 삼성 이건희 회장보다 훌륭한 리더십으로

번 번영하는 학교를 만들겠습니다.

    동화 속 행복학교 유권자들은 고민한다. 드디어 18일 100분 토론보다 더 진지하고 개그콘서트보다 더 유쾌한 '학생회장단 입후보자 토론회'가 열렸다.

14일보다 더 정련되고 세련된 공약을 각 후보가 발표한다. 익명의 건의함 설치, 일주일에 한 번 스포츠활동이 있는 날은 사복 입는 날, 학년별 단합대회, 잘 웃는 학생 학교장 표창, 학력을 높이고 정을 쌓기 위한 선후배 멘토링에서부터 음악실 방음 장치, 칠판 교체, 보건실 가림막 설치 등 예산이 수반되는 공약들도 상당수다.

또 질문이 쏟아진다. "음악실 방음 장치는 돈이 많이 들어가는데 가능한가요?"라는 질문에 후보 왈 교장 선생님과 친해서 제가 회장이 되면 교장실을 매일 찾아가 떼를 써서 방음 장치를 설치하겠다고 한다. 아이구. 나 집 팔아야겠다.

잘 웃는 학생을 표창한다고 하는데 회장단이 친한 친구를 표창하면 어떻게 합니까? 공부 못하는 선후배끼리 멘토링을 하면 어떻게 합니까? 폭소가 터진다. 입후보한 학생이 잠깐 당황했지만 선생님들과 상의하고 의견을 수렴해서 한다며 위기를 넘기는 재치를 발휘한다.

가장 궁금해하는 입후보자 간 상호 토론은 너무나 진지하다. 여기서 지면 승산이 없다. 마지막 후보자별 호소를 끝으로 토론회는 끝났다. 서로 수고했다며 손을 잡고 박수를 친다. 우리 학생들은 비방하지 않는다. 실현성 없는 선심 공약도 하지 않는다. 마음에 들지 않는다고 탈당(전학)도 하지 않는다.

학생회장 선거는 축제이다. 결과 궁금하시죠? 1차 투표 결과 15:14:15로 두 후보가 동점이 나왔다. 초박빙. 15표를 획득한 두 후보가 2차 결선까지 치르는 진통 끝에 21:25로 대세가 갈렸다. 하지만 우리 학생들 모두의 승리다. 2016 천북중학교 학생회 활동 정말 기대된다.

마을잔치에 초대된 천북 아이돌

BTS보다 인기 있는 천북 아이돌 동네잔치 공연

"우리 아들 우리 손주 최고네, 최고." 천북중학교 아이돌이 동네잔치에 떴다. 이 인기스타들을 카메라에 담기 위해 엄마들은 연신 셔터를 눌러대고 할머니들은 아이돌이 부르는 '어머나'에 박수를 치고 함께 부르며 즐거워한다.

2015년 여수에서 열린 행복학교 박람회에서 천 명이 넘는 관객을 녹였던 그룹사운드가 동네잔치에 출연 요청이 쇄도하여 매니저가 스케줄을 체크(?)해야 하는 즐거운 비명을 지르게 되었다.

2016년 3월 30일. 바닷가 학성리 동네잔치에 우리 학생들이 점심시간 짬을 내어 출연했다. 물론 최고의 인기 무대가 되었다. 공연이 끝나자 어르신들이 수고했다고 칭찬하시며 국수며 떡이며 맛있는 음식을 아이들에게 차려 주신다. 교장 선생님 고맙다며 나에게도 한 상 차려 주신다. 우리 아이들 덕분에 포식하는 하루가 되었다.

즐거운 등굣길 곰돌이 푸, 뽀로로와 함께

동화 속 행복학교 천북중학교의 등굣길은 행복 그 자체이다. 해병대 보다 무서운 유병대이지만 아이들 사랑은 뒤지지 않는 학교장과 선생님들 포함 네 분이 7시 50분경부터 아이들을 맞이하면서 동화를 연다.

비가 오나 눈이 오나 하루도 빠지지 않고 3년 이상 계속된 등굣길 학생 맞이로 이제 학생들 한 명 한 명 등교 시간까지 정확하게 맞춘다. 가끔 수고한다고 학부모들이 계란도 삶아 오시고 음료수도 주시며 고마움을 표한다. 비 오는 데 감기 걸리시면 안 된다고 들어가라고도 한다.

아이들과 반가운 인사, 하이파이브, 프리허그가 아침을 더욱 행복하고 즐겁게 한다. 그러던 어느 날. 아! 이 행복 동화의 나라에 곰돌이 푸와 뽀로로가 찾아왔다. 2016년 4월 14일 보령교육지원청 Wee센터 선생님들이 등굣길 행복맞이를 함께 해 주었다. 아이들이 좋아하는 곰돌이 푸와 뽀로로 분장을 하고 아이들을 꼭 안아 준다. "너와 나는 소중해. 혼자라고 느껴질 때 내 손을 잡아."라고 위로의 말도 건넨다. 아이들은 안기고 또 안긴다.

소중하고 행복한 날이다. 함께 해 주신 장학사님, 선생님들 너무나 고맙다. 함께라서 더욱 행복했다. 우리 아이들에게 어떤 위기가 와도 'Wee'기로 오늘을 기억하며 소중한 생명으로 극복할 것이다.

경로잔치에서 봉사하는 천북중 학생들

봉사하는 미소가 꽃보다 아름다워

2016년 4월 25일 토요일. 천북중학교에서는 천북면 청년회가 주관하는 경로잔치가 개최되었다. 벌써 17회째로 천여 명 이상의 어르신들이 참석하였다.

만수무강을 소원하는 풍악, 인기가수 초청 노래, 천북면 노래자랑 등 다채로운 행사에 어르신들은 덩실덩실 춤을 추시며 즐거워하였다. 이 즐거운 잔치에 우리 천북중학교 미소 천사들이 떴다. 아침 일찍 전교생이 등교하여 미소·친절 캠페인을 전개하고 음식 나르기 봉사를 전개하였다.

모두 얼마나 열심히 하는지 아이들은 배고픔도 잊고 뛰어다니며 조금이라도 빨리 어르신들께 맛있는 식사를 대접하고자 애쓴다. 이르신들은 물론이고 많은 부모님이 회원으로 계시는 청년회 회원들이 연신 고맙다며 우리 천북중학교 학생들 없으면 경로잔치를 할 수 없다고 이 구동성이다.

보령시장님도 나에게 엄지 척을 하신다. 한참이 지나 한산해져서야 우리 아이들은 허기진 배를 채울 수 있었다. 교무부장 선생님, 학생부장 선생님이 아이들을 앉게 하고 직접 음식을 일일이 챙겨 준다. 참 보기 좋은 사제지간이다.

무대 옆 '함께 한 단체'라는 안내판에 우리 천북중학교가 빛을 발하고 있다. 우리 천북중학교의 위상을 알려주는 것 같다. 어르신들의 고맙다는 말에 우리 학교 학생회 부회장인 슬ㅇ가 환한 미소를 보낸다. 그 미소는 세상에서 가장 행복한 미소다. 월요일 나는 출근하여 전교생, 전교직원 모두에게 너무나 고마워 아이스크림을 쐈다. 아이들이 행복 동화를 만들수록 내 주머니는 가벼워진다.

학습공동체 아름다운 동행

천북중학교 학생들이 동화 속 행복학교 주인공이라면 선생님들이 만들어 가는 학습공동체는 동화가 탄생하도록 도와주는 산실이다. 매주 월요일이면 함께 모여 소통과 나눔의 수업 문화 조성에 머리를 맞대고 참학력을 실현하는 배움의 학교 문화 조성을 위해 고민한다.

교장인 나는 가끔 초청되어 의견을 듣기도 하지만 대부분의 활동은 선생님들이 자발적으로 꾸려나간다. 나를 포함할 때는 '동행'이라는 동아리 이름으로, 나를 뺀 전체 선생님들의 모임은 '창의가 꽃피는 수업'

으로 정하고 1, 3주 월요일에 아이들이 특기 · 적성 방과후활동을 하는 시간에 모임을 한다. 2, 4주 월요일에는 1000 BOOK 독서 토의 활동을 하는 '오솔길', 자전거를 타고 지역탐방을 통해 수업 적용을 모색하는 '자전거 탄 풍경', 스마트 기기를 수업에 적용하는 방법을 모색하는 '스마트 T'라는 소모임이 삼삼오오 이루어진다.

3월에는 천안동성중학교 교장 선생님을 초청하여 바람직한 학습공동체 운영에 대한 컨설팅을 받았으며 1회고사 시험기간에는 행정실 포함 전교직원이 인근 보령 오서산을 등산하며 천북중학교 역점사업인 보령 역사 인물 유적의 수업 투입에 관해 공감대를 형성하고 정도 나누는 아름다운 동행을 하였다.

학생, 학부모, 지역민이 신뢰하고 존경하는 우리 열정적인 선생님들 덕분에 나는 오늘도 입이 눈가를 향해 가고 있다. 동화 속 행복학교 맞쥬? 참, 퇴임을 앞둔 금년 7월 교감자격연수에 당시 학습공동체를 주관 운영하며 수고한 연구부장 선생님이 당당히 참가하였다. 반가운 해후였다.

어르신들이 함께하시기에 행복합니다. 큰 절 받으세유

2016년 5월 8일은 어버이날이다. 이날에 맞춰 천북중학교가 속해 있는 하만리 경로당을 찾아 어르신들을 뵙는 것이 당연하지만 올해는 일요일이라 어르신들의 양해를 구하고 황금의 연휴 바로 전날인 4일 저녁에 약속하였다.

지난해에는 어르신들로부터 선물까지 받은 터라 준비를 단단히 하

어머나~ 어머나~ 이러지 마세요

였다. 3년째 계속되는 행사라 친손자 친손녀처럼 어르신들이 반갑게 우리 아이들을 맞이한다. "지난 천북면 경로잔치 때 수고했는데 왜 또 와?" 말씀은 그렇게 하셔도 얼굴엔 웃음이 가득하다.

　학생회장이 감사의 글을 낭독하고 학생들 모두 큰절을 한다. "만수무강하세요. 할아버지, 할머니."라고 말하며 아이들은 진실로 소망한다. 이번에는 어르신들의 치아 건강을 위해서 치약을 선물로 준비했다. 선물을 받으시는 어르신들, 선물을 드리는 우리 아이들 모두 행복동화를 만든다.

　이날의 하이라이트 드디어 개봉박두! 학생들이 그동안 갈고닦은 기타 솜씨와 맛깔나는 노래를 선사한다. "어머나, 어머나, 이러지 마세요~" 아이들도 신나고 어르신들은 더 신나서 박수를 치며 춤도 추신다.

이 행복이 오래오래 계속되길 기도한다. 다음은 저녁 식사. 학생들이 정성스레 준비한 저녁 맛있게 드세요. 어르신들을 극진히 섬기며 효를 실천하는 천북중학교는 4년째 학교폭력 ZERO 당근이쥬?

와우! 나의 환상적인 플로어볼 골 장면

2016년 5월 11일 스포츠클럽 활동 시간을 활용하여 사제동행 플로어볼을 하며 나를 포함한 선생님들과 2학년 학생들이 함께 뒹굴며 구슬땀을 흘렸다.

천북중학교는 플로어볼이 거의 축구와 쌍벽을 이루며 교기로 자리잡고 있다. 플로어볼은 남녀노소 누구나 할 수 있어서 천북중학교 전교생은 밥보다 플로어볼을, 솔직히 얘기하면 공부보다 훨씬 더 좋아한다.

아마 선생님들과 함께 플로어볼을 하니 더 신이 나나 보다. 골이 터질 때마다 사제가 얼싸안고 진한 포옹을 하니 이보다 더 큰 정이 어디 있겠는가? 그런데 이날 잭팟이 터졌다. 우리 나이로 60대로 들어선 내가 역사적인 멋진 골을 터트린 것이다.

적군(?)인 아이들도 함성을 보내고 아군(?)인 우리 선생님들은 나와 하이파이브를 하며 함께 기뻐해 주었다. 지면이라 멋진 골을 독자들에게 보여 드릴 수 없어 안타깝다. 혹 보고 싶은 독자는 나의 2016년 5월 11일 페이스북을 보면 나의 멋진 골 장면을 감상할 수 있다.

아직도 짜릿한 그 흥분이 가시지 않고 있어 늘 행복한 추억으로 남아 있다. 나는 그때 이 기회에 퇴임하면 생활체육 지도자로 진출(?)할

까도 생각하였다. 믿거나 말거나. 천북중학교가 사제가 함께하는 플로어볼 경기로 2014년 교육감배 스포츠클럽대회 우승 및 전국대회 8강, 2015년 도대회 준우승 등 플로어볼 명문 학교로 도약할 수 있었던 것은 이렇게 사제동행이 이루어낸 행복 쾌거이다. 이참에 체육 중학교로 전환을 고민하는 즐거운 생각도 해 본다. 나의 이러한 활약은 2016년 천북중학교가 전국대회 준우승을 하는 쾌거에 많은(?) 도움이 되지 않았을까?

꽃보다 아름다운 동화 속 주인공 흙과의 교감

30도가 넘는 때아닌 폭염이 5월을 여름으로 착각하게 한다. 천북중학교는 300평에 가까운 텃밭이 있다. 전교생 50명에게는 너무나 큰 농장이라 할 수 있다.

2016년 5월 16일, 5월 23일 두 차례에 걸쳐 자율활동 시간을 활용하여 학생, 교직원, 학부모, 지역민이 함께 구슬땀을 흘렸다. 학부모들은 트랙터를 이용하여 밭을 일구고, 밭고랑을 만들어 주고, 모종을 기부해 주었다.

지역민인 쌈지돈 마을 위원장님은 명예교사로 참여하여 아이들에게 자연과 생명의 소중함, 작물을 심고 재배하는 방법을 정성스레 설명해 주고 직접 시범도 보여 준다. 남학생들과 선생님들은 비닐을 씌우고 바람이 불어도 비닐이 펄럭이지 않게 삽으로 흙을 퍼서 비닐 양쪽 끝자락을 계속 덮어준다. 허리가 아플 만도 하지만 구슬땀을 흘리며 흙과 교감하며 즐거워한다. 비닐 작업이 끝나면 여학생들이 비닐

햇볕에 그을려도 좋아요

에 구멍을 뚫고 고추를 심는다. 이 작업 또한 만만치 않지만 햇볕에 그을린 건강 미녀가 되겠다며 자연과 동행하며 정성을 다하여 동화를 만든다.

아! 예상하지 못한 행복이 또 다가왔다. 일하는 도중 우리 학생 외숙모라는 지역민이 수고한다며 아이스크림을 한 아름 사다 놓고 가셨다. 아이들은 아이스크림이 꿀맛이라고 기뻐한다. 아마 그날 밤은 꿀잠을 자며 꽃보다 아름다운 동화 속 행복학교의 주인공이 되는 멋진 꿈을 꾸었을 것이다.

맥가이버 선생님들의 제자 사랑이 빚어낸 합창대

전교생으로 합창단을 만든 지 벌써 3년째이다. 매주 수요일 우리 아이들의 고운 하모니가 울려 퍼져 천북은 아름다운 'Sound of Music'에 흠뻑 빠진다.

전교생으로 합창단을 조직하다 보니 합창 발표회 시 계단식 발판 합창대가 없어 남학생과 여학생, 화성(소프라노 · 알토 · 테너 · 베이스), 키 차이 등으로 조화롭게 노래를 부른다는 것은 불가능에 가깝다.

그냥 바닥에 서서 키 큰 녀석이 앞에 키 작은 녀석이 뒤에 서기도 해 아이들도 불편하고 보는 관객들도 안타깝다. 학교 예산을 아껴 합창대를 구매하고자 알아보니 거금이 들어간다. 고민은 깊어지고 학교장 주름살은 늘어만 간다.

그런데 늘 얘기하지만 파랑새는 우리 곁에 있다. 교무실 근무 환경 개선을 위해 책상을 교체하던 중 교무부장 선생님과 연구부장 선생님의 시선이 창고로 옮겨지는 낡고 고장 난 책상에 집중되었다. 두 선생님은 마주 보며 손바닥을 맞춘다.

두 선생님은 의기투합하여 톱으로 책상을 자르고 대패질을 하고 나사를 조인다. 무더운 5월 말에 일주일 이상 톱밥과 먼지를 마시며 땀과 눈물의 합창대가 완성되었다. 이제 우리 아이들은 쾌적한 환경에서 하모니를 더욱 아름답게 만들어 갈 수 있게 되었다. 나는 이런 훌륭한 선생님들과 함께 근무하는 세상에서 가장 행복한 교장이다.

조만간 무슨 일이 있어도 소주 한잔 사야겠다. 제자 사랑이 빚어낸 감동의 합창대에서의 우리 아이들 첫 공연에 대한 사연은 Coming Soon 개봉박두. 기대하세요.

맥가이버 선생님들에 의해 탄생한 합창대

합창대가 전하는 행복

나는 10년도 넘은 낡은 책상이었습니다. 이제 때가 되었다며 선생님들은 나를 버리고자 했습니다. 아마도 불쏘시개로 운명을 다했을 것입니다. 그런데 모든 것을 포기한 나에게 기적이 일어났습니다.

행복 동화를 만드는 천북중학교 맥가이버 선생님들 손에 이끌려 새로이 합창대로 태어났습니다. 노래하는 행복한 천사들을 받치고 있을 때의 그 행복이란 말로 표현할 수 없습니다.

키 작은 천사는 그동안 친구 뒤통수만 보고 노래 불렀는데 이제는 우리 엄마를 보며 신나게 노래 부를 수 있어서 좋다고 저에게 속삭입니다. 어떤 천사는 운동하다 쉴 때 의자가 되어 주어서 너무 좋다며 엉덩이로 나를 자꾸만 문질러 줍니다. 기타 여주도 나를 활용하네요. 나에게 기대어 칸타빌레 동아리 천사들이 편안하게 들려주는 〈조개껍질 묶어〉, 〈여행을 떠나요〉에 나는 지그시 눈을 감고 조개껍질 목걸이를 하고 동화 속 행복나라로 여행을 떠나는 꿈을 꿉니다.

갑자기 내 몸이 무거워졌습니다. 천북중학교 전교생 합창단 천북코러스 때문입니다. 나를 밟고 고운 화음을 연출합니다. 그동안 내가 없는 미완의 합창이었지만 이제는 당당한 천사들의 고운 하모니가 행복으로 울려 퍼집니다.

어떤 부모님은 우리 아들 행복한 모습 찍으려고 연신 스마트폰을 누릅니다. 동화를 만드는 천사들이 부르는 〈사랑으로〉, 〈바람이 불어오는 곳〉 합창이 오늘 밤 천북을 'Sound of Music'에 흠뻑 빠지게 합니다.

불쏘시개로부터 나를 구해 주신 맥가이버 선생님들 덕에 나는 오늘도 행복 동화 만들기에 내 몸을 바칩니다. 이보다 행복한 합창대 있을까요?

별 헤는 밤, 친구 사랑 더하는 밤, 뒤뜰 야영 행복 캠프

사방이 고요 속에 물든 밤. 동화나라 천북중학교 운동장엔 아이들의 미소로 환한 불이 켜졌다. 2016년 5월 27, 28일 1박 2일 뒤뜰 야영으로 아이들과 선생님들은 평생 잊지 못할 소중한 추억을 만들었다.

① 친구야 내 사과를 받아줘

첫 번째 프로그램은 '친구야 내 사과를 받아줘'. 그동안 마음을 아프게 한 친구나 선생님께 사과의 편지를 쓴 전교생이 마당에 둘러앉았다.

학생회장 진○가 무대에 올라 "2학년 후배 ○○야 내 사과를 받아 주겠니? 나는 ○○이 멘토로 나름대로 열심히 노력하여 1회고사 전 열심히 함께 공부하고 알려줬지만, 시험에는 우리가 공부한 것들이 적게 출제되어 멘티인 네가 성적 향상에 실패한 것 같아 무척 마음이 아프단다. 다음 기말고사 때는 좀 더 체계적으로 선생님들과도 상의해서 확실히 공부하자꾸나. 정말 미안해. 내 사과를 받아 주겠니?"

무대 아래 ○○이는 괜찮다며 하트를 그린 뒤 무대에 올라간다. 진 ○는 사과를 건네고 둘은 포옹을 하며 화해를 하고 밝은 내일을 다짐한다. 그리고 이제 ○○이가 진○가 했던 방식대로 대상 학생을 정해 사과를 한다. 이 릴레이에는 학생뿐만 아니라 선생님, 부모님도 대상이다. 흐느껴 울며 사과하는 친구가 있으면 아이들은 "울지마, 울지마, 괜찮아."를 외치며 진심으로 위로한다. 아이들의 사과를 모아 보았다. 나에 대한 사과도 있었고 나도 사과를 했다.

#1.

내 친구 ○○야! 우리가 왜 그랬는지 몰라. 초등학교가 다르다고 서로 외면하고 욕을 했지. 이제 나는 진심으로 너를 아끼고 사랑할게. 친구야 나의 사과를 받아 주겠니?

#2.

과학 선생님! 제가 수업 시간에 친구들과 장난치고 가끔 깜도 지시

속상하셨죠? 정말 죄송해요. 이제 열심히 공부해서 기말고사에서는 100점 받겠습니다. 제 사과를 받아 주시는 거죠?

#3.

오빠야! 우리 남매 둘밖에 없으면서 매일 으르렁거리고 부모님 속 썩여드린 거 생각하면 화가나. 오빠는 원래 착하고 나한테 잘하는 것 알아. 내가 대들고 오빠 무시해서 미안해. 오빠! 이제 우리 행복한 오누이로 부모님께 효도하자. 내 사과를 받아 주는 거지?

#4.

교장 선생님! 체육 시간에 우리 반 교실에 들어오셔서 책상이 정리 안 된 녀석 1차 경고라고 칠판에 적어 놓으신 것 보고 뜨끔했습니다. 제가 정리 안 한 주범이거든요. 죄송합니다. 다음부터는 우선 내 주변부터 깨끗이 정리하는 습관을 기르겠습니다. 제 사과를 받아 주시는 거죠?

친구들, 선생님들 모두 웃음과 눈물로 밤하늘을 수놓는다. 사과하고 먹는 사과는 더 맛있고 우정과 사제의 정은 더욱 무르익고 밤은 총총히 깊어가고 하늘에서 달님은 사과처럼 불그스레 얼굴을 붉힌다. 아름다운 애플 나이트데이.

② 맛있는 우정의 캠핑
교장이 되면 꼭 해야겠다는 뒤뜰 야영을 세월호, 메르스 등으로 주

저하기도 했지만, 2016년에는 초빙 만료를 앞두고 하늘이 두 쪽 나도 해야겠다고 다짐하던 차에 학생회에서도 강력한 건의로 옥죄여와 오케이 사인을 냈다.

아이들의 뜨거운 반응은 예견된 일. 미소조, 친절조, 청결조, 행복조, 공감조의 아이들은 삼삼오오 상의하고 고민하며 힘을 합해 뚝딱뚝딱 텐트를 완성한다. 역시 중딩이라 이 정도는 자신 있는가 보다. 금세 14개의 새로운 임시 건물이 완성되었다.

환상의 팀워크로 탄생한 오늘의 보금자리. 아이들은 경이로운 만족으로 웃음과 하이파이브를 하며 강강술래로 텐트 주위를 돌기도 한다. 캠핑에서 가장 행복한 시간은 삼겹살의 향연. 축산 메카인 천북산 1등급 삼겹살은 그 맛이 그야말로 환상적이다.

선생님들이 삼겹살을 준비하여 조별로 배분하고 각 조에서는 준비한 재료로 타는 저녁놀에 밥을 짓고 삼겹살을 굽는다. 텃밭에서 따온 상추에 밥, 삼겹살, 파채, 마늘, 된장을 넣어 한입 가득 채우며 쉼 없이 이야기꽃을 피운다.

오늘 아이들은 친구를 사랑하며 함께하는 세상에서의 책임감과 리더십을 몸에 익힌다. 친구와 누워 텐트로 틈새 보는 우주는 너무나 황홀할 테지. 별 하나 나 하나, 별 둘 친구 둘. 텐트 안은 우정으로 온기가 가득하다. 아! 배움이 즐겁고 나눔이 행복한 산교육이 천북 밤하늘에 반짝반짝 빛난다.

③ 시 낭송에서 언빼밴드까지 불금으로 행복한 천북 축제

뒤뜰 야영의 하이라이트가 강당을 비춘다. 강당에서는 불타는 금요일 파티가 한창이다. 벼르고 별렀던 우리 아이들 끼 발산이 하늘을 찌른다.

1000 BOOK 독서운동을 하는 학교답게 차분한 시 낭송으로 시작해서 특색사업인 1인 3악기+α의 연주 솜씨를 뽐낸다. 잔잔히 퍼지는 시 낭송. 정현종의 〈사람이 풍경으로 피어나〉를 들으며 천북 교육 가족 모두 행복한 풍경에 빠지고 도종환의 〈담쟁이〉로 함께 손잡고 절망의 벽을 넘어 희망으로 나아간다. 오카리나 연주에서 뿜어 나오는 〈산골 소년의 사랑 이야기〉는 바로 우리 천북중학교 소년들의 아름다운 사랑 이야기다.

맑고 경쾌한 우쿨렐레 연주의 〈You are my sunshine〉을 들으며 우쿨렐레의 고장 하와이 고운 바닷가에서 햇살이 비추는 사랑에 빠지기도 한다. 제자 사랑 맥가이버 선생님들에 의해 탄생한 합창대에서는 칸타빌레 기타 동아리 학생들이 〈조개껍질 묶어〉, 〈여행을 떠나요〉를 흥겹게 연주하며 선생님의 은혜에 감사한다.

드디어 전교생이 올라선 합창대에서는 천사들이 관객인 엄마 아빠를 보며 아름다운 율동과 함께 천상의 고운 화음을 연주한다. 합창대가 가져다준 행복한 기적이다. 부모님들은 앙코르를 외치며 함께 리듬을 탄다. 댄스경연대회 입상에 빛나는 댄스동아리 플래시의 공연에 아이들은 눈을 떼지 못한다.

축제는 절정을 향해 치닫고 천북중학교가 자랑하는 새로운 이름을 걸고 탄생한 그룹사운드 BCB(Best Cheonbuk Band)의 〈오리 날다〉,

엄빠밴드의 환상적인 공연

〈있잖아〉의 멋진 공연 속으로 남녀노소 모두 흠뻑 빠져들었다. 아! 진
짜 하이라이트가 마지막 순서로 자리 잡고 있다. 그 이름도 찬란한 엄
빠밴드. 엄마 아빠로 구성된 학부모 지역민 그룹사운드를 우리는 엄빠
밴드라 불렀다. 2015년 대한민국 행복학교 박람회에 초대되어 큰 인기
를 끌었던 엄빠밴드 공연에 아이들은 환호하고 천북은 열광의 도가니
로 빠진다. 영원히 잊지 못할 동화 속 행복학교, 불금 천북 축제이다.

장학금으로 감동 변신한 택배 잔금

천북 지역에 친환경 농산물을 생산하는 영솔농장이 있다. 그 농장
주인은 38세 노총각으로 낙동초등학교와 우리 천북중학교를 졸업한
송ㅇ괸 청년이다.

괜찮은 대학 컴퓨터학과를 나와 도시에서 잘나가던 직장인이었다가 농촌이 좋아 도시 생활을 접고 부모님과 함께 친환경 농사를 지으러 귀향한 이 노총각은 방송통신대학을 다시 입학하여 공부하며 학생회 간부로 봉사 활동도 하는 건실한 청년이다.

50년 농사를 짓던 부모님은 아들의 권유로 일반 농사에서 친환경 농사로 전환해 함께 구슬땀을 흘리고 있다.

영솔농장에서는 아욱, 강낭콩, 감자, 베트남 고추, 들깨 등 다양한 품종을 판매하고 있다. 컴퓨터를 잘해 블로그를 운영하는 덕분인지 송군의 영솔농장으로 전국에서 주문이 쇄도하고 있다.

그런데 착한 이 청년에게 걱정거리가 생겼다. 우체국 택배를 이용하는데 택배비로 4,000원, 8,000원 등을 고객으로부터 입금받아 상품을 포장해 발송할 때 보통 200원, 300원의 자투리 잔금이 발생하여 이를 환불하기 위해서는 많은 어려움이 따랐다고 한다. 이 청년도 고객도 여간 불편한 일이 아니다.

고민하던 청년은 이 돈을 모아 인근 학교에 장학금으로 기탁하는 아이디어를 냈다. 고객들도 대찬성이었다. 2016년 6월 23일 청년이 천북중학교를 찾았다. 땀 흘려 수확한 홍감자를 모두 팔고 택배비 잔금으로 모은 돈 10만 원을 들고 왔다. 청년의 따뜻한 사연에 나를 비롯한 우리 교직원들은 감동의 눈시울을 적셨다.

장학금 기탁서에는 감자를 주문한 분들의 이름이 빽빽이 적혀 있었다. 전국에 있는 농장주를 비롯한 사장님, 대표님 여러분! 우리 착한 이 청년처럼 택배비 잔금 모아 우리 아이들 꿈을 키우는데 투자하는

일 어때요? 그리고 더 중요한 부탁은 이 청년에게 어울리는 착한 색싯
감 어디 없나요? 아무래도 주례는 제가 제격이죠? 그렇죠?

한국정책방송 KTV에 천북중학교가 소개되었습니다

천북중학교 1000 BOOK 독서운동 사례가 한국정책방송 KTV에
2016년 6월 27일 소개되었다. 천북교육공동체가 함께 만드는 동화가
천북중학교 특색사업 프로그램인 1000 BOOK 독서운동 위주로 소개
된 것이다.

[시작 멘트]

불과 3년 전, 학교폭력과 기초학력 미달 학생이 많아 사회적 배려가 필
요한 농어촌의 작은 학교가 있습니다. 그러나, '1000 BOOK' 운동으로 지
금은 학생, 학부모, 교직원 모두가 공감하는 행복학교가 됐습니다. 최병
현 국민 기자가 그 비밀의 문을 엽니다.

[기사 내용]

학생들의 생일잔치가 무르익어 갑니다.

케이크를 자르고, 연주로 친구의 생일을 축하해줍니다.

선물로 책이 전달되고 소감문이 낭독됩니다.

특별한 생일잔치는 매월 마지막 주 금요일 열립니다.

이렇게 시작된다. 자세한 내용이 궁금하다면 위의 날짜 내 페이스북

을 방문하면 볼 수 있다. 천북중학교는 전국에서 환호하는 동화 속 행복학교가 되었다.

천북 행복교육 삼각 네트워크 배구대회 우승

30도를 훨씬 웃도는 폭염이다. 천북중학교 체육관은 응원의 함성과 웃음소리에 100도를 넘는 열기가 느껴진다.

2016년 7월 9일 토요일에 제1회 천북면 기관·단체 배구대회의 서막이 올랐다. 이 배구대회 또한 내가 천북면 기관장 모임인 발전협의회에서 천북면민 화합을 위한 배구대회를 제안해 천북면체육회장의 수용과 노력으로 성사되었다. 초빙 만료를 앞둔 나에게는 무척 의미 있는 대회이다.

토요일임에도 천북중, 천북초, 낙동초 교직원으로 이루어진 우리 교직원 연합회를 비롯해 면사무소, 파출소 농협, 이장협의회, 중심 공공기관, 자율방범대, 의용소방대, 교회 이렇게 5개 팀이 참여해 리그전을 치렀다. 사실상 천북면 축제이다.

토요일임에도 선수와 많은 주민이 체육관을 꽉 채웠다. 지역민들과 늘 친구요 동지인 우리 교직원 선수단은 이날 가장 인기를 끄는 팀이었는데, 특히 학부모들의 응원은 더위를 물러가게 할 정도였다. 점심 시간에는 보령시장님이 참석하여 격려하면서 많은 주민 앞에서 "천북중학교를 중심으로 천북초, 낙동초 교직원 여러분들이 천북 교육을 업그레이드시키고 지역민들과 소통 공감하여 너무나 감동이고 고맙습니다."라는 칭찬의 말씀도 하여 어깨가 으쓱 솟아올랐다.

교육 사랑으로 똘똘 뭉친 우리 교직원팀이 두 번이나 듀스를 가는 접전과 역전에 역전을 거듭하면서 4전 전승으로 우승과 시상금 30만 원을 거머쥐었다. 쇠뿔은 단김에 빼야 한다. 황홀한 자축 파티가 이어 졌다. 아, 나는 또 코가 비뚤어졌다.

동주의 슬픔과 우토로의 한
– 1000 BOOK 일본 속 한국 문학 기행과 역사 탐방

앞에서 천북중학교 학생들은 입학 후 매달 2만 원씩 장학적금에 가 입하여 불입하고, 학교에서는 상품권으로 주던 시상을 장학적금에 불 입하여 준다고 하였다.

또한, 2015년부터는 동문회에서는 매년 전교생에게 10만 원씩 해 외체험 지원 장학금을 지원해 주고 있으니 학생들의 부담은 그리 크지 않은 편이다. 이렇게 모은 돈으로 3학년 해외체험 수학여행이 2014, 2015, 2년간은 캄보디아 초등학교 봉사 활동 및 체험을 하였고 2016 년에는 독서를 좋아하고 나라 사랑하는 1000 BOOK 소년 · 소녀답게 일본 속 한국 문학 기행과 역사 탐방을 하였다. 사실 나는 이번에도 동 행하지 않으려고 하였다.

하지만 모든 선생님이 천북중학교에서 마지막이니 꼭 다녀오라고 해서 부득이 인솔 단장으로 일본행 비행기에 몸을 실었다. 7월 13일 일본 탐방 이튿날, 하늘도 슬퍼하나 보다. 교토 동지사대학교 안 윤동 주 시인의 시비가 비를 맞으며 우리를 기다리고 있다. '죽는 날까지 하 늘을 우러러 한 점 부끄럼이 없기를…' 시비에 새겨신 서시. 한 점 부끄럼 없는 시인이 가슴 졸이며 기다렸다. 광복의 햇살을 불과 반년 남 겨두고 한 많은 타국 땅 차디찬 감방에서 숨을 거둔 윤동주 시인. 우리 는 안타까움의 눈물을 흘린다.

그 죽음이 전쟁에 광분한 일본의 생체 실험을 위한 주사 때문이라 는 의혹이 있다는 가이드의 말은 우리를 더욱더 안타깝게 한다. 그나 마 시비 옆에 이름 모를 추모객이 놓아둔 꽃과 사진, 책들이 조금은 위 안을 주고 그 옆에는 이곳 동지사대학을 다녔던 정지용 시인의 시비가 있다. 두 시인의 영혼이 서로 의지하고 편안한 천국의 삶이 되길 소망 한다.

윤동주 시비, 정지용 시비를 어루만지며 기도하고 소망하며 사진을 찍었다. 우리 아이들도 시가 있는 등굣길에서 접한 서시와 향수를 함 께 외우고 추모하고 기념사진을 찍으며 두 시인의 혼을 조금이나마 위 로하고 나라 사랑 의지를 불태웠다.

슬픔이 채 가시지 않은 채로 일제강점기 시대 일본 군 비행장 건설 에 동원되어 징용으로 끌려왔다가 해방이 되었지만 돈이 없어 귀국하 지 못하고 일본 땅에 정착해 숱한 차별을 감내하며 한국 국적을 지킨 우토로 마을을 찾았다. 일본이 무허가로 집을 지었다며 강제 철거하려 고 하자 주민들은 기나긴 투쟁과 재판 등 필사적인 활동을 했으며 뜻 있는 일본 시민단체는 물론 우리 고국에서 성금을 모아 일부 땅을 사 주었던 바로 그곳, 우토로 마을이다.

〈무한도전〉에도 소개되어 눈물과 감동을 주었던 바로 그 역사의 현 장에 우리 천북인들이 서 있다. 우리가 찾은 우토로 마을은 재개발로

우토로의 한을 기억하며

빈집과 공사 소리만 요란할 뿐이다. 우리 마음은 착잡하기만 하다. 여
든이 넘은 할아버지 한 분이 재개발이 완료될 때까지 주민들이 우선
인근 시영 주택에서 거주하고 있다고 말씀해 주신다. 하지만 아직도
주변에는 우토로 마을을 지키고자 노력하고 고국을 그리워하는 마음
을 담은 또렷한 우리 글과 그림들이 해체되지 않고 남아 있어서 그나
마 다행이었다.

　다음 수학여행 때 정비된 우토로 마을을 찾아 주민들의 손을 꼭 잡
아보겠다고 다짐하였다. 일본 속 한국의 역사를 본 우리 아이들 표정
에서도 안타까움이 가득 배어 있다.

　교사학습공동체에서는 방학이 끝나면 지역민, 학부모를 초대하여
해외체험 소감 발표회를 하고 2학기 0힙 수업에도 직극직으로 두입

하기로 하였다. 다시는 이런 비극의 역사가 쓰이지 않도록 교육하고 체험하는 이유이다. 우리 아이들이 잘 해낼 것이다.

알파고를 뛰어넘자! 천북은 더위에도 수학 열공 中

방학이면 천북중학교 학생들은 수학캠프에 푹 빠진다. 아침 일찍 등교하여 만지고 관찰하고 느끼며 수학의 재미에 더위도 잊는다. 이렇게 수학캠프에 참여한 학생들은 전국 무한상상 수학축제, 충남 수학축제는 물론 대한민국 행복학교 박람회, 방과후학교 박람회 등 굵직한 행사에서 부스를 운영하며 찾아오는 수학 마니아 학생들에게 갈고닦은 기량을 전수한다.

전교생 50명 모두가 멘토로 참여하니 정말 대단하다. 특히 이렇게 정성스레 배워서 캄보디아에 가서 그곳 아이들과 수학 구조물도 함께 만드는 봉사 활동도 했다. 우리 천북중학교 학생들이 자랑스럽다.

2016년 7월 19일에는 우리 천북 지역을 수학마을로 선포하였다. 알파고를 뛰어넘는 수학적 역량을 가진 인재가 우리 천북에서 나오길 바라며 제1회 1000 BOOK Math Festival을 개최하였다.

수학 선생님과 수학동아리 학생들이 야심차게 준비한 수학축제에는 천북 지역 행복교육 삼각 네트워크인 천북초, 낙동초 학생들도 참여하여 수학으로 하나가 되었다.

전국 축제 부스 활동 노하우를 살려 하트퍼즐, 뒤틀린 입체도형, 토러스링, 도미노 등 체험부스와 체험교실을 운영하고 요즘 대세인 수학보드게임 프로그램도 운영하여 학생들의 뜨거운 호응을 얻었다. 또한,

수학체험에 열심인 초등학생들

우수 체험 학생들에게는 수학 마일리지 스탬프를 지급하여 표창하고 스티커를 18개 이상 모은 학생들은 행운권 추첨 기회도 제공하여 풍성한 수학 잔치가 되었다.

이제 우리 천북 아이들은 다양하고 복잡해지는 미래사회에서 수학적 사고력으로 문제를 해결하며 대한민국 최고의 인재가 되어 역량을 온 세계에 떨칠 것이다. 생각할수록 설레는 일이다. 이 작은 학교가 치러낸 수학축제에 아직도 뿌듯함이 태평양을 넘는다.

참! 천북중학교 교장이 수학교사 출신이라는 얘기가 있다. 믿거나 말거나가 아니라 근거 있는 얘기라고들 한다.

부산대-천북중 특별한 해피 바이러스

부산대와의 캠프를 많이 써서 독자들에게 미안하지만 2016년은 특별한 일이 있어서 글을 쓰니 양해 바란다. 2012년 겨울에 시작된 부산대학교와 천북중의 지식봉사 캠프가 벌써 8회째를 맞았다. 겨울방학에는 부산대에서 여름방학에는 천북중에서 일 년에 두 번은 오작교의 사랑처럼 즐거운 7박 8일의 만남의 시간을 갖는다.

2016년 여름에도 어김없이 부산대 학생들이 천북을 찾았다. 이번에는 스포츠과학부 대학생 8명과 관계자들이 천북중학교를 찾았다. 30도가 웃도는 여름에도 스포츠과학부 전공을 살려 농구, 플로어볼, 배드민턴 등 대학생들과 우리 아이들 40여 명은 운동을 하며 몸을 부딪쳐 끈끈한 정을 쌓고 있다. 함께 공부하며 고민을 토로하며 꿈같은 나날을 보냈다.

#1.

2016년 7월 26일에는 2015년도에 이어 한화와 SK의 야구 경기가 열린 대전 한화생명 이글스파크를 찾아 부산대 멘토들과 천북중학교 학생들은 함께 경기 관람을 하며 당시 잘나가던 지역 연고 팀 한화를 열렬히 응원하였다.

그런데 사실 이날은 아침부터 장대비가 내렸다. 점심을 먹은 후에는 약간 가늘어졌지만, 비가 계속 와서 과연 야구장을 가야 하나 고심하였다. 야구장 관련자에게 전화해도 아직 결정된 바 없다는 대답이 돌아와 고심하였다. 나는 중대한 결단을 내렸다. 오후 3시에 무조건 출

전광판에 선명한 천북중학교

발한다. 만약 비가 와서 야구가 취소되면 인근 오월드 동물원을 관람하기로 하였다. 학생들과 나는 비가 그치기만을 기다렸다. 어떤 학생들은 기도한다고도 하였다.

3시에 버스는 대전으로 출발하였다. 비는 여전히 주룩주룩 내리고 있었다. 대전의 관문인 유성을 지났는데도 비가 내리고 있었다. 체육 선생님이 알아본 정보에 의하면 선수들이 야구장에서 몸을 풀고 있다고 하였다. 이상하다. 비가 오는데 몸을 풀다니? 이렇게 나는 생각하면서 비가 그치기만을 기도하였다.

아! 이것은 기적이다. 고속도로 안영IC를 나와 보문산 방면으로 가는데 아니 여기는 다른 세상이다. 잔뜩 구름만 끼었지 비는 오지 않은 것이다. 만세를 불렀다. 같은 대전인데도 이렇게 다르다니. 나중에 알

있는데 유성은 비가 계속 왔지만 이곳은 1시쯤 비가 그쳐 운동장 정리를 하였다는 것이다. 하나님이 우리 천북중학교와 부산대 학생들을 위해서 자비를 베푸신 것 같았다.

날씨 관계로 관중도 많지 않아 1루쪽 목 좋은 곳에 자리 잡았다. 경기가 시작되기 바로 전 전광판에 우리 천북중학교 관람을 환영한다는 글자가 뜨고 장내 아나운서가 감사하다는 방송까지 한다. 아이들은 기뻐서 와~ 소리를 질렀다. 체육 선생님이 사전 신청을 하였던 것이다. 세심한 선생님이 너무나 고맙다.

2015년 관람에서 삼성에 패해 이번에는 한화의 가을 야구 염원 플래카드, 응원 풍선 막대까지 준비하는 등 열정적인 응원을 하였지만 이번에도 한화가 패해 아쉬움을 남겼다. 하지만 멘토와 멘티가 어깨동무하며 목이 터져라 응원하고 자정이 다 되어 학교에 도착했지만 평생 잊지 못할 추억이 되었다.

역시 우리 응원은 헛되지 않았다. 다음날부터 한화는 4연승 해피 바이러스로 보답해 주었다.

#2.

천북중학교는 보령화력발전소 지원학교이다. 서로 소통하고 공감하며 학교 발전과 지역발전을 위해 함께 노력하고 있다. 화력발전소 경영처장님이 부산대학교를 나오셨다. 내가 부산대학교와의 아름다운 동행을 평소 종종 말씀드렸다.

처장님은 후배들의 선행을 기억하시고 나로부터 후배들이 왔다는 연락을 받고 후배들과 우리 교직원들을 오천항 인근 식당에 초대하여 저녁 파티를 열어주었다. 선후배의 화기애애한 이야기꽃으로 오천항 밤바다는 황홀하게 물들었다.

고무적인 것은 화력발전소 차원에서 더 신나는 캠프 지원 방안을 강구해 보겠다는 해피 바이러스 말씀도 있어 무척이나 기쁜 밤이 되었다.

참스포츠 플로어볼 멘토링으로 배움이 즐거운 참학력 특공대

폭염 속에서도 올림픽의 열기는 더 뜨겁기만 하다. 천북중학교에는 두 학교의 참학력 특공대(특색있게 공부 잘하는 대표선수들)가 무더운 여름을 이기고 있다.

2016년 8월 12일 천안업성고 체육 선생님들과 특공대 학생 20여 명이 천북중학교를 찾았다. 플로어볼 멘토링을 위해서이다. 2015년에도 천북중학교를 방문해 경기 기술 전수, 연습경기 등으로 이 조그만 시골 학교에서는 경험해 볼 수 없는 많은 도움을 주기도 하였다. 천안 업성고 플로어볼 팀은 지난해 전국체육대회에서 우승을 거머쥐는 등 전국 최강이다.

현재는 도교육청 인사담당 장학관이신 천안업성고 이문희 교장 선생님과 나는 참학력은 배움이 즐거운 학교에서 학생들이 행복하게 주체적으로 참여할 때 신장한다는 데 의기투합하여 이런 행사를 하게 되었다.

아마 내가 천북중학교에서 치르는 마지막 내외행사가 될 것이다. 친

천안업성고 학생들의 플로어볼 멘토링

안업성고 참학력 특공대원들은 전교생이 참학력 특공대원인 천북중
학교 학생들에게 경기 방법, 규칙 지도와 연습경기로 실전 효과를 높
이는 등 멘토링으로 실력을 전수하였다.

또한 고교생활, 진로, 학습방법 등에 대해서도 지도를 하면서 소중
한 꿈을 이룰 수 있도록 격려하기도 하였다. 이런 소중한 멘토링으로
천북중학교는 2015 도대회 준우승의 기적을 연출하였다. 이번 멘토링
을 바탕으로 9월 10일 교육감배 스포츠클럽대회에서 기필코 2015년
에 준우승에 머물렀던 한을 풀 것이다.

방학임에도 즐거움과 행복을 가져다주는 참스포츠 플로어볼은 이
제 명실공히 우리 학교의 교기가 되었다. 플로어볼을 통해 자신감이
늘고 사제 간, 선후배 간, 동료 간에 공감하는 법을 배워 사회성도 부

쩍 신장되었다. 3년 연속 기초미달이 없는 등 우리 아이들의 기초도 탄탄하여 공부도 대박이다.

이제 우리 아이들은 진정한 공부를 하는 학생으로 성장하고 미래 역량을 키워 으뜸 인재로 거듭날 것이다. 얘들아 그동안 키 작고 볼품없는 교장 선생님과 함께 웃고 우느라 고생 많이 했지? 이 교장 선생님은 너희들이 늘 생각나고 어디를 가도 한없이 보고 싶을 거야. 그런 의미에서 여학생들은 모두 홍성여고로 오면 좋겠다. 너희들도 그렇게 생각하지?

유병대 잡는 해병대

부임하는 학교에서 첫 인사말이 "나는 해병대보다 무서운 유병대이다."라고 아이들을 협박했다. 그래서 학교생활이 무척이나 편하게(?) 지나갔다.

2016년 8월 29일 천북중학교는 학부모, 지역민을 모시고 7월에 체험하고 온 일본, 강화도, 뉴질랜드 탐방에 대한 체험을 발표하는 시간을 가졌다. 일본은 3학년이, 강화도는 1, 2학년이, 뉴질랜드는 여름방학 중 학생 한 명이 체험한 정보를 공유하는 차원에서 발표회를 가진 것이다. 우선 담임 선생님들이 취지를 안내하고 아이들의 활약상을 발표하였다. 이어서 전교생 49명이 정성을 다해 부모님과 지역민들께 방학 동안 준비한 자료를 바탕으로 발표하여 감동을 선사하였다.

참석하신 분들 모두 생생한 체험 발표에 뿌듯해하고 자녀를 둔 뿌듯함을 만끽하였다. 이 작은 학교에서 강화도를 2박 3일, 일본을 3박 4

진로체험학습 발표회

일 역사 체험을 하고 뉴질랜드까지 섭렵하는 모습을 보고 전국 최고의
학교라고 자랑하고 칭찬하였다.

그러나 이것보다 더 나의 가슴에 와닿은 것은 학생들이 발표하면서
조 이름을 '교장쌤 사랑', '유병대 잡는 해병대' 등으로 지어 나와의 이
별을 아쉬워한 점이다. 발표하면서 교장 선생님의 사랑으로 이 멋진
체험을 하여 너무 고맙다며 눈시울을 붉히고 목이 메는 모습을 보고
나도 울컥해서 눈물을 쏟았다.

유병대 교장 선생님을 오래오래 더 잡고 싶어서 조 이름을 '유병대
잡는 해병대'라고 지었다고 한다. 아이들의 역발상에 아이들과 더 있
고 싶어지는 마음을 숨길 수 없었다. 이날 학부모회와 운영위원회에서
감사패를 준비하였다. 감사패를 전해 주는 손길에는 진한 아쉬움이 가

득 묻어났다.

아! 더 잘했어야 했는데, 하는 아쉬움이 남는다. 너무도 행복한 천북 중학교 4년은 교육자로서 최고의 보람을 느낀 나날들이었다. 나는 아이들 행복을 잡는 교육자이다.

아! 열심히 발품을 팔았건만 – 학구 조정

천북중학교 교장으로 근무하면서 내 생각으로 딱 한 가지 이루어 놓지 못한 것이 있다. 바로 학구 조정이다.

나는 2012년 천북중학교에 부임하여 내가 해결할 최대의 과제가 학구 조정이라고 생각했다. 천북에서 신덕리, 신죽리 출신 초등학생들은 홍성 광천에 있는 중학교로 진학하도록 학구가 되어 있었다. 과거 천북중학교 개교 이전에 광천으로 진학하게 되어 있던 학구가 그대로 이어져 오고 있다.

이로 인해 천북면 각종 행사나 주민 활동의 경우 천북중학교를 졸업한 주민과 광천 소재 중학교를 졸업한 주민의 경우, 알게 모르게 알력이 있어 화합을 저해하는 요인이 된다며 학부모들도 신덕리, 신죽리 출신 초등학생들을 천북중학교로 배정되도록 해 달라는 얘기를 많이 했다.

특히 대상 학교인 낙동초등학교는 6년간 학교생활을 같이 하다가 졸업을 하면서 학구에 따라 천북중학교와 광천 소재 중학교로 따로 진학해서 아이들이 안타까워한다는 얘기도 들었다. 그래, 내가 한번 해 보자. 나는 신덕리, 신죽리 이장님을 찾아가 사정을 설명하고 천북중학교로의 학구 조정 서명과 학부모 의견서 수합을 부탁하여 주민 97명의 서명과 학부모 의견서를 확보하여 2014년 9월 보령교육지원청에 전달하였다. 보령교육지원청에서는 2015학년도는 시기적으로 불가하며 2016학년도에는 학구 조정이 될 수 있도록 최대한 힘쓰겠다는 답변이 돌아왔다.

나는 교육지원청의 노력을 부탁하는 의미에서 2014년 12월 29일 학구 조정 희망 신청서를 정식으로 제출하였다. 이후 2015년 4월 7일 보령교육지원청으로부터 천북중학교 학구 조정 요구에 따른 검토 알림 공문이 도착하고 학구 조정 관련 협의회가 5월 19일 천북중학교에서 개최되었다.

교육지원청에서는 행정팀장, 업무담당자, 천북중학교에서는 나와 교무부장 선생님, 지역에서는 신덕리와 신죽리 이장님들 중 다섯 분이 참석하였다. 아쉽게도 관련 학교인 낙동초등학교에서는 참석자가 없었다. 저녁 식사도 함께하면서 참석자들은 당연히 천북 학생들이 천북중학교에 가야 한다면서 흔쾌히 동의하며 우호적인 분위기였다.

이런 분위기로 보아서 나는 잘될 것이라고 쉽게 생각하였다. 하지만 실제는 난관이 도사리고 있었다. 협의회 이후 보령교육지원청에서 낙동초의 협조를 얻어 설문조사를 한 결과 응답자 14명 중 13명 반대, 1명 찬성이 나와 찬성률이 겨우 7.1%라는 절망의 결과가 나왔다.

나는 발끈했다. 당사자인 천북중학교와 신덕리, 신죽리 이장님들에게 통지도 없이 설문을 진행할 수 있냐며 보령교육지원청에 따졌다. 설문 공문 발송 시 수신자를 천북중학교 한 곳만 더 추가하면 될 것을

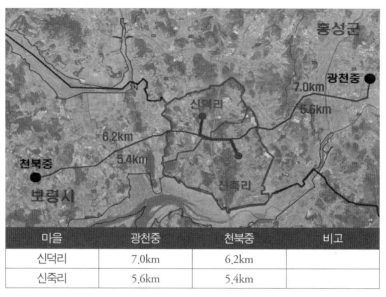

마을	광천중	천북중	비고
신덕리	7.0km	6.2km	
신죽리	5.6km	5.4km	

보령교육지원청 공문 첨부물 중

정말 서운하다고 하였다. 천북중학교가 알았더라면 이장님들과 함께 학생, 학부모를 만나 설득을 했다면 좋은 결과가 나왔을 것이라고도 얘기하였다.

나의 주장을 받아들여 설문조사 재추진이 결정되고 나는 교무부장 선생님과 거의 한 달에 걸쳐 이장님들에게 집 위치를 물어가며 대상 초등학교 학부모 집을 가가호호 방문을 하였다. 유치원 포함 대상 학생 17명의 집을 일일이 방문한다는 것은 쉽지 않았다. 낮에는 일을 나가는 학부모들이 대부분이어서 밤에 전화를 걸고 찾아가야 하는 경우가 많았다.

그래도 결과가 좋으면 되는데 아예 만나 주지 않는 경우도 있고 장기 출타 중인 학부모도 있어서 쉽지 않았다. 그래도 나는 포기하지 않았다. 천북에 사는 우리 아이들이 당연히 천북중학교에 가야 한다는 논리와 그래야 천북면이 화합이 잘 된다는 설득을 계속하였다. 가가호호 방문하면서 만난 많은 학부모와 아이들은 광천은 아주 큰 도시이고 천북은 시골이라 도시로 가고 싶다고 얘기하기도 하고, 어떤 아이는 광천에는 롯데리아가 있는데 천북은 없어서 광천으로 진학하고 싶다고도 하였다. 참으로 씁쓸하였다.

게다가 결정적인 것은 학부모 대부분이 광천 소재 중학교 출신이고 광천중학교와 광천여자중학교가 통합되면 교육부 지원금과 도교육청 지원금을 합쳐 103억 원이 지원된다는 것도 알고 있었다. 그렇게 되면 통학 지원비, 기숙사 등이 제공되고 많은 혜택을 받으리라는 것을 알고 있었다.

아! 사실 천북중학교로서는 도저히 감당할 수 없는 벽이다. 하지만 열정의 유병대는 포기하지 않았다. 삼고초려 해주십사 여러 번 방문했고, 방문 시엔 개인 돈으로 음료수를 사 가는 등 열과 성을 다하였다.

하나님 감사합니다. 나의 노력은 통했다. 17명 중 14명이 찬성하였다. 반대를 고집하는 3명은 2가구였다. 한 명은 광천으로 이사를 할 예정이라 하는 수 없었고 형제를 둔 한 가구는 너무나 완강하였다. 아예 나를 만나 주지 않았고 전화도 받지 않았다. 집을 방문해도 조선족인 어머니는 남편이 반대해 자신도 어떻게 할 수 없는 처지라며 미안해하였다. 남편 또한 세종시에서 일해서 가끔 온다고 하였다.

나는 전화도 받지 않는 아이들 아버지에게 문자라도 보내 일하는 곳을 찾아가고 싶었다. 문자의 내용은 다음과 같다.

유○주, 유○진 아버님께!

안녕하세요? 저는 천북중학교장 유병대입니다.

항상 본교에 관심과 성원 보내 주셔서 감사합니다.

특히 지난해 제가 ○주네 집을 야간에 방문하여 어르신, 어머님께 따뜻한 환대를 받고 ○주 또한 축구를 좋아한다며 천북중학교로 진학하고 싶다고 한 기억이 새롭습니다.

아버님!

우리 학교는 제가 초빙 교장으로 부임하여 교직원들과 합심하여 노력한 결과 이제 전국에서 최고가는 학교가 되었습니다. 공부도 최고, 인성도 최고입니다. 전국에서 100개 학교에만 주어지는 100대 교육과정 우수학교에 당당히 선정되어 상금도 받았습니다.

또한, 최고의 학교만 참가하는 행복학교 박람회에도 당당히 참여하게 되었습니다. 우리 학교에 진학하면 동문회의 전교생 장학금 지급, 해외 탐방, 국내 탐방의 기회가 주어지고 매년 화력발전소에서 2,000여만 원의 발전기금이 주어져 아이들에게 다양한 혜택을 주고 있습니다.

또한, 저녁 늦게까지 선생님들이 야간 자습을 지도해 주시고 수업도 해주시며 귀가는 신덕, 신죽리의 경우 택시로 안전하게 태워주고 있습니다.

아버님!

현재 아시다시피 지난번 학구 조정 의견서를 제출하였고, 이제 잔잉,

반대 최종 설문조사를 받고 있습니다. 저와 교무부장 선생님이 가가호호 방문하여 부모님을 만나 설명해 드린 결과 현재 대상자 17명 중 14명이 찬성을 하였습니다.

따라서, 아버님을 뵙고 설명해 드리고 싶습니다. 아버님이 멀리 출타 중이시면 직장으로 찾아뵙고 말씀드리고자 합니다. 부담 느끼지 마시고 만나서 얘기하는 자리가 꼭 필요하다고 생각합니다. 그리고 곧 뵙기를 소망합니다. 오늘 우선 댁을 방문하여 우리 학교가 소개된 책자와 신문 보도 자료를 놓고 가오니 읽어주시면 감사하겠습니다. 그 어떤 학교도 흉내 낼 수 없는 프로그램을 운영하고 있습니다. 꼭 읽어주시면 감사하겠습니다.

늘 건강하시고 행복하시기를 기도합니다.

천북중학교장 유병대 올림

나의 간절한 호소도 수포로 돌아갔다. 끝내 만나 주시지 않아 나는 포기해야 했다. 내 생애 몇 번 안 되는 포기 결정이다.

그렇지만 찬성률 82%로 끌어 올린 것이 어딘가? 나는 이 결과물을 제출하였고 보령교육지원청은 홍성교육지원청과의 협의를 거치고 도 의회에 상정해서 결과는 2017학년도부터 신덕리, 신죽리 학생들은 천 북중학교나 광천 소재 중학교를 선택하는 공동학구로 바뀌게 되었다.

내가 천북중학교를 떠난 뒤에 시행이 된 것이다. 나는 최선을 다하였다. 그리고 차선의 결과를 가져왔다. 어렵지만 아이들이 천북중학교를 선택하면 좋겠다.

이별을 슬퍼하는 학생회장

천북중학교를 떠납니다

이제는 더 이상 이 학교에 출근할 수 없다. 마지막 아침 등교 맞이에 자녀를 등교시키는 부모님들이 차에서 내려 손을 내밀어 악수를 청하며 고맙다고 한다. 현ㅇ이는 교장 선생님을 안아 보고 싶다고 하며 숨을 막히게 한다. 주ㅇ는 어젯밤 꿈에 내가 나타나는 꿈을 꾸었다며 달려와 나를 꼭 안는다.

그리고 열심히 공부해서 홍성여고 꼭 가겠다며 기다려 달라고 한다. 강당에서 아이들이 나를 기다린다. 마지막 떠나는 나의 메시지에 눈물이 가득하다. 세월은 정말 유수와 같다.

4년의 행복이 주마등처럼 뇌리를 스친다. 꽃다발을 들고나오는 학생회장 진ㅇ가 나에게 꽃다발을 건네며 펑펑 운다. 그래 그 마음 안다.

진O를 꼭 안아 주었다. 아이들이 슬퍼한다. 많은 아이들이 눈물을 보인다. 나는 20년 뒤에 천북중학교 동문회에서 만나자며 일일이 아이들에게 다가가 악수를 하며 고맙다고 했다. 나보다 훨씬 큰 녀석들이 나를 꼭 안는다.

이제는 더 이상 천북중학교에 출근할 수 없다. 하지만 내 가슴 속 천북중학교에는 내일도 모레도 또 출근할 것이다. 나는 행복한 교장이다. 이제 새로운 학교 새로운 학생들이 나를 기다릴 것이다. 나는 또한 최선을 다할 것이다.

2 홍성여자고등학교 교장 이야기

2016년 9월 1일부터 2018년 2월 28일까지

소녀들이여, 세상의 주인이 되어라!

소통의 향기 발산하기 2016.9.1.~2017.2.28.

사랑하는 나의 딸이 졸업한 학교. 근무해 보고 싶던 학교 홍성여고. 하지만 대학입시에 대한 부담으로 공부에 찌든 소녀들이 안타깝다. 두고 볼 수만은 없다. 소통과 공감으로 건강한 웃음과 활기를 찾는 교육이 필요하다. 내가 먼저 나서야 한다. 학생들을 위해서라면 나는 개그맨도 마다치 않겠다. 우선 학생들과 친구가 되자. 선생님, 동문의 힘도 빌리자.

나는 앵무새가 되었다 – 교실로 찾아가는 부임 인사

2016년 9월 1일 정든 천북중학교를 떠나 홍성여고에 새롭게 둥지를 틀었다. 아! 그런데 1, 2학년은 전국연합 모의고사를, 3학년은 수능을 앞에 두고 마지막 치르는 중요한 시험인 수능모의평가를 실시하는 날이었다.

이 시험을 위해 밤샘 공부도 하고 늦게까지 잠을 설쳤을 아이들. 부임 첫날 아침 등교 맞이를 하며 바라본 아이들의 피곤한 모습이 너무나 안타까웠다. (갑자기 알지도 못하는 작은 사람이 나 교장이라며 시험 잘 보라는 얘기에 당황하기도 하고 재미도 있었다는 뒷얘기가 있다.) 웃음을 잃은 아이들. 이 아이들에게 행복한 등굣길을 만들어 주는 것이 내 학교 경영의 최고 목표라고 다짐하였다.

시험이 끝났다. 강당에는 전교생이 들어갈 수 없어 운동장에서 학교

교실로 찾아가는 부임 인사에 더 가까워지는 사제의 정

장, 교감 선생님, 신규 선생님, 복직 선생님 등 4명의 부임 인사를 하는 것으로 일정이 잡혀 있었다. 운동장도 전날 내린 비로 젖어 있었다. 시험에 지쳤을 아이들에게 아무리 좋은 미사여구가 무슨 필요가 있을까? 과감히 내린 결론은 우리가 앵무새가 되는 것이다.

다음 날인 9월 2일 선생님들의 양해와 협조를 얻은 후, 아침 자습시간을 활용하여 학교장인 내가 방송으로 부임 인사말을 낭독하고서 18개 전 교실을 찾아가기로 하였다. 자습시간, 수업 시간 등 짬을 내어 교실에 찾아가 좀 더 가까이서 아이들을 만났다.

그리고 간단히 소개를 곁들인 앞으로의 포부를 얘기했다. 등굣길 피곤함에 지친 아이들은 간데없고 생기발랄한 아이들이 앞에 있다. 함께 행복한 학교를 만들어 가자고 부탁하였다. 수학교사 출신이니 수학 보르는 문제 있으면 언제든지 찾아오라고 하며 그런데 분필에서 손을 뗀 지가 오래되어서 잘 모를 거라고 하였다. 아이들이 웃어 주었다. 아이들이 웃어서 잠시라도 공부에 찌든 얼굴에 미소가 찾아온다면 나는 오늘부터 개그맨도 사양하지 않겠다.

아이들은 함께 행복한 학교를 만들겠다고 큰 소리로 대답한다. 아이들의 행복한 웃음이 가득한 학교가 될 것이라 확신한다. 오늘도 나는 교육자라서 행복하다.

혁신학교 홍성여고의 교장실은 열려 있다

2016년 9월 7일. 설렘과 부담감으로 홍성여고에 부임한 지 벌써 일주일이나 흘러간다. 여기서도 세월은 유수와 같음을 절실히 느낀다. 이제 곧 추석이 다가오고 교장회의 다녀오고 이렇게 하다 보면 후딱 9월이 금방 지나갈 것 같았다.

혁신학교(당시 명칭은 행복나눔학교였으나 현재 혁신학교로 통일하여 지금부터 혁신학교라고 표현하겠다.) 부임 첫 일정으로 아이들에게 교장실을 활짝 열고 웃음꽃도 활짝 피우도록 하겠다고 약속했다. 공부에 찌든 아이들이 찾아와 수다도 떨고 함께 웃다 보면 행복한 학교생활에 조금이라도 보탬이 되면 좋겠다 싶었다. 점차 나도 많이 배워서 상담도 진로지도도 보탬이 되면 일석이조.

아이들이 경쟁적으로 교장실 문을 연다. 어제는 2학년 학생들이 찾아와 웃음을 함께 하고 오늘은 1학년 학생들 4명이 찾아와서 어려운 점, 사는 곳 등을 얘기하며 서로를 알아 갔다. 4명의 아이 중 내가 사

교장실로 학생을 유인(?)하기 위한 초콜릿 바구니

는 아파트에 2명이나 살고 있었다. 반가움에 한바탕 웃었다. 기념사진을 찍자고 한다. 그래, 더 가까워진 느낌이다. 하지만 에구, 이제 아파트에서 체육복도 슬리퍼도 못 신게 되었다.

9월 말경 2학기 1회고사를 준비하느라 학생들의 교장실 방문이 뜸하여지자 나는 학생들을 교장실로 유인(?)하기 위한 작전을 짰다. 교장실 테이블에 '먹으면 美쳐! 함께 먹으면 완전 美쳐!'라는 글귀가 쓰여있는 초콜릿 바구니를 놓았다. 그리고 교장실 앞 복도를 지나가는 아이들에게 교장실에 아름다워지는 마법의 초콜릿이 있다는 소문을 냈다. 소문을 듣고 수시로 학생들이 미인이 되고자 하는 유혹으로 나를 찾는다. 초콜릿 바구니에 있는 과자는 그만큼 줄어든다. 두 개 세 개 가져가는 학생도 있어서 더 많이 줄어든다고 하는 편이 맞는 애기나.

새로운 과자를 채우면서도 늘 행복하다. 소녀들이 기다려진다. 동아리 준비물을 둘 장소가 부족합니다. 고양이가 무서워 공부하기 어렵습니다 등등, 나에게는 너무나 소중한 얘기들이다. 속 시원하게 해결해 주지 못해도 들어준 것만으로도 "교장 선생님 고맙습니다." 말하며 슬그머니 초콜릿 한 개를 가져간다.

갈등을 소통과 공감으로 – 충남 100대 교육과정 우수학교 응모 호소

홍성여고에 부임하기 전 학교 홈페이지, 교육과정 계획서 등을 살펴보며 교장으로서는 두 번째 학교의 경영을 구상하기로 하였다.

전통의 명문 학교요 혁신학교답게 다양한 교육과정을 운영하고 있어서 기뻤다. 학교 경영에 대한 기대에 부풀었다. 부임을 한 다음 날, 나는 교감 선생님과 교무부장 선생님께 홍성여고의 교육과정이 너무나 훌륭하다, 지금 공모 중인 충남 100대 교육과정 우수학교에 응모하자는 제안을 하였다. 교감 선생님은 찬성하였지만, 교무부장 선생님은 혁신학교 교직원 협의를 통해 혁신학교의 취지를 살려 형식적인 100대 교육과정 응모는 하지 않고 내실에 충실하기로 하였다며 난처해 하였다.

그럴 수도 있겠다고 생각했지만 나는 홍성여고 교육과정을 이 기회에 우리 나름대로 정리 및 평가해 보고 특히 대학입시 전형에서 학교 프로파일의 비중도 커지고 있으니, 우리 학교가 교육과정 우수학교가 되면 학생들 대학 진학도 유리할 것이라는 반론을 펴면서 전체 교직원 회의를 요청하였다.

그날 나는 집에서 혁신학교를 운영하면서 전국 100대 교육과정 우수학교에 선정된 예를 찾아보고 학생들과 우리 학교를 위해서 응모해야 하는 당위성을 직원회의 자료로 작성하였다. 교감 선생님을 통해 알아본 선생님들의 반응은 반반이었다. 이미 응모하지 않기로 결론을 낸 사항을 새로운 교장이 왜 거론하느냐는 견해와 교장 선생님 말씀이 일리가 있다는 3학년 담임 선생님 위주의 견해가 함께 하였다.

나는 다음 날 교직원 회의에서 밤새 준비한 자료를 나누어 주며 다음과 같은 취지로 호소하였다.

혁신학교 교육과정을 알리고 공유하는 것이 진정한 혁신학교 운영이다. 서울, 경기 등지에서도 전국 100대 교육과정 우수학교에 많은 혁신학교가 이름을 올렸다. 가까운 예를 들어 혁신학교인 천안신당고도 지난해 전국 100대 교육과정 우수학교에 선정이 되었다. 이렇게 적극적으로 우리 학교를 알려 많은 학교에서 정보를 공유하고 학교 실정에 맞게 운영하면 교육이 발전하고, 특히 요즘 대학 수시모집에서 학교 프로파일이 큰 비중을 차지하고 있다. 100대 교육과정 우수학교에 선정이 되면 홍성여고가 많이 알려지게 되고, 학생들 학교생활기록부도 풍성해져서 대학 진학에 유리할 것이다. 그래서 우리 학생들 진학에도 큰 도움이 될 것이다. 그리고 내가 아는 우리 학교 배움중심 수업은 그 어떤 학교에서도 흉내 낼 수 없는 훌륭한 것이다. 이러한 것을 우리만 알면 안 된다. 알려야 한다. 그리고 보고서는 나와 교감 선생님이 작성할 것이다. 선생님들을 힘들게 하지 않겠다. 선생님들은 관련 자료만 주면 된다.

나의 호소와 도움 요청에 교무부장 선생님을 비롯한 많은 선생님이 교장 선생님 뜻이 일리가 있으니 우리 한 번 해보자, 또한 교장 선생님이 보고서를 작성한다고 하니 고마운 일이라며 찬성을 하였다. 많은 선생님이 박수로 화답하였다.

나의 진심이 통한 것 같아 무척 기뻤다. 최선을 다해 멋진 보고서를 만들겠다고 다짐을 하였다. 남은 기간은 불과 열흘 정도. 선생님들은 자신들이 보관하고 있는 수업, 평가 등 자료를 친절한 설명과 함께 건네주었다. 많은 분이 너무나 고마웠다. 나는 교감 선생님과 강행군하며 보고서를 작성할 수 있었다.

당당히 홍성여고는 충남 100대 교육과정 우수학교로 선정이 되었다. 안타깝게도 최우수학교는 안되었지만 2017년에는 반드시 충남 최우수학교에 선정이 되어 전국 우수학교로 도약하겠다는 다짐을 하였다.

이제는 축구다. 홍성여고 축구 동아리 여고 FC의 날

바쁘다 바빠. 9월 1일 부임하고 9월 2일 교실을 돌며 부임 인사를 하며 학생들과 많이 가까워졌다. 그런데 9월 3일 토요일 축구동아리 학생들이 태안에서 시합을 한다고 한다. 사실 그날 사전 모임 약속이 있었지만 취소하고 학교를 대표해 참가하는 학생들을 외면할 수 없어서 태안에서 개최된 교육감배 스포츠리그에 참가하는 축구동아리 선수들을 응원하고자 태안을 찾았다. 학생들은 부임 사흘째인 교장이 응원하러 온 것에 대해 감사하다고 말하며 최선을 다하겠다고 하였다.

수고했다. 내 친구! 꼭 안아 줄게

우리 홍성여고 동아리 여고 FC(Football Club)는 선수 14명에 부상자가 5명이라는 악조건에서 부상이 아닌 학생들이 거의 모두 뛰는 투혼을 발휘하였다.

예선과 준결승을 거쳐 결승에 올랐으나 승부차기에서 아깝게 3대2로 패해 준우승을 차지하였다. 역시 내가 가는 곳에서 우리 아이들은 힘을 낸다. 수요일 오후, 일요일 오전 등 공부하면서 잠깐 짬을 내어 실력을 쌓아온 우리 자랑스러운 딸들이 2015년 예선 탈락이라는 아픔을 씻고 당당하게 준우승을 차지한 것이다.

경기가 끝나자 동아리 학생들은 그동안 겪은 어려움과 아쉬움에 복받쳐 눈물을 흘렸다. 공부는 안 하고 운동하냐며 반대하는 부모님과 이러저런 이유로 탈퇴자가 많아 불과 14명이 대회에 참가할 수밖에 없었던 안타까움을 나도 뒤늦게 알고 눈물을 흘렸다. 내 전임학교 천북중학교 출신인 골키퍼 1학년 소현이는 다리를 다쳐 불편한 몸에도 전·후반전 결정적인 골인이 될 수 있는 순간을 멋진 펀칭으로 막아내며 승부차기를 이끌어내어 감회도 깊었다. 하지만 승부차기에서 져서 준우승을 하였고 학생들의 얼굴에는 아쉬움과 안타까움이 가득하였다.

   등교맞이, 축구응원을 계기로 나의 학교 경영 목표인 '학생들에게 건강한 웃음과 활력을 불어넣을 수 있는 방법'을 고민하였다. 그래, 울음을 웃음으로 바꿔주자. 친구 사랑, 선후배 사랑도 심어주자. 나는 학생회장에게 화합의 이벤트를 제안하였다. 학생회장은 너무 좋다며 역시 교장 선생님은 학생을 사랑하신다며 고맙다고 했다. 학생회의 이벤트가 9월 9일 아침 개최되었다. 나는 이날을 '홍성여고 축구동아리 여고 FC의 날'로 선포하였다. 학생회 임원들은 아직도 붕대를 감고 등교하는 축구선수들을 꼭 안아 주고 따뜻한 사랑도 선물하였다. 선생님들도 동참하며 아이들 사랑에 힘을 보탰다. 학생들은 아침에 벌어지는 산뜻한 광경에 놀라면서도 진심으로 축구선수들을 격려하였다. 축구선수들도 많이 쑥스러웠지만 고맙고 행복했다며 교장실을 찾아 감사의 인사를 전한다. 경쟁 관계라고 생각하던 친구들이 함께 나아갈 진정한 동반자라는 사실을 서서히 깨닫는 것 같아 너무나 고마웠다. 교실은 오늘 아침에 있었던 이벤트 얘기로 화기애애하다. 앞으로도 칭찬과 격려를 많이 해 주어야겠다고 생각하며 뿌듯한 보람과 자부심을 느꼈다.

토요일에도 뜨거운 혁신학교 배움의 열기

2016년 9월은 새로운 학교생활에 적응하느라 무척 바빴다. 천북중학교와 달리 많은 사람을 만나야 하고 학생들과도 꾸준한 대화를 해야 하니 페이스북에 글을 올릴 시간도 없었다. 하지만 학생들이 학교생활을 즐거워하며 웃음을 되찾고 있어서 여간 기쁜 일이 아니다. 친구들과 우정을 쌓고 체험하며 배우고 느끼는 의미 있는 행사가 있었기에 소개하려고 한다. 9월 24일 토요일을 활용하여 홍성여고 1, 2학년 학생들 대부분이 참여하는 인문사회답사 체험 행사를 했다.

인문사회답사는 학교에서 사전 공모전을 통해 학생들이 유사 동아리 연합으로 직접 계획하여 참가신청서를 제출하고 참가 계획 발표 심사를 거쳐 선정된 5개 팀으로 실시되었다. 5개 팀은 다음과 같다.

1팀 : 서울 고궁문화탐방

2팀 : 전주 역사문화탐방

3팀 : 서울 윤동주 문학기행

4팀 : 서울 민주주의 답사

5팀 : 군산 역사탐방

역사 탐방 자체도 의미 있고 고마운 일이지만 홍성여고 천사들의 선행은 감동 그 자체이다. 시험공부에도 시간이 모자랄 판에 사전 답사 팀을 조직하여 일주일 전 탐방지를 버스로 기차로 도보로 찾아가 일일이 안건은 물론 답사에 관련된 세부 사항을 꼼꼼하게 조사하고, 사진을 찍고, 문화해설사를 만나 설명을 듣고 약속시간을 정하는 꼼꼼한 체크를 하였다.

답사 결과를 팀원들에게 안내하고 당일에는 사진을 토대로 기획된 미션을 진행하여 효과를 극대화하도록 계획하였다. 미션을 잘 수행한 친구들에게는 자체적으로 푸짐한 상품도 준비하였다. 주제도 학생들이 직접 정해 진행하였다.

1팀 : '조선의 미'

　 – 경복궁, 창덕궁, 창경궁, 북촌 한옥마을 체험

2팀 : '전주의 숨은 역사의 발자취를 찾으러 가다'

　 – 전주 전동성당, 한옥마을, 전주향교, 자만벽화마을 체험

3팀 : '별 하나에 청년과 별 하나에 소녀들'

　 – 윤동주문학관, 연세대 윤동주 시비를 찾아 미션 진행 및 대학 탐방

4팀 : '당신은 민주주의를 아십니까?'

　 – 서대문 형무소, 옛 남영동 대공 분실, 4 · 19 기념관 체험

5팀 : '군산, 100년의 자물쇠를 풀다'

　 – 군산 근대역사박물관, 진포 해양공원 등 체험

학생들의 감동에 선생님들도 감동을 더 했다. 토요일임에도 인문사회 교과 선생님들 대부분이 사전 학생들의 탐방 계획을 체크하며 조언해 주고 탐방지에서도 학생들의 안전한 체험을 위해 가족과의 주말을 반납하였다. 미안한 마음에 나도 6시경 출근하여 격려하고 버스가 학

서대문형무소 역사 전시관 방문

교를 떠날 때 손을 흔들며 즐겁고 안전한 체험을 기원하였다. 교통 혼잡을 피하고, 보다 많은 탐방을 위해 아침 7시에 학교에서 출발하여 밤 9시가 넘어 도착하는 강행군에도 우리 학생들, 선생님들 행복한 나눔을 하였다. 고궁문화탐방을 기획한 2학년 한 학생은 "함께 간 친구들과 후배들이 모두 만족하여 기획하고 준비를 하면서 힘들었던 일들이 모두 사라지고 보람을 느낀다. 지원해 준 학교에 감사한다."라고 말한다.

가을 향기를 느끼며 영원히 추억에 남을 행복한 우리 문화 체험을 우리 홍성여고 학생들과 선생님들이 만들었다. 사제동행 인문학 기행. 말만 들어도 가슴이 설렌다. 학생들은 친구와 선후배와 특히 선생님과도 더 가까워지는 계기가 되었다. 아! 나는 행복한 홍성여고 교장이다.

전국 중학교 여학생 여러분! 우리 홍성여고를 노크하세요.

우리 후배는 우리 정성으로

9월 말 어느 날 홍성여중 출신인 학생회장이 모교로 찾아가 홍성여고 홍보를 하고 싶다고 한다. 9월 학교만족도 조사에서 7개 영역 90% 내외를 기록한 행복한 우리 학교를 자신들이 홍보하면 이번 입시에서 최대의 흥행(?)을 기록할 수 있다고 장담합니다. 너무나 기특했다. 우리 어른들이 미처 생각하지 못한 산뜻한 입시 홍보가 될 것 같다.

홍성여중에서도 시험이 끝나는 날 수업에 지장이 없는 10월 6일 점심시간을 허락해 주었다. 허락해 주신 홍성여중 교장 선생님, 교감 선생님, 3학년 선생님들께 감사를 드린다.

2학기 1회고사를 일주일 앞두고 있었음에도 학교를 끔찍이 사랑하는 20여 명의 특공대원이 모여 작전(?)을 짜고 우리 최대 고객인 홍성여중 3학년 교실을 찾아가 후배들에게 고등학교 생활, 우리 학교 동아리 활동 등 함께 배우며 성장하는 홍성여고 이야기를 가감 없이 들려주었고 여중 학생들도 경청하고 질문과 답변도 이어졌다. 물론 홍성여중까지 나를 비롯한 여섯 분의 선생님들께서 승용차로 우리 정예 대원들을 모셨다.

여고 들어와 가장 기쁜 날이었다. 더 잘 소개하지 못해 아쉬웠다는 후기도 있었지만 대부분 홍보를 한 학생들은 만족해하고 뿌듯해하였다. 대견한 우리 아이들이다. 얘들아! 고맙다 사랑한데이!

저녁 8시에는 교무부장 선생님이 내포 한울초등학교에 모인 중학교 학부모들을 대상으로 홍성여고를 소개하였다. 소개 중간에 다른 학교와 달리 홍성여고는 교장 선생님이 참석하였다는 교무부장 선생님의 안내에 참석한 학부모들이 박수를 보내기도 하였다. 한 명도 포기하지 않는 혁신학교를 실천하는 홍성여고의 이야기가 끝난 후 학부모들의 흐뭇한 박수가 쏟아졌다. 학교생활 만족도 90%를 자랑하는 우리 아이들. 100% 만족하는 그 날까지 한 명도 포기하지 않는 혁신학교 홍성여고의 성공 신화는 계속된다.

전국체전 양궁부의 쾌거

2016년 10월에는 전국체전이 충남에서 개최되었다. 각 경기장에서는 시도 참가 선수들의 기합과 함성이 가득. 주말과 휴일은 생동이 넘친다. 홍성에서도 홍주종합경기장에서 양궁 경기가 개최되었다.

홍성군 양궁협회에서 우리 홍성여고의 필승을 기원하면서 붙인 현수막이 힘차게 펄럭인다. 10월 8일 홍성여고 양궁부 선수는 단 4명, 후보 한 명 없이 충남을 대표하여 참가하였다. 비인기 종목이라는 설움에도 학교 기숙사에서 생활하며 서로 호흡을 맞추고 고된 전지훈련도 잘 견뎌낸 소녀 궁사들. 나는 평소 양복 주머니에 초콜릿을 넣고 양궁 훈련 연습장을 자주 찾았다. 쉬는 시간을 기다렸다가 수고한다며 슬그머니 선수들 손을 펴고 초콜릿을 주는 것으로 격려를 대신하였다. 선수들이 너무 좋아하였다. 나와 응원을 함께 간 선생님들은 선수들의 선전을 기도하였다. 바람이 많이 부는 악조건임에도 최선을 다했다. 그 결과 싱글라운드 60m 경기에서 드디어 우리 2학년 박ㅇ희

학생이 금메달을, 3학년 이ㅇ영 학생이 은메달을 획득하는 쾌거를 올렸다. 메달 획득 소식이 알려지자 많은 사람이 기뻐하고 즐거움을 함께 나누었다.

우리 홍성에서 개최된 경기에서 금, 은메달을 따 더욱 의미가 깊다 하겠다. 나는 교감 선생님께 전화하여 방송으로 이 쾌거를 학생들에게 알리도록 부탁하였다. 나중에 학생들이 교장실에 찾아와 양궁 금메달 소식을 방송으로 듣고 너무 기뻐 소리를 질렀는데 소향리 주민들이 무슨 일인가 놀랐을 거라고 얘기한다. 덧붙여 학교에서 이렇게 방송으로 기쁜 소식을 즉각 알려주는 것도 처음인 것 같다. 선생님들의 학생들에 대한 사랑을 느낀다며 고마워하였다.

10월 12일 마지막 날 개인전 결승전이 홍성군청 옆 여하정에서 KBS TV가 중계하는 가운데 막을 올렸다. 싱글라운드 60m에서 금메달을 딴 2학년 박ㅇ희 학생이 홍성군민의 열화와 같은 응원 속에서 최선을 다했다.

5대5에서 세 발을 쏘지 않고 마지막 한 발만 쏘는 결정라운드에서 10점 만점을 쏘았지만 상대 선수도 10점 만점을 쏘았다. 아! 안타깝게도 우리 ㅇ희가 상대방 선수보다 중심에서 조금 떨어져서 보는 이들을 안타깝게 하였다. 아깝다는 탄성이 곳곳에서 들렸다. 나 역시 아직도 여운이 남아 있다. 올림픽보다 어려운 국내 양궁대회에서 너무나 선전을 한 우리 여궁사 4인방 ㅇ연, ㅇ영, ㅇ주, ㅇ희 모두 고맙고 사랑한데이. 벌써 2017년이 기대된다.

후배 사랑 제자 사랑 등굣길 행복 나눔

홍성여고 부임 후 처음 정기고사인 2학기 1회고사가 다른 학교에 비해 조금 늦은 10월 11일부터 3일간 실시되었다. 10월 초 학생들이 시험을 대비하느라 교장실 방문도 줄고 힘들어하는 모습을 보며 너무나 가슴이 아팠다. 조금이라도 위안을 주자. 나는 동문회장님께 전화를 드렸다. 시험을 치르는 날 후배들에게 등교 맞이로 격려를 해 주면 좋겠다고 부탁하였다. 회장님은 참 고마운 말씀이라고 하며 미처 그런 생각을 못해 미안하다고 하였다. 아울러 수고하는 제자들을 위해 응원을 하자고 선생님들께도 제안하였다. 역시 오케이.

시험에 대한 걱정으로 학교 가는 길이 멀기만 했던 우리 학생들이 홍성여고 동문과 선생님들의 깜짝 이벤트로 행복한 등교를 하게 되었다.

시험 첫날인 11일에는 전○숙 총동문회장을 비롯한 동문 선배 임원들이 7시 30분에 학교에 와서 시험 대박 응원과 격려의 문구가 새겨진 현수막을 펼치며 후배들을 격려하였다. 모교에 대한 남다른 정을 느낄수 있었다.

둘째 날인 12일에는 우리 선생님들이 시험격려 응원 현수막과 함께 일일이 제자들 손을 잡으며 최선을 다해 시험을 치르라는 따뜻한 위로와 격려를 하였다. 너무도 뿌듯한 사제의 정을 느낄 수 있었다.

아이들이 너무 좋아하였다. 동문과 선생님이 준 사탕을 먹으며 서로를 격려하였다. 우리 아이들 그동안 시험 준비로 쌓인 피로가 말끔히 가시는 것 같아 나도 무척 기뻤다.

시험에 대한 스트레스를 조금이나마 풀어 주고 최선을 다하라는 동문들과 선생님들의 격려와 응원으로 홍성여고의 행복 나눔은 한층 빛을 발했다.

함께 손잡아주는 나비의 날갯짓

홍성여고에서는 학생들의 인문학적 소양을 키우기 위한 인문학 아카데미를 1년에 8회 개최한다. 국내 유명한 저자를 초청해 강연을 듣고 토론을 하는 인문학 아카데미는 학생들의 감성을 자극하는 것은 물론 진로진학에도 도움이 되어서 무척 인기가 많다. 이 행사는 홍성여고를 졸업한 인문사회부장 선생님이 공을 들여 계획하고 수행한다. 선생님은 내가 홍성고 교감 때도 같이 근무하였다. 매사에 치밀하고 늘 미소를 띠며 학생들을 위해서라면 모든 것을 바치는 훌륭한 분이다. 학생들은 이러한 선배 선생님을 믿고 따른다. 이 선생님과 두 번이나 함께 근무했으니 나는 행운아다. 안타깝게도 학교생활기록부 등재 관계로 1학기에 7번의 아카데미가 개최되어 무척 아쉬웠지만 내가 접한 2016년 마지막 강연 또한 감동적이어서 소개하고자 한다. 홍성여고에서는 야간 자율학습 시간을 활용하여 많은 행사가 치러진다.

위안부 할머니들의, 1253회 일본 대사관 앞 수요 시위가 있던 10월 19일 밤. 일본인 노교수 엔도 토오루 씨가 위안부 할머니들 앞에 무릎을 꿇고 사죄하여 그 뉴스로 인터넷이 떠들썩했었다.

혁신학교 홍성여고 학생들 60여 명이 음악실에 모였다. 한국정신대문제대책협의회 윤미향 대표의 강연을 듣기 위해 밤을 밝힌 것이다.

한국정신대문제대책협의회 윤미향 대표의 강연

2016 인문학 아카데미의 마지막 강연으로 '일본군 성노예제 문제, 재발 방지를 위하여'라는 주제의 강연이 이루어졌다.

무척 바쁘신 분임에도 우리 학생들과 선생님들의 끈질긴 구애에 이곳 홍성을 찾으신 대표님께 감사드린다. 일본인에 대한 무조건적인 비난보다 역사적 현실을 바로 보고, 외면하지 않기 위해 마련된 이번 특강에서 윤미향 대표는 학생들에게 희망의 힘, 아프고 약한 사람과 손을 잡는 평화의 의미를 역설했다.

강연에 참여한 학생들은 윤미향 대표가 집필한 관련 도서인 『25년간의 수요일』과 『겹겹』을 읽고 오거나, 수요 시위에 참여한 경험이 있기도 하였다. "길원옥 할머니의 편지를 들으면서 머리로만 알고 있었던 위안부 할머니들의 이야기를 가슴으로 공감하게 됐나.", "동아리 행사 기금으로 위안부 할머니께 성금을 보내려 했었는데 강의를 들으면서 좀 더 실천적이고 친구들의 자발적 참여를 이끌어내는 활동을 해야겠다는 생각이 든다."라며 포부를 밝히는 우리 아이들이 고마우면서도 마음은 왜 이리 무겁고 부끄러울까?

톡! 톡! 굿 아이디어! 사과데이 사과 급식

혁신학교 홍성여고는 학생들도 최고이지만 홍성여고 선생님들 또한 엄지 척이다. 학생들에게 건강한 웃음과 활기를 주자는 나의 '아이들 기살리기 프로젝트'에 전적으로 동의하며 함께 실천에 동참한다. 내가 고민하는 이상으로 선생님들은 굿 아이디어를 내고 학생들 웃음을 위해 노력한다. 한 예를 들어본다. 2016년 10월 24일. 10월 24일은 둘(2)이 사(4)과하고 화해하는 날이란다. 예전엔 '아, 그런 날이 있구나' 하고 흘려버렸는데 이제 확실히 알게 되었다.

영양 선생님이 24일 점심으로 사과를 특별 메뉴로 첨가하였다. 급식실 곳곳에는 '사과를 사과와 함께'라는 큼지막한 안내 게시물을 부착하고 일일이 사과를 포장해서 학생, 교직원들에게 행복하라는 글도 함께 전해 주었다.

포장 속에는 사과의 편지도 들어 있었다. 나로 인해 마음 아팠을 사람에게 사과하고 그 징표로 사과를 보내고 앞으로는 서로 더욱 사랑하는 친구, 제자, 선생님이 되자는 영양 선생님, 조리사님, 조리원님들의 배려에 홍성여고는 그날 서로 사과하고 사랑하는 행복 나눔이 그치지 않았다.

학생의 날에 곰돌이 푸가 나타났다!

세상의 주인이 되어 네 꿈을 펼쳐라 – 365일 학생의 날이어라

홍성여고에서도 아침 등교 맞이를 하면서 11월 3일은 그래도 좀 색다르게 하고 싶었다. 학생들이 홍성여고의 주인공이라는 자부심을 갖고 더 활짝 웃고 활기차게 생활하도록 도움을 주고 싶었다. 학생부 선생님들과 상의하여 학생들에게 주는 글과 선물을 정하고 깜짝 놀랄 이벤트를 위해 천북중학교에서 실시하여 인기를 끌었던 곰돌이 푸 인형도 보령에서 빌려왔다.

선생님들과 나는 11월 2일 저녁에 모여 '세상의 주인이 되어 네 꿈을 펼쳐라'라는 스티커를 초코파이에 일일이 붙이고 또 붙였다. 대여한 곰돌이 푸 인형 옷도 입어 보며 하하하, 내일 아침을 생각하며 호호호, 서로 보고 미소를 지었다.

11월 3일 드디어 학생의 날. 정확히는 학생독립운동기념일이다. 홍성여고 학생들이 의기양양하게 등교한다. 오늘은 학생의 날 우리가 주인공이라고 외치는 듯하다.

그리고 원어민 선생님을 포함한 모든 선생님들은 이른 아침에 나와 '학생이 행복해야 교사도 행복하다'라는 대형 현수막을 함께 잡기도 하고, 초코파이를 나눠주기도 하고, 곰돌이 푸 인형을 입고 학생들에게 즐거운 웃음을 주며 학생의 날을 축하해 주었다.

사제가 꼭 안고 사랑한다고 하는 풍경도 낯설지 않다. 학생들은 곰돌이 푸와 하이파이브를 하며 호기심에 인형을 벗기려고 애를 쓴다. 고등학생은 다르다. 어떻게 벗길 생각을 했을까? 그러다 포기하고 초코파이를 손에 들고 행복을 만끽한다.

학생들은 365일 학생의 날이면 좋겠다고 얘기한다. 그래 나와 선생님들이 365일 학생의 날이 될 수 있도록 노력할게. 사랑한다 얘들아!

천 개의 바람이 지켜주니까요

11월 3일 학생들은 등굣길 이벤트로 사기가 충만해 있었다. 며칠 전 학생회 임원들이 교장실을 찾아와서 이번 학생의 날에는 세월호로 희생된 언니, 오빠들을 추모하는 퍼포먼스를 준비했으니 학생의 날 점심시간을 활용하여 펼치겠다고 허락해 달라고 했다.

나는 우리 학생들의 깊고 깊은 마음에 고맙고 눈물이 났다. 좀 더 일찍 알았더라면 격려해 주고 지원해 주었을 텐데. 나는 학생의 날 우리 여고생들의 추모 퍼포먼스를 보고 그 날의 고마움과 감동을 페이스북

1, 2학년 학생들의 세월호 추모 퍼포먼스

에 다음과 같이 표현하였다.

　　행복나눔학교 홍성여고 점심시간. 우리 아이들이 조용히 노란 색종이를 흔들며 부르는 노래 <천 개의 바람이 되어>에 하늘을 날던 새들도 멈추고 양궁부 학생들이 극진히 아끼는 고양이도 가던 발걸음을 멈추었습니다. 학생의 날에 영원히 학생이 된 언니 오빠를 기리자는 우리 전교생의 염원입니다. 한 개의 노란 색종이는 모여서 눈물의 노란 리본이 되었습니다. 노래하며 아이들이 웁니다. 선생님들이 웁니다. 그러나 울지 않습니다. 천 개의 바람이 지켜주니까요. 나는 오늘도 아이들의 사랑에 굴복하며 웁니다. 그러나 울지 않습니다. 나에게도 천 개의 바람이 지켜주는 것을 느끼니까요.

나는 고마운 마음과 하늘나라로 간 아이들 생각에 그날 밤 눈물로 밤을 지새웠다. 이 노란 리본 세월호 퍼포먼스는 나중에 홍성여고를 전국에 알리고 감동을 주는 계기가 되었다.

학생부종합전형 서류평가 작성을 위하여

교사로 고등학교에도 근무해봐서 알지만, 고등학교는 학생들 진로 맞춤을 위하여 선생님들이 무척 수고한다. 지금은 대학교 입학 전형 70% 이상이 수시 전형이어서 학생부종합전형 서류평가 작성은 무엇보다 중요하다. 그래서 학교에서 일어나는 다양한 교육과정 활동을 학생들 개개인에게 맞게 맞춤형으로 학교생활기록부를 작성하는 것이 필요하다. 나는 교장으로서 선생님들의 좀 더 풍성한 학교생활기록부 작성과 수시 전형의 탐색을 도와주고자 고민하였다. 진로진학 담당 선생님과 논의하였다. 선생님은 대입 정보 소외지역 학교를 찾아가는 설명회가 있다고 하였다. 그래. 신청해 보는 거야. 나는 담당기관인 충남교육연구정보원에 전화를 해서 사정을 얘기하고 신청을 하면 꼭 선정해 달라고 부탁하였다.

2016년 11월 8일. 충남교육연구정보원, 공주대 입학사정관실의 도움으로 홍성여고 선생님들은 학생부종합전형 서류평가 자료 이해 강의를 듣느라 퇴근 시간이 훌쩍 지났음에도 늦은 밤까지 자리를 뜰 줄 모른다. 우리 학생들 사랑으로 학생부 종합전형 평가에 조금이라도 도움을 주고자 고민하고 공부하고 또 질문한다.

우리 학생들의 미래 행복을 위하는 마음이 진지하기만 하다. 끝이 아니다. 제공된 모의 평가 결과를 놓고 장시간 공유하고 토론을 이어간다. 앞에 놓인 저녁 식사 대용 샌드위치와 약간의 음료수가 무려 세 시간 이상의 긴 연수임을 대변한다.

선생님들의 아이들 사랑은 밤과 함께 더욱더 깊어가고 홍성여고의 앞날은 동트는 새벽의 밝게 웃는 태양을 기다린다. 더 이상 무슨 말이 필요할까? 고맙고 미안하고 사랑합니다.

가족과 함께 수능 격려 선물

2016년 11월 14일 홍성여고 3학년 학생들의 수능이 불과 이틀 남았다. 내가 홍성여고 교장으로 부임하여 처음 치르는 수능이라 나 역시 긴장이 되기도 하였다.

하지만 밖으로 티 내지 않고 교실을 순회하며 만나는 학생마다 편하게 시험을 잘 보라며 덕담을 하였다. 학생들은 내가 보기에는 전혀 긴장되지 않는 듯한 얼굴로 감사하다며 시험을 잘 보겠노라 인사를 한다. 정말 기특하다. 이미 수시모집에서 각 반에서 몇 명이 합격하였거나 거의 합격이 예정되어 있음에도 얘기를 할 때는 복도 밖으로 나와서 하는 등 분위기를 깨지 않기 위해 최선을 다하는 모습이 너무나 보기 좋고 아름답다.

나는 곰곰이 생각하였다. 그냥 말만 하지 말고 그래도 우리 학생들을 위해 작은 성의라도 보여주자. 생각이 거기에 미치자 나는 즉시 가족들과 전화로 상의하였더니 가족들도 좋다고 맞장구를 쳤다. 그 날 저녁 아내와 딸과 함께 3학년 진교생과 선생님들을 위한 조콜릿 과자를 예쁘게 포장하는 작업을 하였다. 과자뿐만 아니라 스티커 인쇄로 하트를 날리는 그림도 넣고 다음과 같이 사행시도 만들어 넣었다.

홍 홍여고 3학년!

성 성실하게

여 여유만만

고 고득점 OK!

약 250여 개를 정성스레 포장하고 나니 뿌듯하였다. 우리 가족들도 학생들이 좋아하겠다며 나를 도와준 것을 기뻐하였다.

사실 나의 학생 사랑에는 이렇게 우리 가족들의 힘이 무척 컸다. 새로운 생각이나 이벤트 등이 있으면 대체로 가족과 먼저 상의하고 검증을 받아 실행에 옮겼다. 짜증을 내지 않고 함께 고민하고 내가 잘할 수 있도록 격려를 해 주고 실행에 옮기는 데 도움을 준 우리 가족이 너무나 고맙다.

다음날 나는 3학년 각 반을 다니며 과자를 나누어 주었다. 학생들이 함성을 지르며 고마워하였다. 그래 너희들이 시험만 잘 보면 내가 무엇인들 못하랴. 학생들은 시험이 이틀 남았음에도 어떤 학생은 페이스북에 다음과 같은 삼행시를 올려 자랑을 하였다.

교 교장쌤~♥

장 장말장말 감동이에요😊

3학년 학생들에게 제공된 수능 격려 선물

쌤 쌤의 응원을 받아서 고득점 OK!

이러니 나는 정말 행복한 교장이다.

드디어 수능! 우리 아이들은 새로운 역사를 씁니다

2016년 11월 17일. 드디어 결전의 날이 왔다. 항상 캄캄한 어둠일 수는 없다. 동트는 새벽은 반드시 다가온다. 노력에 반비례하는 허무함, 허탈감, 무력감을 딛고 우리 학생들은 시험장으로 간다. 응원 피켓을 흔들며 목이 쉬어가며 후배들이 반긴다. 추운 날에도 30명은 넘어 보인다.

홍성여고가 아닌 홍주고에서 시험을 보는 신배들을 위해 서기노 응

수능일 따뜻한 응원

원하러 갔다고 하니 새벽에 응원을 나온 1, 2학년 학생들이 족히 50명 이상은 되는가 보다. 애틋한 사랑으로 1, 2학년 부모님들은 따뜻한 차와 함께 따뜻한 마음을 준다. 이 차를 끓이기 위해 많은 수고를 했을 부모님들이 너무나 고맙다. 제자들 환한 웃음을 보고 싶은 선생님들도 밝은 웃음으로 반긴다. 정겨움과 행복이 넘실대는 풍경이다.

이에 보답하며 우리 학생들은 희망의 불씨를 살린다. 어떤 학생은 교장 선생님이 주신 초콜릿 먹어서 시험을 잘 볼 것 같다고 한다. 그래! 너희들이 생명이고 미래다. 우리 학생들은 새로운 역사를 쓴다. 우리 홍성여고 3학년 힘내고 끝까지 파이팅! 소중한 삶의 현장을 새겨준 우리 1, 2학년 학생회 임원들, 부모님, 선생님 모두 엄지 척이다. 감동과 감사의 연속이다.

아름다운 커피 향과 따뜻한 우정이 꽃피는 목카이야기

사실 나는 커피를 그다지 좋아하지 않았다. 하지만 홍성여고에 부임하여 커피를 마시지 않을 수 없었다.

나는 아침에 교문 등교 맞이를 끝내고 1교시 수업 시작 전 교실을 순회하는데, 반드시 가는 곳이 있다. 바로 도움반인 목련반이다. 내가 학생들에게 가끔 초콜릿을 선물해서인지 목련반 교실 문을 열면 학생들이 환호하며 반긴다. 커피를 타주겠다고 한다. 나는 괜찮다고 해도 학생들은 향기로운 카페라떼를 만들어 교장실에 살며시 갖다 놓는다. 라떼 위에는 하트 표시까지. 그러니 안 먹을 수 없다. 차츰 라떼에 익숙해져서 카페라떼를 그때부터 지금까지도 즐겨 마신다.

어디 출장을 가서 사람들과 커피를 마실 때면 나는 무조건 카페라떼다. 우리 목련반 학생들을 생각하면서. 이 아이들이 카페를 차렸다. 커피 향이 느껴지는 '아메리카노~ 좋아 좋아~' 10센치의 감미로운 노래를 들으며 함박웃음을 짓고 우정을 나누는 카페이다.

목련반 학생들이 공부에 지친 친구들을 위해 12월 초 일주일간 목련반 카페인 '목카'를 개방하였다. 게다가 아메리카노, 카페라떼, 카라멜마끼아또, 카페모카, 녹차라떼 등 부드럽고 깔끔한 다양한 커피가 모두 무료이다. 참으로 고마운 일이다.

학기 초부터 목련반 소녀들은 선생님과 전문가의 도움으로 커피의 기초에서부터 다양한 상식과 이론을 열심히 공부하고 실습도 수십 번 하였다. 노력의 결과 바리스타 자격증을 따고 커피 전문가로 취업을 목전에 둔 학생도 배출하였다.

쉬는 시간, 점심시간엔 미리 예약한 손님들이 '목카'에 긴 줄을 만든다. 그래도 커피 뽑느라 정신없는 목련반 바리스타 소녀들, 기다림에 지칠 법도 한 친구들 모두 웃음이 가득하다. 함께 웃으니 춥지 않다. 함께 나누는 따뜻한 겨울이다. 따스한 감동으로 카페에는 사랑의 향기가 가득하다.

한 학생이 말한다. "친구들 덕에 맛있는 커피를 마시고 졸지 않고 공부했어요. 너무 고마워요." 이렇게 커피 향기에 취한 학생들은 12월 중순에 있는 홍성군 목련반 학생들의 축제인 '꿈꾸는 예술제'에 관객으로 참가하여 친구들을 축하해주고 꽃을 선사하며 보답한다. 홍성여고는 뜨거운 감동과 행복이 늘 만발한다.

공부한 것보다 더 좋은 점수 OK! 엄마들 응원

앞에서 중간고사 기간에 나의 부탁으로 동문들과 선생님들이 학생들을 응원하는 풍경을 소개하였다. 이제 기말고사이다. 정확히 말하자면 2학기 2회고사이다.

살을 에는 아침 추위에 학생들은 움츠러든다. 교복에 체육복이며 외투를 껴입어도 춥기는 매한가지. 그러나 홍성여고의 시험 기간은 따뜻함과 감동이 있다. 이번에는 내가 학부모회장님께 부탁하여 학부모들이 감동의 주인공이 되었다. 천북중학교에서도 그랬듯이 나는 학부모들의 학교참여를 위해 늘 고민한다.

2학기 2회고사 둘째 날 아침 일찍 바쁜 어머님들이 우리 딸 친구들 시험 대박을 응원해 주기 위해 등굣길 행복 등교 맞이를 자원하였다.

손을 잡아주고 응원 구호를 외쳐 주고 정성스레 피켓을 흔드는 엄마들의 깜짝 이벤트에 등굣길은 정겨움과 행복이 넘쳐나고 우리 아이들은 시험 준비로 쌓인 피로가 말끔히 사라지며 편안하게 시험을 치른다.

응원과 격려로 추위를 잊었다는 어머님들을 교장실로 모시고 따뜻한 커피와 녹차를 손수 대접하며 잠깐이나마 따뜻한 대화의 향기를 피웠다. 아이들에 대한 무한 사랑과 학교 발전에 대한 기대로 웃음꽃이 만발한다. 어머님들의 학생들을 위하는 생각은 나와 다를 바 없다. 든든한 지원군이다. 학교장으로서 책임감도 느끼지만, 열정의 부모님들이 함께 참여해 주시는 혁신학교 홍성여고의 자부심으로 반드시 홍성여고의 새로운 역사를 쓰겠다는 다짐을 해본다.

새벽을 타고 온 무명의 천사 동문 크리스마스 미담

눈발과 함께 살을 에는 영하의 추위에 마음까지도 움츠러드는 크리스마스이브를 하루 앞둔 12월 23일 새벽.

홍성여고에 따뜻한 기적이 만들어졌다. 이른 새벽 이름을 밝히지 않고 동문이라는 메모만 남기고 천사 한 분이 1,004개의 따끈따끈 손난로 핫팩을 몰래 등굣길 교훈석 앞에 두고 갔기 때문이다. 두 개의 박스에 정성껏 포장하고 우리 후배들 수고했다며 '苦盡甘來 MERRY CHRISTMAS!' 글자를 새기고 산타할아버지, 트리, 양말도 예쁘게 그려 넣었다. 후배를 사랑하는 마음이 천사이다.

나는 결정하였다. 이름도 모르는 선배이지만 감사히 받고 등교하는 학생들에게 나누어 주기로 하였다. 손을 비비며 등교하던 우리 학생들은 선생님께서 나누어 주는 핫팩을 받아 들고 온종일 선배님의 따뜻한 온기를 미소와 함께 느낀다. 학교장으로서 감사의 표시를 하고 싶지만 연락할 방도가 없다. 더 행복하고 아름다운 학교를 만들어서 보답해야 하겠다.

좋은 일만 가득한 홍성여고는 벌써 MERRY CHRISTMAS이다. 무명의 천사 동문까지 후배를 위한 사랑이 지극하니 나도 질 수 없다. 더 열심히 아이들 사랑에 온 힘을 기울여야지.

박자를 가지고 노는 우리 교장 선생님은 가수

2016년 12월에 홍성여고 동문 송년회가 열렸다. 많은 동문들이 참석하여 친목을 도모하고 학교를 걱정하고 지원해 주기 위해 힘쓰는 송년회이다.

홍성여고 동문들은 학교 인근 축사에서 뿜어 나오는 악취로 후배들의 면학 분위기가 위축되자 홍성고등학교가 내포로 이전하는 것을 계기로 그곳에 학교를 이전하기 위해 시내에 천막을 치면서까지 지역사회에 호소하고 충남교육청에 건의하여 학교 이전을 이루어낸 자랑스러운 동문들이다.

현재 홍성여고는 2018년 2월에 이전하여 새로운 역사를 쓰고 있다. 동문회장님의 참석 부탁에 고마운 마음으로 참석을 하였다. 홍성여고 댄스동아리 GAP 학생들도 축하사절단으로 참석을 하여 선배님들 앞에서 송년회의 팡파르를 울렸다. 에구. 나는 많은 여자 동문 속에 부끄러운 청일점이다. 감사의 인사를 마치고 단상을 내려오려고 하는데 아! 노래 요청! 이것 참 큰일이다. 음을 다스리는 내가 노래하면 송년회 즐거운 분위기에 찬물을 끼얹었을 것이다. 하지만 후배 사랑이 전국 최고인 동문의 요청에 거절할 분위기는 아니라 용기를 내었다.

김종환의 〈존재의 이유〉를 온갖 폼을 다잡고 시작. 처음부터 박자를 놓치고 음정도 엉망. 쥐구멍을 찾고 있는데 세상에나 나의 구세주, 우리 댄스동아리 학생들이 백 코러스로 긴급 출동해 응원한다. 학생들의 응원에 힘입어 내 생애 최고로 많은 대중 앞에서 첫 가수 데뷔 무대를 멋지게 마쳤다. 앙코르 요청이 쇄도한다. 이놈의 인기란! 노래가 끝나고 동아리 학생들에게 "내가 박자를 못 맞추는 데 도와줘서 정말 고마워." 말하자 학생들 대답이 걸작이다. "아니에요. 교장 선생님은 박자를 가지고 노는 최고 가수입니다. 너무 잘하셨어요." 이거 칭찬, 아니 존경의 말 맞죠? 재치로 똘똘 뭉친 홍성여고 제자가 곁에 있어 내가 존재하는 이유이다. 얘들아 사랑한다.

우리는 1층 로비 크리스마스트리 앞에서 멋진 기념 포즈를 취했다. 혁신학교 교장은 노래도 잘해야 한다. 열심히 연습해서 다음 송년회 때는 적어도 3곡? 아니 리사이틀? 아예 가수로 진출? 즐거운 상상이다.

사랑의 기적을 쏘는 기부 천사 홍성여고 소녀 궁사들

홍성여고는 아테네올림픽, 런던올림픽에서 금메달을 목에 걸었던 이성진 선수를 비롯해 김조순, 윤혜영 선수 등 내로라하는 금메달리스트들을 배출한 전통이 양궁 명문이다.

하지만 아직도 고교 양궁은 비인기 종목의 설움을 겪는 종목이다. 그래서 독지가의 도움도 없는 실정이고 지원도 변변찮다. 그런데 세상에 이렇게 고마운 일이 있을까? 2016년 홍성여고 양궁부는 전국 최강의 실력을 자랑하였다. 전국체전 우승, 양궁협회장기 우승 등 그야말로 거침없는 행진. 이러한 쾌거의 동력에는 감독이신 공준식 선생님의 탁월한 지도력과 4명의 소녀 궁사들이 사랑의 과녁을 향해 우정을 쏜 결과이다.

세계 최강 양궁이라지만 비인기 종목으로 불과 4명의 소녀가 구슬땀을 흘렸다. 그중 3명은 3학년, 1명이 2학년이어서 홍성여고 양궁의 미래가 암울했다. 게다가 이들을 이을 후배는 홍성여중 양궁부 3학년 학생, 단 1명뿐. 이제 2017년에는 선수가 고작 2명으로 단체전 참가도 못 하는 안타까운 처지가 되었다. 하지만 소녀 궁사들은 좌절하지 않고 사랑의 화살로 홍성여고 양궁 재건의 햇살을 명중하겠다고 발 벗고 나섰다.

함께 학교 기숙사 생활을 하면서 찰떡 호흡을 맞추고 밤늦게까지 한 발 한 발 손에 물집이 생기고 어깨가 부서져라 쏘고 또 쏘았다. 결과는 전국 최강. 대학 진학의 스카우트 유혹도 많았지만 응원과 지원을 보내 준 홍성군청 양궁단에 세○이와 민○가 입단하였다. 비인기 종목이다 보니 계약금은 불과 2,500만 원. 하지만 아이들은 통 큰 감동 결단을 하였다.

이 중 각자 500만 원을 학교 발전기금으로 기탁하기로 하였다. 부모님도 대찬성을 하였고 졸업식날 오셔서 기탁서를 작성하고 인증샷을

발전기금을 기탁한 양궁부 졸업생 부모

찰칵. 소녀 궁사들의 아름다운 모교 양궁 살리기 노력은 홍성여중에서 양궁 선수로 뛰다가 그만둔 학생의 마음을 움직여 드디어 입학생은 2명이 되어 3명이 뛰는 단체전에도 참가하게 되는 기적을 일구어냈다.

우리 아이들의 화살은 나비처럼 날아가 학교를 살리고 겨울에도 꽃을 피우는 사랑의 화살이 된 것이다. 이것을 시작으로 2018년에도 졸업생 박○희 학생이 역시 500만 원을 발전기금으로 기탁하는 등 전통이 되었다.

아름다운 세상을 만드는 아이들

소통의 향기 꽃피우기 2017.3.1.~2018.2.28.

소녀들이 웃음을 되찾고 생기있는 학교가 되었다. 경쟁 관계이던 친구를 존중하고 상생하는 관계로 발전하고, 서로 협력하며 자발적으로 학교문화를 개선한다. 학교는 양질의 프로그램으로 소통의 향기를 꽃피워 학생들이 능력을 발휘하여 꿈을 찾고 미래를 설계하며 원하는 대학에 진학할 수 있도록 돕고 격려하는 장을 제공하여야 한다.

학교 프로파일 작성, 제가 하겠습니다

2017년 사무분장 협의를 위한 교직원 회의가 열렸다. 사전 교과협의회, 인사자문회의 등을 통해 조율된 터라 모든 것이 순조로운 분위기였다.

회의 중 3학년 부장 선생님이 학교 프로파일은 우리 학교 교육과정을 주로 쓰는 것이라 교무부나 연구부 등에서 주관하면 좋겠다고 하였다. 2017년 당시 학교 프로파일은 대학입시 전형 자료로 아주 중요한 역할을 하였다. 학교 소개를 대학교에 제출하는 프로파일은 그래서 무척이나 중요하다.

대학교에서는 프로파일을 근거로 학교 교육과정을 검증하고 수험생 평가자료로 유용하게 활용을 하였다. 2016년 홍성여고 프로파일을 검토한 결과 짧게 일목요연하게 잘 작성이 되었으나 좀 더 분량을 늘이고 특색있는 교육과정 삽입이 필요함을 평소에 느꼈다. 보완이 필요함을 느끼던 나는 "그 프로파일 제가 작성하겠습니다. 이제 저도 6개월이나 홍성여고에 근무하고 전체적인 것은 누구보다 잘 알고 있으니 제가 작성해 보겠습니다"라고 했다. 선생님들로부터 박수가 쏟아졌다.

선생님들의 일도 덜어주는 측면도 있지만, 교장인 내가 누구보다 학교 실정을 잘 알고 고민하고 있어서 학교 프로파일 작성이 당연하다고 느꼈다. 나는 한 달여에 걸쳐 온 힘을 다해 100쪽 이상 분량의 프로파일을 작성하였다. 그런데 2018 대입 전형이 바뀌어 학교 프로파일 대신 공통고교 정보라고 해서 대교협 홈페이지에 10쪽 정도로 학교별로 올리도록 간소화된 것을 뒤늦게 알았다. 100쪽을 10쪽 정도로 줄이는 작업을 한 후 3학년 부장 선생님께 보내서 활용하라고 하였다.

그런데 지금까지 작성한 것이 너무나 아까웠다. 좋은 방법이 없을까 고민하였다. 그러다가 대입 관련 회의에서 우수학교의 사례 중 전북의 모 학교가 프로파일을 작성하여 대학교 입학사정관을 일일이 찾아가 홍보했다는 것이 떠올랐다. 나는 그렇게는 못해도 우리 학생들이 많이 지원하는 대학교 입학사정관실로 프로파일을 보내면 좋겠다는 생각이 들었다.

그래서 100부 정도 인쇄를 하고 자세한 안내와 설명을 곁들여서 대학교에 발송하였다. 물론 대학교에서 이것을 볼지도 그리고 반영할지도 알 수 없다. 하지만 홍성여고의 교육과정을 홍보한다고 생각하여 발송하니 그래도 마음이 가벼워지고 한 달간의 수고가 아깝지 않다는 생각이 들었다.

세계여성의 날, 교실을 꽃피우는 아름다운 장미 한 송이

2017년 3월 8일. 109년 전인 1908년 3월 8일 비인간적인 노동에 시달리던 미국의 여성 섬유노동자들이 거리를 행진하며 "We want bread, but roses, too!"를 외친 그날을 기념하는 세계여성의 날이다. 빵은 굶주림을 해소할 생존권을, 장미는 남성에게만 부여했던 반쪽짜리 참정권과 인권을 의미한다고 한다. 여고이기에 홍성여고가 세계여성의 날을 맞아 자축하고 기념하면서 우리나라 최고의 여성 인재가 되어 지금보다 더 평등한 세상을 밝히리라 다짐을 해야겠다고 생각하였다.

남자 동문이 많은 인근 학교들의 동문 선배들이 후배들을 위해 장학금을 기부하거나 해외체험을 보내 주는 등 노력하는 것을 보면서 아직 우리 사회는 여성의 힘이 많이 부족함을 느낀다.

이럴 때일수록 우리 홍여고인은 위축되지 않고 자부심으로 어려움을 헤치고 올곧게 민주시민으로 성장하여 장차 후배들의 기를 살려주기를 진심으로 기대하면서 학생회 임원들과 협의하여 장미 한 송이와 의미를 담긴 글을 칠판 또는 게시판에 부착하여 축하와 다짐을 하도록 하였다. 자치활동 시간을 활용하여 나는 방송으로 축하 인사와 유리천장을 깨라는 당부를, 학생회장은 부착된 글을 낭독하여 호응을 얻었다.

109년 전을 생각하고 장미꽃말인 '빨강: 열렬한 사랑', '흰색: 순결함, 청순함', '노랑: 우정과 영원한 사랑'이 홍여고인에게 항상 함께하기를 소망하며 다음 해 3월 8일에는 등굣길 학생들 모두에게 장미 한 송이를 선물하는 방법을 고민해 본다.

남자 선생님들의 사랑 고백 White day

그리고 소녀들의 감사 이벤트 3.14159265… π day

매년 3월 14일은 남성이 좋아하는 여성에게 사탕 선물과 함께 사랑을 고백하는 '화이트데이'라고 대부분 얘기하지만, 수학과 친해지는 '파이(π)데이'이기도 하다.

프랑스의 수학자였던 자르투가 원주율 값인 3.14를 고안한 것을 기리기 위해 제정한 '원주율의 날'이라고도 한다. 사실 3.14는 3.14159265…인 무한소수를 반올림해서 간단히 나타내는 숫자이다. 특히 3월 14일은 천재 과학자인 아인슈타인의 생일이라 더욱 의미가 있다.

나는 남자 선생님들에게 '화이트데이'에 우리의 사랑을 고백하자는 제안을 하였다. 또한 수학교사 출신인 나와 수학선생님들의 지도로 강당에서 수학동아리 학생이 주관하는 '파이(π)데이' 행사도 제안하여 호응을 얻었다. 이 모든 것이 학생을 위하는 나와 선생님들이 의기투합한 사랑의 결과이고 학생들도 잘 따라와 흐뭇하다.

홍성여고 남자 선생님들이 여느 때보다 일찍 학교에 출근하였다. 원어민 선생님인 Dominic 선생님도 당연히 동참하였다. 왜냐구요? 화이트데이! 사랑하는 제자들과 동료 여선생님들께 사랑을 고백하기 위해서이다. 한 손에는 사탕을 또 한 손에는 사랑을 들고 등교하는 제자들에게 사랑한다 고백하고 정성껏 사탕을 선물로 선넨다. 멀리서

화이트데이 선생님의 사랑 고백

우리 아이를 차에서 내려 주고 가시는 부모님들 이 광경을 보고 흐뭇해한다.

우리 딸 홍여고 잘 보냈네. 선생님께 사랑을 고백받은 소녀들은 감사의 선물을 준비하였다. 많은 여학생이 어려워하는 수학과 친해지기 위해 3.14159265… π day 행사로 열심히 공부하겠다는 감사 이벤트를 개최한 것이다. 수학동아리 Limit와 M&M이 정성을 다해 아이디어를 짜내고 행사를 진행하였다.

3, 4행시 짓기, 3.14초 맞추기, 원주율에서 생일 찾기, 3.14m 슬리퍼 날리기 같은 기발한 체험을 전교생과 선생님들이 점심시간과 저녁시간을 이용하여 함께 즐겼다. 참가 학생들에게 초코파이는 덤이다. 남자 선생님들의 사랑 고백에 무한소수처럼 무한 사랑으로 감사 표시

를 한 소녀들. 홍성여고에는 오늘도 눈부신 햇살이 밝게 웃으며 축하
를 한다. 물론 우리 학생들 수학 실력도 부쩍 늘 것이라 확신한다.

홍성여고–사회복지법인 유일원 자매결연

천북중학교에서 경로당 어르신들을 찾아가는 봉사 활동을 하였다
면 홍성여고에서는 학생들 진로에 도움이 되도록 교육과정에 포함하
여 전교생 참여 봉사 활동을 전개하는 것이 좋겠다고 판단되었다.

홍성고 교감 재직 시 홍성지역 정신요양원인 사회복지법인 유일원
과 자매결연을 하여 체계적인 봉사 활동을 한 것이 생각나 유일원 관
계자와 통화를 하였는데 공교롭게도 담당자가 학부모여서 학생들이
쉽게 봉사 활동에 참여할 수 있게 되었다.

우선 2017년 3월 16일 양 기관이 학생들의 주기적인 봉사 활동 실
천과 충남교육청 역점사업인 마을공동체 사업에 적극적으로 동참하
는 협약식을 체결하여 지속적인 사랑 나눔 분위기 조성과 실천에 앞장
서기로 하였다.

홍성여고는 학교교육과정인 창의적 체험활동을 활용하여 전교생이
봉사 활동 경험을 쌓을 수 있도록 기회를 제공하고 학부모와 함께하는
봉사 활동을 추진하며 동아리 학생들이 유일원 축제, 어버이날 행사
등에 다양한 자원봉사 나눔 활동도 실시하도록 하였다. 이후 홍성여고
는 매달 2회 1, 2학년이 학급별로 유일원을 찾아가는 봉사 활동을 전
개하여 사랑 나눔을 실천하였다.

학생들은 처음에는 원생들과 만남이 이색하고 서먹하였지만 금세

홍성여고-유일원 자매결연 기념

친해져서 함께 그림도 그리고 게임도 하며 즐거운 시간을 스스로 만들었다. 역시 홍성여고 학생들의 대단함을 느꼈다. 또한, 학부모회에서는 봉사 활동에 필요한 간식, 재료 등을 제공하는 것은 물론 학생들과 함께 하는 봉사 활동을 전개하여 의미가 더했다.

나에게는 너무도 특별하고 잊을 수 없는 <고향의 봄> 합창

2017년 4월 6일. 충남도청 문예회관에 충남 700여 명의 유 · 초 · 중 · 고교(원)장 선생님들이 모였다. 학교 급식, 충남 특수교육 주요사항에 대한 역량강화 연수를 듣기 위해서이다. 연수 내용도 좋았지만 나에게는 잊을 수 없는 날이 되었다.

연수 중간 장애 학생 문화 · 예술 공연으로 보령 한마음오케스트라의 공연이 있었다. 한마음오케스트라는 천북중학교 학생들이 특수학교인 정심학교 학생들과 함께 공연에 참여하는 바로 그 오케스트라이다. 가슴이 콩닥콩닥 뛰었다.

2012년부터 4년간 천북중 공모 교장으로 학교를 경영하다가, 2016년 9월 이곳 홍성여고로 자리를 옮겼으니 가슴이 뛸 수밖에 없다. 천북중학교 교장으로 가장 먼저 추진한 사업이 '장애인과 비장애인이 함께 웃는 아름다운 세상을 우리가 만들어 보자.'였다. 천북중학교 편에서 소개하였듯이, 정심학교와 자매결연을 맺고 창의적 체험활동 시간을 활용하여 우리 아이들이 보령정심학교를 방문하여 수업 보조, 독서도우미, 오케스트라 연주 도우미, 함께 장보기, 역사문화 탐방 등을 하도록 하였다. 첫 만남에 아이들은 서먹서먹했지만 만남이 반복될수록 정은 더욱더 깊어졌다. 서로가 그리워하며 이름을 크게 부르고 얼싸안고 안부를 물으며 행복해하던 그림들이 나의 가슴속을 지나간다.

그 아이들이 이런 대강당에서 발표를? 이제는 천북중학교 교장도 아닌데, 내 가슴이 왜 이리 뛰는지. 입에 침이 바짝 말랐다. 천북중 학생들이 장애 학생들의 휠체어를 밀면서 함께 얘기하고 웃으면서 등장하는 자연스러운 모습에서 가슴이 먹먹해졌다. 세상에 이렇게 다정한 친구들이 어디에 있을까? 함께 지휘자에 마음을 맞추고 〈아리랑〉, 〈풍당풍당〉을 멋들어지게 연주하는 모습이 정말 대견스럽다. 마지막 연주는 〈고향의 봄〉. 오케스트라의 연주에 따라 참석한 모든 교장 선생님들이 합창으로 마음을 열었다. 감동이 울려 퍼지는 황홀한 무대이다.

나는 이미 울고 있었다. 무대에서 합창하던 천북중학교 학생이 용케도 나를 알아보고 웃으며 손을 흔든다. 나도 손을 흔든다. 옆에 있던 친구들도 웃으며 반갑게 손을 흔든다. 우레와 같은 박수가 쏟아진다. 이어진 강의에서 연세대 김종배 교수님이 장애는 환경을 키워주면 벗어날 수 있다고 하신다. 가슴에 와닿는다.

연수를 마치고 나오는 길에 많은 교장 선생님들이 손을 내밀며 나를 안기도 하고 "수고 많았습니다.", "정말 '동화 속 행복학교'네요.", "많이 배웠습니다."라고 말한다. 내가 근무할 때보다 아이들이 더 행복한 것 같다. 그날 밤 이제는 퇴임하신 정심학교 권선자 전 교장 선생님께 전화해서 고맙다며 수다를 떨었다. 4년간 그 속에서 놀던 때가 이제는 추억이다. 2017년 4월 6일, 나는 이 날을 잊을 수 없다.

홍성여고 봉사단 참학력 특공대 작전 개시

홍성여고 학생 중 상당수의 학생이 장차 사도의 길을 걷겠다고 한다. 이를 입증하듯 2017학년도 입시에서도 35명의 많은 학생이 교·사대 관련 학과에 합격했다.

교대, 사대를 희망하니 같은 교육자로서 더할 나위 없이 반가운 일이다. 그러나 교사라는 직업이 그저 안정되고 편해서 하겠다면 그건 큰 오산이고 독이다.

그래서 한 번뿐인 인생에서 선생님이 과연 후회 없는 삶을 살 수 있는 멋진 직업인지를 사전에 체험해 주는 게 좋겠다는 생각은 교직 선배로서 당연지사. 고민 끝에 논산고의 선생님 되기 프로젝트를 참고하

홍성 서부초를 방문한 참학력 특공대

여 봉사단을 조직하여 우리 여고 학생들이 농어촌 소외지역 학교를 직접 찾아가 아이들과 만나 교직 체험을 하면 좋을 것으로 생각하였다. 내 생각에 선생님들도 전폭적으로 동의하였다. 우선 계획 추진은 내가 하기로 하였다.

대상 지역은 홍성읍내에서 가장 멀리 떨어진 외진 곳 홍성 서부지역으로 결정하고 서부초, 서부중 교장 선생님을 만나 뵙고 우리 학생들의 멘토링 봉사 계획을 설명하고 의향을 물어보았다. 두 분 모두 고맙다며 OK 사인을 주었다. 홍성교육지원청 교육장님도 뵙고 버스 지원을 요청하였다. 교육장님 역시 지역 교육 활성화에 도움이 되겠다며 고맙다고 칭찬하시며 적극적인 지원으로 격려해 주셨다. 봉사단 명칭에 대해 고민하다가 천부중학교에서 했던 '참학력 특공대'를 쓰기로 하였다. 이번에는 '특별하게 공부 봉사로 원하는 대학 가자'의 줄임말이다. 공모를 통해 신청을 받은 결과 60여 명의 학생이 대거 신청하여 계획서, 지원동기, 면접 등을 통해 22명의 학생을 선발하여 봉사단 조직을 완료했다. 학생 인솔은 토요일이기에 선생님들에게 맡기는 것은 무척 부담이 가는 일. 나와 교감 선생님, 늘 아이들 사랑에 헌신적인 교무부장 선생님, 혁신부장 선생님이 형편을 보며 그때그때 맡기로 하였다.

이런 새로운 일을 하기 위해서는 무엇보다 교장, 교감 등 관리자의 솔선수범하는 역할이 무엇보다 중요하다. 참학력 특공대의 활동 내내 홍성여고 학부모회에서는 멘토링에 필요한 재료들과 맛있는 간식도 지원해 주었다. 다시 한번 감사드린다.

드디어 토요일인 4월 8일 첫날. 서부초등학교에 교대 진학을 희망하는 학생 10명, 홍성서부중학교에 사대를 희망하는 학생 12명이 방문하여 멘티 30여 명과 첫 만남을 가졌다. 어떤 학생들은 설렘에 밤을 꼬박 새웠다고 한다. 멘티가 될 서부초등학교, 서부중학교 학생들도 많이 기다렸다고 한다. 나도 신규교사로 발령을 받아 첫 수업에 무척 긴장하고 설레었던 기억이 난다. 우리 학생들이 선생님이 되는 길을 가고 있다.

자기소개, 멘토-멘티 결정, 학습 계획 세우기, 스포츠 활동 등 아이들이 고민해 작성한 수업과정안 대로 착착 진행하는 모습이 우리 선생님들 뺨친다. 벌써 여고생 선생님을 병설유치원 원아, 초등학교 저학년 아이들이 졸졸 따라다니며 서로 손을 잡으려고 아우성이다. 3시간이 너무나 빨리 지나간다. 나도 학생들과 같이 식사를 했다. 함박웃음과 함께 식사 예절 지도는 덤이다.

다음 달 5월 13일을 기약한다. 가지 말라고 멘티들이 울먹인다. 가까스로 달래면서 전화하겠다고 손가락을 건다. 참여한 학생 모두 싱글벙글 즐겁고 보람이 있었다며 참교사가 되겠다고 다짐을 한다. 5월 13일은 어떤 모습일까? 스승의 날을 이틀 앞둔 우리 여고 학생 선생님들의 모습을 상상하니 나의 입가에 미소가 절로 흐른다. 6월에는 충남방송에서 촬영하여 보도하였다. 이 보도 영상은 2017년 6월 19일 나의 페이스북에서 볼 수 있다.

전국을 감동시킨 홍성여고 세월호 추모의 열기

2016년 11월 3일, 홍성여고에서 학생의 날을 기념하며 펼쳐진 세월호 퍼포먼스가 잔잔한 감동을 주었다.

페이스북으로 관련 행사를 본 김지철 충남교육감님께서 세월호 유가족 합창단인 4·16 합창단원과 식사 자리가 있었는데 나의 페이스북을 보여 주시며 홍성여고의 추모 퍼포먼스를 단원들에게 소개하였고 그 자리에서 단원들은 고맙다며 홍성여고에 가보고 싶다고 하였다고 한다.

교육감님으로부터 이 말씀을 전해 듣고 나는 학생회장, 부장 선생님과 상의하여 만남의 날을 정했다. 2017년 4월 10일. 그날은 세월호 유가족 합창단이 홍성여고를 방문하여 아이들과 함께 노래하고 부둥켜안고 서로 눈물을 닦아주기로 한 날로 야속이 되었다.

세월호 추모 동영상의 한 장면

그런데 4월 10일은 3년간 차디찬 바닷속에 외로이 잠겨 있던 세월
호가 뭍에 안착한 날이 되었다. 그래서 부득이 만남은 다음으로 미루
어졌다. 하지만 홍성여고 소녀들은 잊지 않고 기억하고 있다는 것을
보여 주고 슬픔도 아픔도 함께 나누고 싶어 자체 행사를 치르기로 하
였다. 정성껏 리본을 그리고 배를 그리고 아픈 마음을 글로 옮겼다.

리본으로 배를 묶어 올리는 그림도, '돌아와 줘서 고마워요'란 글도
새겼다. 고래를 타고 하늘의 별이 된 언니 오빠도. 'Remember 2014
04 16' 다짐도 했다. 교실 복도와 식당으로 가는 통로에는 소녀들이 눈
물로 쓴 엽서와 쪽지가 천 개의 바람으로 흐느낀다. 그중에 사랑하는
딸에게 보내는 어머니의 슬픔은 가슴이 미어진다.

너는 돌 때 실을 잡았는데 명주실을 새로 사서 놓을 것을 쓰던 걸 놓아서 이리되었을까. 엄마가 다 늙어 낳아서 오래 품지도 못하고 빨리 낳았어. 한 달이라도 더 품었으면 사주가 바뀌어 살았을까. 엄마는 모든 걸 잘못한 죄인이다. 몇 푼 벌어보겠다고 일하느라 마지막 전화 못 받아서 미안해. 엄마가 부자가 아니라서 미안해. 없는 집에 너같이 예쁜 애를 태어나게 해서 미안해. 엄마가 지옥에 갈게 딸은 천국에 가.

꽃이 된 아이가 답장하는,

나 떠났다고 슬퍼 말아요. 나 없다고 울지 말아요. 봄이 오면 나 항상 찾아오리다. 그대 못 잊어 그대 보고파서 꽃이 되어 찾아오리다. 그대 숨결 느끼며 옛 추억 기억하며 살아서 못 전한 사연들 향기를 전하리라.

봄에 찾아온 하늘에 떴던 노란 리본이 떠오른다.

전교생이 노란 리본을 교복 가슴에 달았다. 그리고 노란색 도화지 한 장을 모두 준비했다. 하나둘씩 모인 노란색은 천개의 바람을 타고 530개의 노란 물결이 되고 운동장은 바다가 되었다. 2016년엔 1, 2학년만 참여하였지만 2017년엔 전교생이 모두 참여하여 더 웅장한 퍼포먼스가 되었다. 눈물로 〈천개의 바람이 되어〉를 부르는 모습에 항공 촬영하던 드론도 숨을 죽인다.

소녀들이 운다. 선생님들이 운다. 그러나 울지 않는다. 천 개의 바람이 지켜주니까 다음 날 언니 오빠들이 그렇게 가고자 했던 세주노를 홍성여고 2학년 학생들이 떠났다.

떠나는 날 아침 비가 내린다. 어제의 슬픔이 아직 가시지 않은 것 같다. 무거운 마음으로 비행기에 오른다. 아! 비행기가 그곳을 지나는 것 같다. 거짓말처럼 하늘은 맑게 개고 3일 내내 화창하게 아름다운 추억을 새겼다. 꽃이 되고 별이 된, 그리운 언니 오빠들이 웃으며 함께하는 것이 느껴진다.

제주도를 떠나는 날 아쉬운 바람이 분다. 천 개의 바람이 기억해 달라고. 우리 아이들이 자랑스럽다. 우리 아이들 애틋한 마음이 인터넷에서 화제를 일으키며 추모 열기를 더하고 있다. 충남교육청 방송팀이 제작한 이 영상은 충남교육청 페이스북으로 소개되어 조회 수 9만여 회를 기록하였다. 많은 추모객이 방문하고 댓글을 달았다. 이 추모 열기는 전국으로 화제가 되었다. 교육감님은 이 영상으로 학교를 방문하여 수업해 주시고 복기왕 아산시장님 등 많은 분과 언론이 관심과 사랑을 주었다. 이 영상은 나의 2017년 4월 15일 페이스북을 통해서도 확인할 수 있다.

3년 차 주무관의 장학금 기탁

내가 가는 학교마다 소통과 공감의 향기가 펼쳐진다. 홍성여고도 행복하고 소통하는 학교란 증거를 하나 소개하며 자랑하고자 한다. 2017년 당시 홍성여고 행정실에 34세의 모ㅇ준 주무관이 있었다.

7년의 노력 끝에 공시족을 탈피하여 그토록 바라던 공무원 시험 합격. 2016년 3월 1일, 홍성여고로 감격의 첫 발령을 받아 그 누구보다 성실하게 근무하는 총각 주무관이었다. 거의 매일 아침 일찍 출근하여 행정실 환기 및 정리정돈을 하고 학생들이 찾아가지 않은 택배 물품을 교실로 배달까지 해 주는 친절한 주무관이었다.

선생님들, 학생들이 SOS를 보내면 1초도 되지 않아 YES를 보낸다. 야간 근무, 휴일 근무도 자청해서 뚜벅뚜벅 일한다. 그러나 초과근무 수당을 받지 않겠다고 한다. 평소 근무시간 내 일을 처리 못하는 능력 부족, 미숙함이니 시간외 근무 수당을 받지 않겠다며 겸손하다. 내가 초과근무 사전 결재를 올리라고 호통을 쳐도 고집불통으로 올리지 않는다.

이런 주무관이 그동안 우리 교직원들의 배려와 학생들의 밝은 모습 덕분에 행복한 근무를 해서 공무원 생활이 너무 즐겁고 고맙다며 장학금을 150만 원이나 기탁하였다. 이보다 더 아름다울 수는 없을 것 같다. 학교장인 내가 부끄럽고 고개가 숙여진다. 주무관의 뜻에 따라 학교생활을 열심히 하는 학생들을 선발하여 장학금을 지급하였다.

고마움을 조금이나마 표시하고자 학교장의 이름으로 부장회의 시간을 활용하여 감사장을 주었다. 홍성여고 뜰에 핀 꽃들이 바람에 속삭인다. 홍성여고에 피어서 우리는 너무 행복하다고.

내가 홍성여고를 떠나온 뒤 이 주무관도 3년 만기가 되어 아산 지역 어느 고등학교로 발령이 나자, 학생 한 명이 행정실 유리창에 감사의 뜻을 적은 포스트잇을 붙였다. 그러자 또 한 학생이 포스트잇을 붙였다. 금세 행정실 유리창은 그동안 그 주무관에게 감사했던 글과 아쉬운 이별의 글로 가득 찼다고 한다. 이보다 더 아름다울 수는 없다. 연수원장이 되어 신규공무원 연수 수료식에서 이 주무관의 감동적인 이야기를 해 주었더니 모두들 크게 호응하였다.

홍성여고 천사들이 만든 학교 소개 UCC

인문계 고등학교인 홍성여고에도 어김없이 여름방학은 찾아온다. 말이 여름방학이지 방과후학교에 체험학습에 동아리 활동에 짜증이 날 법도 하다.

그런데 우리 홍성여고 천사들은 학교생활이 뭐가 그리 좋은지 매미처럼 파랑새처럼 온종일 세레나데를 부른다. 증거? 확실한 증거 짠! 지난 영어축제 때 우리 1-5반 학생들이 만든 감동의 학교 소개 UCC! 필이 콕, 콕! 게다가 교장 선생님 소개 센스까지. 소개 멘트를 옮겨 보겠다.

This is our principal.

Regardless of rain or snow, He always greets us in front of the school gates.

Through this, we know our principal always tries hard for the students.

So, we love our principal!

이러니 우리 홍성여고 학생들이 이쁘지 않을 수 없다. 영상을 제작한 학생들을 교장실에 초대해서 미니 초코바를 주며 고맙다고 말했는데 이것으로는 부족한 것 같다. 푹푹 찌는 오늘도 홍성여고는 상쾌! 통쾌! 유쾌! 자, 그럼 우리 아이들 감동의 UCC 세계로 빠져 보실까요? 이 UCC는 2017년 7월 27일 나의 페이스북에서 확인할 수 있다. 마지막 '홍성여고는 학생들을 위한 학교'라는 멘트가 나를 황홀하게 한다.

Hongseong girls' High School is a school for the students.

여름 방과후학교의 혁신 – 진로맞춤형 캠프

2017년 여름방학이 얼마 남지 않았다. 선생님들은 방학 중 방과후학교 프로그램으로 골머리를 앓고 있었다. 그동안 방학 중 방과후학교 프로그램은 교과형으로 국어, 영어, 수학 등이 패키지 형식으로 운영되고 있었다.

이번 방학에도 대부분 선생님이 그렇게 계획하고 있었으나 모두 효율성과 학생들 참여에 회의적인 반응이었다. 또한, 대학입시에서 수시의 비중이 점점 높아가는 상황에서 개선도 없이 강의식 형태로 학력을 높이고자 하는 것은 문제가 있어 보였다.

나는 결단하였다. 학생의 적성과 요구에 부응하는 진로맞춤형 캠프를 개설하여 학생들의 선택권을 존중하고 능동적으로 참여하는 다양한 체험활동이 되어야 한다고 선생님들께 강조하였다.

그리고 캠프 활동 과정 및 결과를 자기이력으로 관리하여 입학사정관제에 대비하도록 하자고 하였다. 우선 1학년부터 시작해 보자고 선

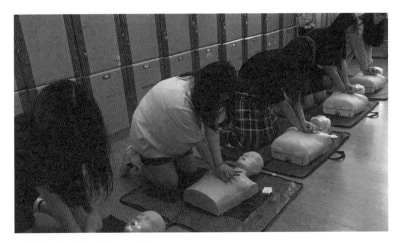

메디컬 의료 캠프에서 CPR 체험

생님들을 설득하였다.

전체적으로 의견이 일치되지는 않았지만 1학년 부장 선생님을 비롯해 다수 선생님이 교장 선생님 주장도 일리가 있다며 시행해 보기로 하였다.

그래서 참여를 원하는 선생님들이 캠프 계획서를 작성하게 하고 학생들의 반응을 살펴보았다. 미온적이던 학생들이 크게 호응을 하였다. 방과후학교 참여 사전 조사에서 각 반 10명도 채 되지 않던 참가 학생이 대부분 20명 이상으로 늘었고 캠프는 조기 마감되기도 하였다.

한 명당 최대 2개 캠프 참여를 가능하도록 하였는데 학생 대부분이 2개 캠프를 신청하였다. 캠프별 참가 인원을 25명 내외로 하였지만 부득이 인원을 늘린 캠프도 발생하게 되었다.

특히 마지막 날은 현장체험학습의 날로 정해 모든 경비를 홍성군청 보조금으로 지원하여 학생들의 반응이 뜨거웠다. 진정으로 학생들이 원하고 미래 진로에 도움이 되는 프로그램을 운영한다면 학생들은 호응한다는 교훈을 얻었다. 메디컬 의료 캠프는 간호학과를 지원하려고 하는 학생들이 대거 참여하였으며 단국대학교 병원을 체험 장소로 정해 CPR을 이수하고 병원투어 및 닥터헬기 소개 시간을 가져 학생들의 진로에 실질적인 도움을 줘 폭발적인 호응을 얻었다. 캠프 내역은 다음과 같다.

캠프명	진로 관련 학과
인문 사회	인문학, 방송학, 사회학, 교육학, 심리학 등
글로벌 영어	외국어, 외교학, 무역학, 관광학, 항공학 등
몰입 수학	수학, 통계학, 경제학, 회계학, 금융학 등
창의 자연	과학, 건축학, 전자학, 환경학, 생명공학 등
메디컬 의료	의학, 간호학, 약학, 수의학 등
드로잉 미술	회화, 조소, 공예, 디자인 등

이중 메디컬 의료 캠프 내용을 소개하면 다음과 같다.

캠프명	체험 내용	장소
메디컬 의료	1. 단국대학교 CPR 이수 (3만 원 개인 부담, 이수증 발급 가능) 2. 간호사의 직업군 소개(교육행정팀장) 3. 단국대학교 진로체험 (핵의학과, 응급의료센터, 권역외상센터, PET-CT검사실, 충남닥터헬기-기장님과 응급의학과 교수님질의응답)	천안

홍성여고 학교장의 안내 경청

함께 나누고 성장하는 혁신학교 만남의 장

2017년 7월 31일. 혁신학교의 여름방학은 함께 나누고 성장하며 도약하는 시간이다.

2016년 충남형 혁신학교인 행복나눔학교를 함께 출발한 〈신나고 당당한 신당고등학교〉와 〈소통의 향기를 피우는 홍성여고〉가 홍성여고 교장실에서 만남의 장을 함께 하였다. 학교 비전과 교육활동을 공유하고 2시간 이상 깊은 대화를 나누었다. 웃기도 하고 탄식도 하고 눈물도 글썽인다.

우수사례보다는 서로 고민하고 아파하는 문제에 대해 허심탄회하게 얘기하고 해결책을 찾고자 하였다. 아무래도 양교가 인문계 학교이다 보니 우리 아이들의 맞춤형 진로와 행복한 학교생활이 두 마리 토끼를 잡기 위한 노력에 서로 공감하며 진솔한 해결 방안을 찾고자 머리를 맞댔다.

마음에서 우러나오는 사랑의 철학을 갖고 수업 혁신을 통해 학생도 교사도 함께 성장하기 위한 방법에서 지역과 상생하는 방법 등에 이르기까지 행복 모델을 창출하고자 함께 고민하고 또 고민하였다. 두 학교가 자주 만남의 장을 갖기로 약속하였다. 나도 많은 것을 얻었다. 우리 만남의 훈씨가 충남 전역에 퍼져 모두가 행복을 나누는 충남교육이 될 것을 기대한다.

홍성여고 감성 소녀들 가을 향기에 흠뻑 빠지다

홍성여고는 잘하는 아이들만 추려서 더욱 잘하게 하는 교육이 아니라 한 명 한 명의 개성과 재능을 존중하며 한 명도 포기하지 않는 교육을 펼치는 혁신학교이다. 그러기에 우리 학생들을 믿고 밀어주고 기다리며 자신의 힘으로 성장하도록 배움중심 수업을 펼치고 있으며 함께 머리를 맞대며 생활 규정도 개정한다. 학생들이 자신의 힘으로 성장하도록 도와주는 홍성여고의 대표적 프로그램이 바로 인문사회 답사이다.

앞에서도 언급한 바 있는데, 이는 2016년 내가 부임하였을 때 가장 감명을 받은 프로그램으로 순전히 학생들이 계획서를 작성하여 공모전을 통해 선정된 팀 학생들이 직접 기획하고 사전 답사를 하고 함께 떠나는 프로그램이다.

2017년에도 마찬가지로 5개 팀을 선정하였는데 이번에 나는 학생들의 계획서를 읽어보고 선정을 위한 발표회에도 가서 참관하는 등 격려와 지원을 위해 노력하였다. 답사 당일인 토요일에도 버스에 올라 칭찬으로 격려하고 안전도 당부하는 등 응원하였으며 답사 후에도 대표 학생들, 선생님들과 평가회를 열기도 하였다.

1팀 : 조선의 르네상스, 정조의 마음을 담은 건축, 화성

2팀 : 광주, 우리나라 민주화를 위하여

3팀 : 어디까지 가봤니? 소나기가 내리는 그곳, 양평

4팀 : 대한제국을 꿈꾼 황제, 고종을 알아보다

5팀 : 민주주의와 대통령, 그리고 나

홍성여고 학생들은 참 주제도 예쁘게 잡는다. 감성 소녀들이 가을 향기에 흠뻑 빠졌다. 소녀들은 작품 속 주인공이 되기도 하고 역사의 한가운데에 서서 과거의 흔적을 되짚어보며 탄식도 한다. 교과서를 통해 평면적으로 이해하고 있던 사실과 지식들에 입체적인 사고가 불어넣어져 감성은 더욱 풍성하다.

2017년에는 인문사회답사가 9월 2일 토요일에 개최되었다. 소녀들은 자신이 선택한 팀의 버스를 타고 학교에 도착해 내릴 때까지 온몸과 마음으로 배움의 열기를 뜨겁게 달구었다.

화성 융건릉에서는 죽음으로 부모를 다시 만난 왕 정조에 아파하고, 광주 5·18 민주묘지에서는 민주주의와 인권을 택시 운전사의 도움(?)으로 가득 담고, 양평 황순원 문학관에서는 교과서에서 배웠

5 · 18 광주 민주묘지를 찾은 홍성여고 답사팀

던 〈소나기〉 작품을 기억하고 체험하며 풋풋하고도 가슴 저리는 첫사
랑의 주인공들을 생각하며 설렘도 아픔도 느꼈다. 고궁 답사를 통해서
는 나라가 외세에 의해 망해가는 것을 지켜보며 일제에 자신의 의지를
굽히지 않으려 노력한 고종 황제를 위로하고, 국회의사당과 청와대 사
랑채 방문을 통해 민주주의 정신을 가득 심었다.

　토요일임에도 온종일 학생들의 안전과 지도를 위해 수고를 마다하
지 않으신 선생님들의 도움으로 소녀들은 더욱 바르게 성장하고 역량
을 키운다. 그런데 곧 소개하겠지만 이 답사가 홍성여고를 또 전국에
알리는 멋진 기회를 만들기도 했다.

우승의 기쁨보다 더 진한 감동이 피는 소녀들의 큰절

2011년 창단 2013년 우승, 2016년 준우승. 여자 축구 전통의 강호 홍성여고 축구동아리 여고FC클럽이 2017년 9월 10일 교육감배 스포츠클럽대회에서 4년 만에 다시 감격의 우승컵을 거머쥐었다. 오늘을 위해 겨우내 눈꽃과 친구가 되었고 뜨거운 여름에도 살을 태우며 자신의 힘으로 성취해 낸 노력의 대가이다. 그런데 우승의 기쁨보다 더 진한 감동의 여운이 아직도 잔잔하게 남아 가슴이 설레니 나도 아직 소년인가 보다. 불꽃 튀는 접전이 끝나고 우승이 확정된 순간 홍성여고 소녀들은 4년간 뒷바라지를 하며 즐거움도 슬픔도 함께하신 동아리 지도 선생님 앞으로 뛰어가더니 갑자기 큰 원을 그린다.

누가 시작이라고 얘기도 안 했는데 모두 "감사합니다!"라고 소리치며 큰절을 한다. 선생님도 고개 숙여 답례한다. 부담이 될 수도 있는 축구동아리 지도교사를 자원해 알뜰살뜰한 보살핌으로 소녀들의 정신적 지주가 되어 주신 선생님에게 대한 감사의 표시다. 운동장에는 염화시중의 미소가 퍼진다.

감동은 계속된다. 졸업한 동아리 선배 대학생들이 공주에서 옥천에서 홍성에서 응원차 한달음에 달려와 목이 터져라 응원한다. 쉬는 시간에는 음료수를 챙겨 주고 기억에 남을 장면을 후배들에게 선물하기 위해 연신 카메라 셔터를 눌러대는 흐뭇한 광경도 연출한다. 선배들의 따뜻한 마음 덕분에 오늘 우승은 더 값지다. 홍성여고라서 가능한 선후배의 정에 다른 학교의 부러움을 산다.

홍성여고 축구팀은 동아리 시간과 토요일을 이용하여 맨땅인 악조

우승 후 넙죽 큰절하는 홍성여고 축구동아리 학생들

건의 학교 운동장에서 몸으로 부딪치며 넘어지고 피를 흘리고 친구의 아픈 상처와 마음까지도 만져주며 우정과 선후배의 정을 쌓았다. 소녀들이 허공으로 차는 킥은 꿈과 희망으로 하늘 높이 퍼지며 사랑의 하트를 그렸다.

대회를 한 달여 앞두고는 잔디 구장의 적응을 위해 야간 자율학습도, 학교 특색사업인 인문사회답사도 포기하며 인근 초등학교 운동장을 빌려 일주일에 두 번, 밤을 불태우기도 하였다. 동아리 대표 학생이 "교장 선생님 고맙습니다. 이 트로피 잘 간직하여 주세요."라고 말한다. 가슴이 울컥했다. '동아리 방이 있다면 거기가 제격인데.'라고 생각하며 어깨를 토닥였다.

그리고는 전교생이 모여 우승을 축하하는 그때, 공식석으로 트로피를 건네받겠다는 다짐을 하였다. 늘 햇살이 비추는 홍성여고 행복 이야기는 천일야화만큼 흥미진진하다.

추석 산타 선물에 행복나눔 홍성여고 소녀들 함박웃음

2017년 9월 27일 홍성여고에 산타가 또 찾아왔다. 이번에도 이름도 얼굴도 모르는 익명의 산타이다. 2017년 4월 10일 전국을 감동시켰던 홍성여고 전교생의 세월호 3주기 퍼포먼스를 기사로 접한 수도권에 거주하는 출향인께서 전교생과 전직원 모두에게 과자 종합선물세트를 선물로 보내주셨다. 박스 겉면에는 다음과 같은 글이 인쇄되어 있었다.

자랑스러운 고향 후배분들께…

저는 수도권에서 조그만 사업을 하고 있는 홍성의 고향 선배입니다. 몇 개월 전 전교생이 보여 주신 '세월호 3주기 퍼포먼스' 모습을 기사로 접하고 너무나 감동을 받았습니다. 여러분들의 아름답고 순수한 모습에 이끌려 몇 자 적어 봅니다. 많은 시간이 흐르며 고민하고, 실수하고, 도전하던 소중한 추억의 하나로 기억될 고등학교 학창시절을 재미있고 당당하게 보내시기 바랍니다.

모두 640세트. 선생님들은 공장에서 직접 배달된 선물 박스를 트럭에서 내리며 힘든 줄도 모르고 그분의 선한 미소와 제자들의 환호를 생각하며 함박웃음을 지었다.

1, 2학년이 시험 기간이라 도착한 그 날 우선 3학년 학생들에게 취

교장실이 종합 선물 세트로 가득

지를 설명하고 선물을 나누어 주었다. 1, 2학년은 추석 연휴 전 시험이 끝나고 귀갓길에 나누어 주었다. 학생들이 환호하였다. 감동에 눈물도 흘리기도 한다. 그 어떤 선물보다 값지고 멋진 추석 선물이라고 한다. 한 손에는 가방을 한 손에는 과자 상자를 들고 가는 학생들의 발걸음이 너무나 가볍다.

홍성여고 학생이라는 자부심은 더욱 충만해지고 고마움은 더욱더 깊어만 간다. 나와 선생님들은 더 행복하고 즐거운 혁신학교를 만들고자 또 다짐하고 실천한다. 교감 선생님이 전하길, 산타님은 학생들의 순수한 아름다움에 감동해서 고마움으로 작은 군것질의 즐거움을 생각해서 보낸 것이라며 언론에도 외부에도 절대 알리지 말라고 하셨단다. 단지 전화를 한 이유는 과자를 먹고 후 배가 아프거니 부작용이 있

으면 알려달라고 전화하였다고 한다. 나는 교감 선생님으로부터 전화
번호를 받아 전화로 고맙다는 말을 전하고 언론에 보도자료를 내고 싶
으니 이름이라도 알려달라고 했더니 산타는 펄쩍 뛰었다. 순수하게 하
는 것이니 절대 소문내지 말라고 신신당부하였다.

그리고 산타는 이 교장을 잘 알고 있단다. 천북중학교 교장 시절부
터 쭉 지켜보았다고 하며 학생을 위한 학교를 잘 경영해 주어 고맙다
고 하는 것이 아닌가. 도대체 어떤 분일까? 아무리 생각하고 과거를
유추해도 알 수가 없었다. 줄곧 나를 지켜보고 응원해 주었다니. 그동
안 학생들을 위한 나의 열정이 헛되지 않았음을 느낀다. 지금도 궁금
하다. 산타의 순수한 마음을 이해하나 페이스북에는 올려 홍보하였다.
그해 추석은 산타님으로 인해 풍성한 한가위가 되었다.

믿어주고 존중하는 학생주도 인문사회답사가 낳은 쾌거
– 전국 학생독립운동 UCC 공모전 대상 수상

앞에서 나는 홍성여고 인문사회답사가 홍성여고를 또 전국에 알리는
대박을 가져오는 징조를 보였다고 하였다. 이제 그 대박을 소개하겠다.

우리 예쁜 홍성여고 소녀들은 답사로만 그치지 않았다. Turn Up 동
아리 학생들이 주관한 광주 답사팀은 8월 광주 5·18 민주묘지 사전
답사를 통해 제2회 학생독립운동 UCC 공모전 개최 정보를 얻었다.

다녀와서 치열하게 토론하고 협의하며 글을 쓰고 그림을 그리고 채
색하고 촬영하고 연출을 하며 광주학생독립운동의 정신을 이어받아
학생들도 적극적으로 역사와 정치에 관심을 기울이며 참여하자는 내

용의 작품을 제출하였다.

아! 결과는 놀랍게도 대박! 대상이었다. 보훈처장상과 상금 50만 원도 받게 되었다. 학생부문이 있는 것도 아니고 대한민국 모든 국민을 대상으로 한 공모전에서 차지한 영광의 쾌거이다. 나는 또 느낀다. 믿어주고 기다리면 아이들은 더 크게 창의적인 생각과 행동으로 다가온다는 행복한 사실을. 나는 학생들을 불러 크게 칭찬하고 동아리 지도 선생님께 시상식에도 학생들이 참석할 수 있도록 인솔을 부탁하였다.

11월 3일 학생의 날에 우리 대표 학생들이 유리천장을 깨고 보훈처장의 자리에 오른 피우진 장관 명의의 상장과 상금을 받았다.

나는 그날 방송을 통해 동아리 학생들이 상을 받으러 간 사실을 알리고 내가 본 브로드웨이 '42번가'라는 뮤지컬을 예로 들며 주인공 페기처럼 열심히 노력하면 승리한다는 확신으로 유리천장을 깨어서 홍성여고를 빛내는 인재가 되기를 부탁하였다. 물론 교장인 나와 선생님들은 학생들이 무궁무진한 능력을 발휘할 수 있도록 잘 도와주겠다는 말도.

이 UCC는 나의 페이스북 2017년 10월 15일에서 확인할 수 있다.

홍성여고 축구 사랑의 하이킥은 아름다운 세상을 만든다

2017년 11월 9일부터 11일까지 2박 3일간 목포에서 스포츠클럽 축구 전국대회가 개최되었다. 충남 우승을 거머쥔 홍성여고 동아리 학생들이 참가하여 사랑의 하이킥으로 아름다운 세상을 만든 과정을 다음과 같이 소개한다.

전국대회 8강 기념

① 홍성여고 전교생, 선생님들의 감동의 환송식 그리고 동문들의 격려까지

전국대회에 출정하는 선수들의 기를 살려주고 응원을 해주자는 나의 전교생 환송식 제안에 학생회가 오케이를 하여 11월 9일 아침, 학생회 임원들이 "FC여고 싸워라, 호랑이보다 용맹하게 비상하라, 독수리보다 높이"란 팻말을 준비해 전교생이 버스 타는 곳까지 줄을 서기도 하고 교실 창문을 열고 파이팅을 외치며 선전을 소망하였다.

학생들 모두 우정으로 성장하고 한마음이 되었다. 선생님들은 물론 동문회 회장 등 임원단도 떠나는 후배들을 격려하기 위해 참석하였다. 선수들은 감동을 안고 목포로 출발하였다.

② 제복 입은 목포 해양대 선배 응원 – 사상 첫 8강 진출

목포에 도착하여 잠시 휴식을 취하고 첫 경기에 나설 준비를 하였다. 그런데 멋진 제복을 입은 천사 두 명이 나타났다.

후배들을 응원하러 온 홍성여고 출신 목포해양대 학생들이다. 수업이 끝나기가 무섭게 목포 국제축구센터로 달려와 목이 터져라 응원하였다. 선수들은 뜻하지 않은 재회에 반가움과 고마움이 교차하며 승리를 다짐하였다.

결과는 승리. 개교 이래 처음 전국대회에서 이겨 8강에 진출하였다. 선후배들은 서로 부둥켜안고 승리를 만끽하였다.

③ 수고했다. 우리 제자들 최고야! 사랑의 빼빼로 선물

8강에서 최선을 다했지만 부산광역시의 벽은 높았다. 서로 위로하고 대견해 하며 내년을 기약하기로 하였다. 아! 오늘이 바로 11월 11일 빼빼로데이! 나와 인솔한 선생님들은 제자들을 위해 빼빼로를 준비해 저녁 식사 시간에 나누어 주었다. 선생님들의 깜짝 이벤트에 감동하여 박수와 환호가 식당을 가득 메웠다. 모르는 남들이 보면 우승한 줄 알겠다.

④ 고마운 숙박업소 노부부의 격려

우리가 2박 3일간 묵은 숙박업소는 70은 넘어 보이는 노부부가 운영하고 있었다. 문화관광부가 선정하는 굿스테이 숙박업소이다. 외관은 새로이 신축된 다른 숙박업소보다 못하시만 노부부의 친절은 5성

급이다. 잠자리 보살핌은 물론 직접 재배하신 홍시와 귤을 내놓으며 격려해 주시고 승리를 기원해 주셨다.

아! 떠나오는 날 학생들이 방을 잘 사용해줘 고맙다며 휴게소에서 아이스크림 사 먹으라고 상당한 금액을 주시고 방 한 개 값도 감해 주신다.

노부부의 넉넉한 인심과 사랑을 안고 학생들은 즐겁게 홍성행 버스에 오른다. 홍성여고 사랑의 하이킥은 아름다운 세상을 만든다.

아름다운 소통의 향기를 피우는 홍성여고 학부모회

홍성여고 교장을 하는 내내 학부모들의 적극적인 지원을 잊을 수 없다. 그중 2018년 11월 30일에 있었던 자랑스러운 학부모들의 자녀 사랑 어르신 공경 이야기를 하고자 한다.

앞에서도 얘기하였지만 홍성여고는 옛 주소 체계로 소향리(昭香里)에 있었다. 그래서인지 개교 이래 65년 동안 소통의 향기를 피우며 서해안의 명문 학교로 자리 잡고 있다. 특히 소향리 어르신들이 소향리에 홍성여중, 홍성여고 2개의 학교가 자리 잡고 있어서 자랑스럽다며 자부심이 대단하시고 격려와 지원을 아끼지 않으신다. 하지만 2018년 2월 학교가 이전할 예정이어서 어르신들은 섭섭함과 안타까움을 토로한다. 나는 어르신들의 마음을 조금이라도 달래드리고 그동안 학교 사랑에 대한 고마움의 표시로 학부모회장님께 경로잔치를 제안하였다. 나의 제안에 학부모회는 흔쾌히 동의하였다. 11월 30일 행사가 결정되었고 소향리 경로당 인근 식당에서 어르신들께 맛있는 음식도 대접

해금을 연주하는 학부모회장

해 드리고 수건을 선물하기도 하였다.

　박승희 학부모회장님은 홍성여고 학생들, 학부모들이 소향리를 영원히 고향으로 간직할 것이라며 〈고향의 봄〉을 해금으로 연주하여 어르신들의 박수와 칭찬을 받았다. 나도 감사의 인사를 전하고 행사가 끝날 때까지 어르신들과 대화를 하며 아쉬움을 달래었다. 학생회 임원들도 이 자리에 참석하여 감사의 인사를 하였다.

　이렇게 홍성여고 학부모회는 수능 당일 새벽 찬바람을 가르며 따뜻한 차로 자녀들 격려하기, 평소 정기고사 시에도 시험 대박 사탕으로 아이들을 격려하기, 전교생 봉사 활동에도 참여하여 정신질환자분들에게 일일이 매니큐어를 칠해 주고 빵, 다과로 따뜻한 대화와 정을 나누기도 하고 주말에는 우리 찬하력특 공대 학생들이 교육멘토링을 하는 초·중학교를 찾아가 아이들을 격려하고 푸짐한 선물도 안겨주는 등 적극적으로 학교에 참여하였다.

이러한 다양한 학교 참여로 홍성여고 학부모회는 교육부가 주최한 학부모회 학교참여 부문에 고등학교에서는 유일하게 최우수 학부모회로 선정되어 상금 50만 원과 상장을 받는 쾌거를 이루었다.

따뜻한 학교혁신 교육과정 – 전국 100대 교육과정 우수학교 선정

2017년 전국 100대 교육과정 우수학교 선정을 위한 실사의 날. 한 학생이 교장실에 와서 "교장 선생님 저 때문에 우리 학교가 선정이 안 되면 어떡하죠?" 하며 무척 걱정을 한다.

학생회 임원도 아닌데 무작위로 선정해서 뽑힌 세 명에 포함되어 교육부에서 실사를 나온 실사위원과 면담의 시간을 가졌다고 한다. 면담 중 심사위원이 "왜 교복을 안 입고 체육복을 입고 있나?"라고 질문해서 "우리 학교는 밤 10시까지 학교에서 공부하고 생활하는데 3년 동안 교복을 계속 입으면 작아져서 움직임도 어렵고 특히 겨울에 치마를 입으면 너무 추워요. 그래서 학생총회를 통해 학교 내에서는 체육복 등 자유복을 입게 해 달라고 건의해서 교장 선생님이 흔쾌히 수용했어요. 저는 체육복을 입으니 너무 편하고 공부가 더 잘됩니다."라고 답변했다고 하면서 교복을 안 입어서 불이익을 당할까 봐 한 걱정이란다. 나는 큰 소리로 웃으며 "고마워, 고마워. 오히려 우리 ○○이 때문에 우리는 무조건 선정될 것 같아. 걱정 마. 진솔한 얘기는 오히려 감동을 주거든." 이렇게 달래고 수고했다며 미니 초코바를 건넸다.

학교혁신은 남들이 만들어 놓은 방법에 올가미가 되는 것이 아니라 우리 아이들에게 맞는 따뜻한 방법을 찾아 도와주고 사랑하는 방법이다. 하루의 가장 오랜 시간을 학교에서 보내는 우리 아이들에게 따뜻한 교육과정으로 마음껏 함께 꿈을 얘기하고 나누는 포근하고 따뜻한 학교! 이 안에서 우리 선생님들과 학생들 모두 따뜻한 만남과 따뜻한 배움과 성장이 이루어지는 학교! 홍성여고가 꿈꾸며 만드는 학교이다.

홍성여고는 2017년 전국 100대 교육과정 우수학교로 선정되었다. 이로써 나는 교장으로 근무했던 두 학교를 모두 전국 100대 교육과정 우수학교로 진입시키는 영광을 안았다.

사랑하는 제자가 이루어 준 40년 전 교장 선생님의 꿈

서울대 1명, 고려대 5명, 연세대 1명, 서강대 1명 등 홍성여고의 약진은 계속된다. 2017년 12월 21일 늦은 밤. 1학기까지 학생회장을 맡으면서 세월호 추모행사를 주관하며 전국을 감동하게 했던 혜림이가 상기된 목소리로 전화를 했다.

분명 좋은 소식임을 직감했다. 왜냐하면, 주요 대학들의 수시모집 발표가 있었기 때문이다. "선생님이 꿈꾸었던 고연전 제가 이루어 드리게 되었습니다. 저 고려대 경영대학에 합격했어요." 나는 평소 학생회 활동, 학교 행사 등을 상의할 때 고려대학교에 가고 싶다는 혜림이에게 가끔 40년 전 내가 고려대학교에 낙방하고 공무원 생활을 거쳐 교사의 길을 걷게 된 이야기를 해 주었다. 그러면서 "너, 내 꿈 이루어 주지 않으면 안 볼 거야." 하고 협박을 하였는네 그게 부서웠는지(?)

당당히 합격으로 나에게 최고의 선물을 안겨준 것이다.

혜림이가 올린 페이스북에 나도 축하의 메시지를 보냈다. 혜림이는 큰 꿈을 꿀 수 있게 항상 응원해 주고 지원해 주셔서 감사하며 내일 교장실로 달려가겠다고 하트를 5개나 보냈다. 다음 날 아침 혜림이가 교장실을 찾아왔다.

우리는 서로 안아 주며 기쁨을 만끽하였다. 혁신학교 학생회장답게 창의적으로 생각하고 늘 최고의 리더로서 자질이 돋보였던 혜림이. 혜림이는 우리나라 최고의 인재가 될 것이다. 반드시 유리천장의 장벽을 깰 것이다.

학년 학급수가 6개 반에 불과한 홍성여고가 2018학년도 대입 수시에서 약진하였다. 서울대 수시에서 1명이 합격하고 혜림이가 합격한 고려대는 2017학년도 1명에서 2018학년도에는 무려 5명이 최종 합격하고 연세대, 한양대 등 그 어떤 해보다 풍성한 수확을 올렸다. 물론 정시에서도 이화여대 5명 등 근래 보기 드물게 최고의 성과를 거두었다. 수도권 합격자가 20% 이상 급증하였다. 이는 학생들이 교육과정에 충실히 따라 준 결과이고 한 명도 포기하지 않는 선생님들의 노력 덕분이다.

합격한 학생들이 교장실에 와서 말한다. 홍성여고의 창의적이고 특색있는 교육과정 덕분에 생활기록부가 풍성해져서 합격할 수 있었다며 고마워한다. 혁신학교는 학력의 질이 떨어지고 진학에서도 불리하다는 일부 주장을 말끔히 씻어냈다. 홍성여고는 혁신학교를 운영하면서 학생들도 만족하고 진학에서도 대박을 터트려 두 마리 토끼를 잡는 성과를 낳았다. 혁신학교의 모범사례임이 틀림없다. 물론 2016년 충남 100대 교육과정 우수학교, 2017년 전국 100대 교육과정 우수학교 수상도 큰 역할을 하였을 것으로 생각한다. 나의 프로파일 작성도 도움이 되지 않았을까? 혼자서 웃어본다.

의~리가 맺어 준 드론 캠프
– 희망을 쏘는 드론 조종사 부산대 오빠들의 멘토링

천북중학교에서 부산대와의 교류에 대해 여러 차례 언급한 바 있다. 그 인연으로 부산대 학생처 박○준 팀장과는 형님 동생으로 발전해서 가끔 만나 소주도 한잔하며 나도 한때는 부산 사나이였다는 것을 강조하고 의~리, 의~리로 뭉쳤다.

나는 천북중학교를 떠났지만 박 팀장을 비롯한 부산대 관련자들과 계속 연락을 주고받았다. 그러면서 부산대 학생들이 우리 홍성여고에 도와줄 것이 없을까를 고민하였다. 요즘 드론이 큰 인기를 끄는 것을 생각하고 홍성여고 학생들의 진로진학에 도움을 주고자 부산대에 '코딩–드론 캠프'를 요청하였고 부산대는 흔쾌히 수락하여 2018년 1월 23일부터 28일까지 부산대 전기공학과와 기계공학과 재학 남학생들로 이루어진 드론동아리 대학생 7명이 홍성여고를 찾아와 '코딩–드론' 캠프를 운영하게 되었다. 정말이지 의리로 못하는 것은 없다.

캠프를 희망한 홍성여고 14명의 소녀는 환호성으로 코딩과 드론 조종법 등을 열심히 배우며 따뜻한 겨울을 보냈다. 하루 10시간씩 드론 조종을 위한 코딩교육, 키트 조립과 엔트리 교육을 통한 드론의 원리

드론 조종 실습

이해하기, 드론 조립 후 각자 만든 드론 날리기를 통해 성취감 극대화
는 물론 진로 설계, 입시 경험담, 나만의 공부법 등 노하우 전수도 이
어져 참가 여학생들의 전폭적인 지지를 받았다.

부산대 멘토 학생들도 홍성여고 학생들이 이해가 빠르고 적극적으
로 참여하여 보람을 느꼈다며 무척이나 기뻐하였다. 멘토–멘티가 함
께 드론을 조종하며 함박웃음으로 행복을 담아 희망을 쏜다. 의~리가
맺어 준 이번 캠프가 양교의 교류 확대로 계속 이어지길 소망한다. 의
~리는 좋은 것이다.

홍성여고 이전 개시 – 대교리(大校里) 시대 개막

바야흐로 홍성여고 이전이 시작되었다. 2018년 2월 20일, 21일은

주말임에도 교무실, 행정실 모든 교육 가족들은 이삿짐을 싸고 안전한 이동과 새 학교 새 건물에서 깔끔한 정리를 하느라 무척 바쁘다.

덕분에 이사는 설 명절 전까지 3차에 걸쳐 순조롭게 이사가 완료되었다. 이제 소통의 향기 소향리(昭香里) 시대를 가슴에 품고 큰 학교 대교리(大校里) 시대가 개막된다. 소녀들의 함박웃음에 홍성은 더욱더 즐겁고 아름다워질 것이다. 전국 100대 교육과정 우수학교로 대한민국에서 학생들의 참학력과 인성이 가장 큰 학교(大校) 홍성여고의 이전을 예언한 듯 마을 이름을 대교리로 지으신 우리 선조들의 혜안에 감탄할 따름이다.

이제 나는 학교 이전을 끝으로 짧다면 짧고 길다면 긴 5년 6개월간의 행복한 교장 생활을 마감하고 연수원장이라는 새로운 영역에 도전한다. 어디에 있든 나의 열정은 변하지 않을 것이다.

* 뒷얘기를 조금 하자면, 이후 나는 2018년 5월 9일 홍성여고 이전 개교식에 초청되어 현 교장 선생님으로부터 감사패를 받았다. 나의 참석에 학생들은 열렬히 환영했고, 2019년 2월 14일 졸업식 때도 현 교장 선생님의 요청으로 졸업 축하 동영상을 보냈더니 학생들을 놀라게 하며 뜨거운 호응을 얻었다는 얘기를 전해 들었다.

에필로그

1989년 33세의 늦은 나이로 교직에 첫발을 디뎌 교사 16년, 장학사 5년, 교감 2년, 교장 5년 6월, 연수원장 1년 6월. 정확히 30년이 나의 교직 경력이다. 짧은 경력이 말해 주듯이 정말 열심히 숨 가쁘게 앞만 바라보고 달려온 나에게 교육이란 내 생애 가장 행복한 시간의 집합이 었다. 열정을 바쳤다.

열정을 바치는 과정에 수많은 사람을 만났다. 부산대 관계자, 화력 발전소 관계자, 시장, 면장, 경찰관, 목사, 어르신, 굴 식당을 하는 학부모, 초등학생, 유치원생 등은 직접 만났고, 무명의 천사 동문, 산타 출향인 같은 분은 가슴으로 만났다. 나는 그들이 얘기하거나 전하는 모든 것을 놓치지 않고 이해하려고 노력했고 겸손하려고 애썼다. 그들은 모두 동화 속 행복학교의 조력자들이었다. 참으로 소중한 인연으로 맺어진 고마운 분들이다. 아직도 그들 중 많은 분과 교류하며 친분을 쌓고 있다.

피천득의 수필집 『인연』에 나오는 '현명한 사람은 옷자락만 스쳐도 인연을 살릴 줄 안다.'라는 말이 가슴에 와닿는다. 그래서 나는 오늘도 새로 맺는 소중한 인연에 나의 미래를 맡긴다. 이 책을 읽는 독자도 나와 소중한 인연으로 맺어진 분이다. 교사든, 학생이든, 학부모든 나와의 소중한 인연도 새기고 매 순간 최선을 다해 노력하며 오늘의 삶에 만족하는 행복한 독자가 되기를 기도한다.

혹 나의 글이 과장되거나 흠이 있을 수도 있지만, 아이들을 위해 노력한 진실로 행복했던 교육자라는 것은 꼭 믿어주기 바란다. 희미한 기억을 살리고 페이스북을 참고하여 나의 교장 시절 회고록을 마친다. 이제 연수원장 1년 6개월까지 마친 나는 이제 나훈아가 얘기한 '청춘 어게인'을 멋지게 시작할 것이다.

또한 도움이 될지는 모르겠지만 학교나 교육기관에서 강의를 요청하면 열심히 봉사하겠다는 약속을 드린다.

추천사

　작은 시골 학교 천북중학교. 학생들과 선생님이 무기력에 빠져 있을 때 키는 작으나 당찬 교장 선생님이 기적을 안고 오셨다. 유병대 교장 선생님이 나서면 학생들은 마이더스의 손이 되고, 학부모는 세상에서 자녀를 가장 사랑하는 부모가 되고, 지역은 행복한 동화 마을이 되었다. 1000 BOOK으로 독서하고, 1000 BOOK 밴드로 열광하고, 어두움을 가르며 축구공에 희망을 쏘아 올린 4년이 꿈은 아니죠? 당신은 최고의 교장 선생님이었습니다. 당신은 우리에게 단비였습니다.

- 김일태(전 천북중학교 운영위원장)

　학생회장인 나에게 홍성여고는 최고의 기회의 장이었다. 그 가운데에는 늘 유병대 교장 선생님이 계셨다. 교장실은 열려 있었고, 교장 선생님의 마음도 언제나 열려 있었다. 세대를 아우르는 센스와 유머로 학생들을 끌어당기고, 진정한 '소통의 향기'를 피우셨다. 원하던 대학교에 합격한 것은 40년 전 교장 선생님의 꿈을 이뤄드린 것이지만, 어쩌면 교장 선생님 덕분에 내 꿈이 그만큼 커진 것일지도 모른다. 나는 교장 선생님처럼 소통과 공감을 통해 존경받는 리더, 유리천장을 깨부수는 리더가 될 것이다. 교장 선생님이 튼튼한 사다리가 되어주실 것을 확신한다.

- 김혜림(전 홍성여고 학생회장, 고려대 경영학과 2학년)

"교사들의 이야기는 책으로 나온 것이 많은데 교장 선생님들의 이야기는 왜 없을까요?" 수업비평으로 유명하신 교수님께서 던진 질문에 유병대 교장 선생님을 적극 추천한다. 준비된 교장 선생님의 꿈과 열정이 섬김의 리더십과 추진력으로, 차마 입 밖으로 쏟지 못한 속울음의 심정으로 기록된 이 책엔, 꿈꾸지 않는 학생·학부모·지역사회가 변화되어 행복의 계단을 하나씩 오르는 과정들이 생생하게 담겨 있다. 어느 한 곳도 거짓이 없다. 유병대 교장 선생님께서 교장을 하시던 시기에 나 역시 공모 교장을 하였기에 그 어려움과 기쁨과 행복을 더욱 공감할 수 있었다. 또한 교육연수원에서 1년 6개월 원장님으로 모시며, 유병대 교장 선생님의 6년 시간이 책과 같았음을 생생하게 느끼는 꿈 같은 시간이었다.

- 김희숙(충청남도교육청교육연수원 연수기획부장)